미래 없는 삶의 미래가능성에 대한 탐색

존 듀이의
생명과 경험의
문화적 전환

존 듀이의
생명과 경험의
문화적 전환

초판 1쇄 인쇄 2024년 4월 3일
초판 1쇄 발행 2024년 4월 16일

지은이 현광일
펴낸이 김승희
펴낸곳 도서출판 살림터

기획 정광일
편집 조현주·송승호
북디자인 꼬리별

인쇄·제본 (주)신화프린팅
종이 (주)명동지류

주소 서울시 양천구 목동동로 293, 2215-1호
전화 02-3141-6553
팩스 02-3141-6555
출판등록 2008년 3월 18일 제313-1990-12호
이메일 gwang80@hanmail.net
블로그 http://blog.naver.com/dkffk1020
한국교육연구네트워크 www.kednetwork.or.kr

ISBN 979-11-5930-279-4 03370

미래 없는 삶의
미래가능성에 대한
탐색

존 듀이의
생명과 경험의
문화적 전환

현광일 지음

살림터

듀이 다시 읽기

한동안 거의 성역으로 군림했던 학교현장이 언제부터인가 소란스럽다. 수많은 교육개혁에도 불구하고 왜 학교는 늘 그대로인가? 아이들의 눈망울에서 희망을 찾고 아이들의 꿈을 키워 가는 안내자가 되기 위해 교직에 들어선 초임 교사가 교실에서 안타까운 죽음을 맞이하였다. 어찌 되었든 그 학교는 교사에게 버거웠던 것이 틀림없다. 서이초 교사의 죽음으로 현 사회와 제도에 대해 냉소주의와 절망에 빠져들 즈음 존 듀이John Dewey의 『민주주의와 교육』을 다시 읽었다. 듀이의 주장이 예전보다 좀 더 마음에 와닿으며 약간 감탄을 했다. 듀이의 책을 여러 권 읽었고 그가 무슨 말을 했는지 대충 알고 있다고 자부했는데 다시 읽기를 통해 우리 교육에서 해소되지 않은 의문들에 관한 근원적인 문제설정을 발견하게 되었다.

교사들은 교육에 대한 간섭—학문적 유용성의 요구, 사회적 힘과 경제적 압력—으로 인해 스스로 교육의 방향을 결정하지 못하고 모순적인 상황에 시달린다. 지식정보화 사회 환경이 전면적으로 조성되는 20세기 후반에는 학교의 존립 자체에 의문을 제기하기에 이르렀다. 근래에는 코로나바이러스 사태를 겪으면서 학교의 기능을 근본적으로 되돌아보게 되었다. 학교 역시 역사적 산물일 뿐이다. 학

교는 사라질 수 있으며, 동시에 재발명될 수도 있다는 근본적인 시
각도 생각해 볼 만하다. 그런 점에서 존 듀이의 텍스트를 어떻게 읽
는가는 학교를 다시 구상하려는 하나의 도전이다. 이 책에서는 듀이
를 오늘날 다시 소환하게 되는 문제 인식을 담으려고 노력하였다.

듀이 철학의 형이상학적 지평

인간은 그 자체로 형이상학적 존재라고 정의해야 할 것이다. 인간
이라면 누구나 삶과 생명의 의미, 존재에 관해 막연하게나마 질문하
고 대답하지 않는 이가 없다는 점에서 형이상학적 지평에서 살아간
다고 할 수 있다. 플라톤은 직접적으로 형이상학을 언급한 적은 없
다. 그럼에도 그의 철학은 이후 서구 형이상학의 전범으로 작용한다.

플라톤 철학의 형이상학은 대표적으로 '이데아'설에서 찾아볼 수
있다. 『국가』 제7권에서 플라톤은 '동굴의 비유'를 통해 선善의 이데
아를 설명한다. 이 세상은 마치 동굴에 갇힌 죄수들이 동굴 벽에 비
친 그림자를 실제 사물처럼 여기는 것과 같다. 영원불변하는 실제
세계는 동굴 밖에 있는 이데아의 세계이며, 인간이 바라보는 사물들
은 실제 세계를 비추는 가상에 지나지 않는다. 우리가 감각적으로
인식하는 모든 존재자는 이데아의 반영mimesis에 불과하다.

한나 아렌트에 따르면 플라톤의 이데아론은 제작 경험에 의존한
다. 플라톤은 이데아론의 사례들을 제작의 영역에서 끌어왔다. 실질
적으로 제작은 모델의 지도로 수행되는데, 대상은 이 모델에 따라
만들어진다. 사라질 다수의 사물을 지배하는 영원의 이데아가 플라

톤의 사상에서 신뢰성을 획득하는 것은 그 모델(이데아)이 지니는 영속성과 동의어다. 다수의 사라질 대상들은 이 모델에 따라 만들어진다. 제작의 중요성은 그 형상을 통해 제작 과정을 주도하는 이미지 또는 모델이 제작에 선행할 뿐만 아니라 제품이 완성된 후에도 사라지지 않는다는 사실이다. 이 모델은 아무런 손상도 입지 않은 채 생산품보다 오래 지속되며 이 모델에 따라 제작은 무한히 계속될 수 있다.

플라톤의 영향을 받은 그리스 철학자들은 실천적 활동이 인간을 끊임없는 변화에 대처해야 하는 위험에 빠뜨린다고 생각하여 정신의 작용에 의해서만 파악할 수 있는 '보다 고차원의' 영역에서 영원한 진리를 찾으려고 하였다. 이 고대의 유산은 세속적 세계에서 도달할 수 없는 선험적 진리의 탐구를 지적 목표로 삼는 학문적 전통을 정착시켰다. 플라톤의 이분법적인 형이상학 구도에서는 듀이 철학의 핵심 개념인 경험은 동굴에 갇힌 것이기에 경멸의 대상일 수밖에 없다. 그리고 이 경험에 대한 경멸은 실천, 수사, 의견, 현상 같은 항목들에 대한 더 넓은 비판으로 확장된다. 특이 이 모든 것들은 이런저런 방식으로 지식과 존재의 순서에서 하위 영역에 속하는 것으로 주장되었다. 이는 근본적으로 현대까지도 서구 유럽의 사상을 구조화하였다. 경험적 지식이나 신념의 범위는 우연성, 개연성, 변화의 세계로 한정되었고, 이는 확실한 이성의 기반 위에 설립된 지식의 필연성과 확실성이 결핍된 것으로 간주하였다. 플라톤적인 전통 형이상학에 반기를 든 듀이의 형이상학은 삶의 생생한 경험으로 구성되는 경험주의 철학이다.

진화론의 영향과 경험론으로의 전환

과학의 발전은 철학의 구체적 작업을 위한 경험적 지지대를 제공한다. 그러므로 철학은 자연과학의 발전에 민감하게 반응한다. 다윈주의가 제시한 통찰은 자연은 정지해 있지 않고 끊임없는 변화 속에 있다는 사실의 확인이다. 듀이에 의하면, 다윈이 철학에 끼친 영향은 변화의 원리를 위하여 삶의 현상을 파악하고 결과적으로 삶에 적용되는 새로운 논리를 해방시켰다는 데 있다. 세계에 대한 접근과 이해에서 다윈주의는 듀이의 철학적 사유에 새로운 방향을 제시한다. 듀이는 진화론적인 사유틀에 기반한 경험의 자연주의를 교육 영역으로 확장한다. 진화론의 지적 바탕 위에 세워진 듀이의 학문에서 철학은 더 이상 바깥을 내다보며 확실성을 찾는 작업, 변하지 않는 앎의 추구라는 의미를 당연시할 수 없게 된다.

과학의 역사에서 진화론은 생물학적으로 하나의 토대를 이루는 이론일 뿐만 아니라 일반적으로 현대적 인간관과 세계관에 지대한 영향을 준 과학사상이다. 다윈의 진화론은 플라톤 이후로 존재론의 왕좌를 지켜 온 이데아 중심의 형이상학에 대한 어떤 도전이었다. 다윈 이후의 철학은 우연성이 지배하는 세계에서 삶을 충실하게 살려는 직접적 시도에 관심을 보이게 된다. 듀이에게도 철학은 우리가 살고 있는 세계를 경험한다는 것이 무엇을 의미하는지에 관한 가장 폭넓고 깊은 관점을 형성하게 하여 실재와 가장 구체적으로 접촉하려는 시도이다. 플라톤적인 이원론적 시각으로는 행동과 경험에 관한 종합적이고 유기적인 설명이 불가능하다. 듀이의 경험론은 유기체와 환경의 상호작용 모델을 통해 이를 극복한다.

인간 유기체는 살아 있으면서 동시에 살아가는 것이며, 또한 자연적이지만 동시에 그런 자연을 넘어서는 것이기도 하다. 자연의 일부분으로 유기체가 주위 환경과 교섭하는 과정인 경험은 자연과 유기적 연속을 구성한다. 생명체의 특성은 무생물과는 달리 스스로 자신의 존재를 보존하고 유지하면서 생명으로 성장해 가는 내적 원리에서 나타난다. 여기서 환경은 불규칙적이고 불안정하므로 교섭 활동은 지속적으로 재적응되고 수정하는 과정, 즉 성장을 가리킨다.

성장이란 자신의 조건에서 벗어나 미래의 모습으로 바뀌어 간다는 의미에서 유기체라는 존재는 '내재적 초월'의 원리로 이해된다. 인간 유기체는 생명체적 조건을 넘어 삶을 통해 그 이상의 존재로 초월해 간다. 지성을 갖춘 사회적 동물이었던 인간 유기체는 살아남기 위해 주어진 환경에 따라 적응의 형태를 진화시켰다. 그런 적응의 형태 중 하나가 바로 '문화'이다. 듀이는 경험에 대한 자연주의적 접근 방식에 기반하고 있으면서도 자신의 철학의 핵심 개념을 '경험'에서 점차 '문화'로 바꾸려고 했다. 듀이의 그러한 변화는 인간 유기체의 내재적 초월 원리가 경험 안에 있고 경험에 의해서 노출되는 삶의 방식을 성취하려는 시도이다. 이런 점에서 성장의 '살아 있는 경험'은 전체적이고 다양해야 할 뿐 아니라 그 자체로 목적적이고 시간적이어야 한다.

외재적 교육에서 내재적 교육으로의 전환

교육이라는 것은 독자적인 세계, 교실 밖 경험과 분리된 어떤 것 또는 삶과 동떨어진 관념ideas의 영역이 아니다. 듀이는 '살아 있는 경험'으로서의 교육이 가능하다는 것을 『민주주의와 교육』을 통해서 제시한다. 듀이는 플라톤적 형이상학의 영향하에 놓여 있는 전통적인 교육 문제의 뿌리가 그것이 살아 있는 경험을 경솔하게 여기고 괴리된 채로 무시해 온 데 있다고 보았다.

그러다 보니 전통적으로 교육의 과정이 궁극적으로 달성하고자 목표하는 것은 교육의 과정 자체의 외부에 있는 어떤 것으로 생각되어 왔다. 이러저러한 종류의 외재적 가치들—졸업 이후의 삶을 위한 준비, 경제 기술적 효율성, 문화적 리터러시, 특정한 신념의 세뇌—이라는 개념에 뿌리를 둔 학습과정이 교육의 내재성을 왜곡하거나 대체하였다. 우리의 교육 현실을 단적으로 표현하자면, 진도를 끝내고, 학생들에게 시험 준비를 시키며, 무의미한 행정 일들을 처리하고, 학생들의 문제 행동에 대처하라는 압력은 '살아 있는 경험'의 교육의 이상을 허황된 꿈처럼 보이게 만들어 버린다.

전통화된 외재적 교육을 벗어나기 위한 듀이의 노력은 어떤 종류의 경험을 교육적인 것으로 생각할 것인지, 어떻게 그 경험들이 적절하게 교육적인 방식으로 향하게 할 수 있는지, 그리고 물론 그의 경험관 자체를 '살아 있는 경험'의 내재적 초월의 원리로 명백히 설명하는 것에 초점이 맞춰져 있다. 듀이의 철학은 경험 그 자체와 경험이 적절히 교육적으로 되게 하는 조건들을 규명함으로써 교육의 내재성이라는 관점으로 귀결된다. "끊임없이 발달하는 삶을 위한 준비의 필요성이 크면 클수록, 현재의 경험이 될 수 있는 대로 풍부하고 의미 있게 되도록 반드시 모든 노력을 경주해야 한다. 그렇게 하면 현재는 어느 틈엔가 미래로 합쳐져서 그에 따라 미래를 소중히 가꾸게 될 것이다." 미래의 외적 환경에 의해 학교를 길들이기까지 하는 외재적 교육을 벗어나 내재적 교육으로 전환하는 것이 다가올 미래를 준비하는 것이며, 이를 위해서는 듀이라는 거인의 어깨에 올라가 내재적 교육의 사유 지평을 열어 갈 필요가 있다.

듀이에게는 현실과 이론의 간극을 좁히는 것이 매우 중요한 과제였다. 그가 평생 역점을 둔 철학적 핵심이 바로 이분법적 세계관의 극복이었다. 나는 이 책에서 듀이의 관점을 더 진전된 몇몇 철학자, 과학자와 대면시킬 것이다. 그리하여 듀이의 입장뿐만 아니라 철학적 사유의 틀 역시 오늘날에도 유효함을 보여 주려 한다. 예를 들어 1부에서는 듀이 경험관의 유기체-환경 사유 모델을 생태학적 관점으로 마름질하여 내재적 교육의 근원인 '살아 있는 경험'에 주목하였다. 안토니오 다마지오는 현대 철학에서 새롭게 조명되고 있는 스피노자의 일원론에 바탕을 둔 신경과학자이다. 그의 '정서-느낌' 이론으로 살아 있는 경험의 구조를 설명하였으며, 듀이의 예술에서 그 경험의 살아 있음을 미학적으로 파악하려고 하였다.

듀이에게 예술은 질적으로 세계와 가장 직접적으로 대면하는 데서 발생하는 것으로 경험의 직접성과 완성이라는 측면이 있다. 또한 예술은 본능적 욕구와 정서, 상상력 이외에도 다양한 지성이 균형적으로 결합하고 발전할 수 있는 가능성과 본질을 지니고 있다. 가령 경험의 본성이 과연 명확하게 사유되어 있는지 하는 것 등은 듀이의 미학 이론을 보면 확실히 알 수 있다. 경험을 파악하고자 한다면 얼마든지 미적인 경험을 수행하라고 용기를 북돋아 주어야 한다. 프리드리히 실러가 그랬듯, 듀이 역시 이 미적 경험 속에서 필수적인 교육과정을 발견하고 있다.

그럼에도 듀이에게 경험은 애매모호하게 남아 있다. 한스 게오르그 가다머는 "경험 개념은 내게 우리가 가지고 있는 가장 애매한 것 중에 하나인 것처럼 보인다"라고 말했는데, 이는 거부하기 어려운 의견이다. 애매성이 항상 영zero으로 줄어들 수 있는 것은 아니기 때문에, 어찌할 수 없이 모호해서 "명확히 할" 수 없는 개념을 없애지 못해 안달 내서는 안 된다. 우리는 경험을 삶과 관련하여 이해해야 한다. 경험은 생생하고, 개념적으로 분화되지 않은 경험, 개인적이고, 적잖이 감정적인, 세계에 대한 경험이다. 스피노자의 코나투스 개념에서 생명의 살아 있는 움직임을, 질베르 시몽동의 개체화 이론에서는 생명체의 감각으로부터 살아 있는 경험이 생성되는 고유 과정을 참고한다. 플라톤의 형이상학에 정면으로 반기를 든 철학자 질들뢰즈로부터는 살아 있는 경험의 정동적 특성을 부각하였다. 정동은 상호작용의 사이 한가운데, 즉 행위 하는 능력과 행위 받는 능력의 경험 한가운데서 발생한다.

그리고 듀이의 깊은 현상학적 감수성을 고려하여 메를로퐁티의 유기체 존재론, 유기체의 개방성으로서 하이데거의 현존재 등의 주제들이 포함된다. 현상학은 바로 우리 삶의 세계에 밀착된 현상들에 주안점을 두고 있다. 듀이의 경험을 현상학적 존재론 지평으로 전이시켜 현재의 자리와 시간에서 살아 있는 경험을 체험의 흐름으로 사유하려는 것이다. 체험은 그 자체로 '어떤 것에 대한 의식임'이며, 그것은 체험 속에 어떤 것이 들어 있고 그 어떤 것을 의식하는 의식이 작동하고 있다는 것을 말한다. 그러기에 듀이의 살아 있는 경험은 현상학적 체험으로 이행하게 된다.

듀이는 경험의 거의 모든 것을 문화적으로 보려고 했다. 경험은 그 특성상 전형적으로 일상생활의 과정에서 생겨나는 것 또는 일상생활의 끼어듦이나 일상생활을 구성하는 더 넓은 기획과 습관들의 끼어듦으로 이야기할 수 있다. 문화는 우리가 일상생활 속에서 연관을 맺고 있으며, 우리가 살고 있는 세상을 이해해 가는 과정이다. 이렇게 축적된 문화적 진화는 이 지구상에 생존하고 있는 생명체의 역사에 대단히 중요한 역할을 했다. 인간의 생물학적 진화는 단지 환경이나 유전적 변화에 의해서만 진행되는 것이 아니라 문화에 의해서도 영향을 받는다. 문화적 진화는 생물학적 진화와 많은 부분을 공유하고 있기 때문이다. 듀이는 인간의 문화와 행위가 발전함에 따라 자연에 영향과 변화를 주고 있다는 점을 분명하게 인식하고 있었다. 우리는 우리를 둘러싼 문화들에 대해 각각 다른 방식으로 이해하고 있다. 문화와 경험은 인간의 발달과 성장의 결과일 뿐만 아니라, 더 나은 발달과 성장을 위한 중대한 전제조건이 된다.

2부는 듀이 경험관에서 문화적 전환에 관해 논한다. 듀이의 교육적 실천은 경험의 흐름을 통해 여러 가지 경험의 양상들을 관련시키는 것이며, 사실 그와 같이 관련시키는 방식 자체는 경험에서 비롯되었다. 경험은 호기심을 불러일으키고, 질문과 해석이 생기게 하며, 어느 정도 생생하게 마주한 것을 이해하도록 사람의 정신에 동기를 부여한다. 그런데 듀이가 견지한 실험적 탐구로서의 경험이 문화 개념 속에 녹아들어 있다. 경험의 문화적 전환을 위해서는 듀이의 실험학교를 살펴볼 필요가 있다.

듀이에게 학교는 실험적인 공간이다. 실험학교는 현재 어린이에게 가치 있는 것을 지향하게 하는 장소이자 환경이 어떻게 그리고 어떤 요소로 만들어지는가에 대한 탐구와 실험의 작업이 이루어지는 공간이다. 실험학교의 교육적 사례에서 볼 수 있는 내재적 초월 경험에 대한 문화적 접근은 생물학, 현상학, 인지과학의 핵심 개념들에 대해 통합적 접근을 시도한다. 이러한 작업은 인지의 생물학적 뿌리를 밝혀낸 움베르토 마투라나와 프란시스코 바렐라의 살아 있는 체계의 자기조직화 이론—그것은 자기제작적이고 자기준거적인 자율적 단위체의 구성에 관한 개념의 도입으로 이루어지며, 메를로퐁티에 의해 발전한 현상학의 철학적 전통—에 의존한다. 이때 우리가 해야할 질문은 '어떻게 오늘날에도 듀이의 실험적인 경험관이 제대로 유효할 수 있는가'이다. 듀이의 경험은 주의 깊은 현상학적 방식으로 탐구되어야 할 필요가 있다. 또한 그것은 인지생물학적 관점에서 벌어지는 지각 현상에 관한 문제로 전환하여 그 답변을 모색할 필요가 있다.

현상학적으로 사람은 이미 체험의 흐름과 순환 속에서 항상 생각한다. 그가 선택해야 할 일은 이 흐름과 순환에 들어갈 것인가 아닌가가 아니라, 어떻게 그 안에서 자신의 방식을 협상할 것인가, 어떻게 정합성과 의미를 가져오는 방식으로 부분을 전체와, 그리고 전체를 부분과 화해시킬 것인가다. 후설은 인간이 주변 환경과 사물 대상의 현상을 파악하는 능력을 '지향적 의식'이라는 개념으로 새롭게 정의하였다. 후설의 의식은 체험의 흐름과 순환의 의식작용이다. 그것은 지각과 감각의 '경험적 의식'이라는 점에서 주관-객관의 이분법을 넘어선 것이기에 듀이와 만날 수 있는 여지가 충분하다. 후설의 의식은 인간의 존재를 환경과 대상의 상호 교류의 결과로 본 것이다.

성공적인 실험은 새로운 실재를 형성하는 중요한 계기가 될 수 있다. 이미 겪어서 알고 있지만 새로운 실험들은 종종 현상 유지를 바라는 힘들에 의해 무력화되기도 한다. 문제는 듀이의 실험학교가 원하는 방향으로 교육적 경험의 내적 변화를 자극하고, 또 그러한 방향으로 몰고 갈 수 있는 자기관찰자의 인지 활동을 규명할 필요성이다. 결론적으로 우리는 자기관찰을 통해 지각과 감각 경험까지 자기의식적으로 된다. 그리고 관찰자의 자기의식은 인지 활동 영역으로 확대될 수 있다. 이때 제기되는 새로운 도전과 과제는 자기관찰자가 환경과 함께 어떻게 변화 및 전환시켜 갈 수 있는지를 이해하는 것이다.

바렐라와 에바 톰슨의 아이디어를 전적으로 참고한 것이지만, 생물학, 신경과학, 현상학에 기반한 자기관찰자의 인지 활동에 관한 창출행위적 접근법the enactive approach으로 듀이의 실험적 탐구 경험을 전유하였다. 듀이의 실험주의는 에바 톰슨에 의해, 걸으면서 길을 펼쳐 놓는 지도 만들기에 비유되어 인지 영역을 창출하고 산출하는 행위로 재맥락화된다.

게다가 듀이 경험의 문화적 전환에 결정적으로 기여한 것은 창출행위적 접근과 칼 와익의 실행의 과정a process of enactment 개념이 만나면서 듀이의 실험학교에 대한 조직문화적 접근을 할 수 있게 된 점이다. 칼 와익은 조직의 변이를 실행이라고 한다. 실행은 조직화의 원리로서 환경의 객관적인 특성들을 구축하고 재배열시키며 추출하고 파기해 버린다는 점을 강조하는 개념이다. 실험학교의 교육적 경험은 그 자체의 창출행위적 접근과 실행 과정의 조직문화적 접근을 통해 자기조직화를 촉진시켜 끊임없이 재구성되어야 하는 대상으로 자리한다.

듀이에게 교육은 삶의 필연성이자 필요성으로 이해되었다. 듀이는 실험학교에서의 교육적 실천을 통해서 삶과 밀접한 민주주의를 구현해 보려고 했다. 듀이가 추구한 민주주의는 이데올로기나 신조라기보다는 삶의 방식이다. 그는 교육적 실천 그 자체에서 민주주의의 잠재력을 발견하고자 했다. 듀이가 염두에 둔 민주주의는 국가와 관련된 특정한 교리나 일련의 정치적 절차 훨씬 이상의 것을 의도했다. "민주주의는 주로 연합된 삶의 양식, 공동으로 의사소통되는 경험의 양식이다."

듀이의 민주주의를 이해하려면 연합된 삶이나 의사소통의 경험에 대해서 스스로 자신의 세계와 실험하는 기회를 가지는 자기조직화의 원칙들을 이해하는 것이 여러모로 도움이 될 수 있다. 특히 의사소통은 교육적 실천의 문화적 양상이 실제로 어떠한 과정을 통해 창출되고 또 유지되는지를 가늠하게 한다. 언어는 서로 연결하고 만들고 영향을 미치는 과정의 핵심이다. 따라서 의사소통은 민주주의가 구현하는 문화적 현상의 중심에 있다. 왜냐하면 의사소통은 공유하는 관계에 참여한 사람들에게 타인의 경험으로부터 배울 기회를 제공할 뿐 아니라, 자신의 행위와 경험에 관해 타인의 관점을 받아들이게 해 주기 때문이다. 어떻게 대화하는지, 어떤 언어를 사용하는지, 자신을 어떻게 표현하는지는 본질적으로 자기 삶의 방식과 관련되어 있다.

교육은 삶의 실행 과정이어야 한다고 굳게 믿은 듀이에게는 '삶의 양식', '경험의 양식'으로서의 민주주의는 당연한 관점이자 태도였다.

듀이의 교육적 실천은 의사소통을 통해 다양한 방식으로 사고에 반영되고 조작할 수 있게 되어 상황적 맥락에 따라 새로운 이해 방식과 액션들을 취해 나갈 수 있어야 한다. 그렇게 함으로써 현상 유지를 바라는 힘에 대응하여 어떤 변화를 자극하고 또 그 방향으로 몰고 가면서 견인할 수 있는 삶의 실행 과정으로서 촉매 역할을 기대할 수 있게 된다.

이제 듀이를 다시 읽는 우리에게는 생명과 경험의 문화적 전환을 통해 그의 사상을 관통하는 '민주주의와 교육'이라는 주제와의 교차점을 짚어 보아야 하는 과제가 놓여 있다. 결론적으로 이 책에서 교육의 실제 문제에 민주주의를 적용하고자 한 듀이의 실험에 대해 인지과학에서의 창출행위적 접근과 실행의 조직화 원리의 도움을 받아 삶의 방식으로서의 민주주의가 지닌 내적 동학을 규명해 보았다. 그러한 과정을 통해 나는 듀이의 민주주의를 문화 민주주의로 명명하였다.

새로운 책을 출간할 때마다 거듭 말하거니와, 나의 작업은 그 모두가 학습 노트라는 것이다. 나의 사유의 정리를 위한 학습 노트라고 생각하니 여기저기 미안한 생각이 들지만, 이번 학습 노트가 특이한 점은 근래에 국내에 소개된 현대 철학자, 과학자들과 듀이의 대면을 추진하여 듀이 다시 읽기의 긴장 상태를 유발하고 싶었다. 듀이의 잠들어 있는 개념들을 일깨워 교육의 내재성을 사유하는 학교현장에 세우려고 한다.

듀이가 던지는 메시지는 학교교육에 대한 경고음인 동시에 미래 전망이 없는 미래교육으로 나아갈 아이디어를 제공한다. 듀이 다시 읽기에 힘입어 우리는 새로운 경험과 마주할 수 있게 된다. 그것을 계기로 각자의 자유가 공동체적인 삶을 통해 최고도로 의미와 가치를 지닐 수 있는 길을 마련해야 할 것이다.

이 책은 서이초 사태를 깊은 마음으로 떠올리며 그 길을 조금이라도 열기 위한 사유의 노고에 불과하다. 많은 점에서 부족한 텍스트이지만 현시대에 맞게 주의 주장과 지적 엄밀성의 균형을 유지하면서 듀이를 다시 읽음으로써 모순에 찬 교육현장에서 민주주의와 교육을 향한 열린 대화를 개최하고자 한다.

2024년 2월 석바위 연구실에서

현광일

2부 생명의 자율성과 경험의 문화적 전환

1부

존 듀이의 살아 있는 경험

1.

듀이의 유기체-환경 모델

유기체-환경의 생태학적 관계성

인간 유기체의 특징

인간은 이제 그 어느 때보다 더 오래 그리고 더 나은 삶을 누리게 되었다. 인간은 지구상에 생존하고 있는 대형 생명체 중 개체수가 가장 많다. 한편, 우리 인간과 가장 가까운 친척관계에 있으면서 멸종 위기에 몰린 침팬지가 사는 모습은 수백만 년 전과 크게 달라지지 않았다. 인간은 다른 동물과 다르다. 그렇지만 인간도 같은 과정을 거쳐 진화했다. 그렇다면 인간은 어떤 존재란 말인가? 다른 모든 생명체와 마찬가지로 인간 또한 생물학적 진화를 거쳐 이 세상에 등장했다. 먼저 인간 생활과 발달에 자연적인 기초가 존재한다는 것은 인정해야 한다. 인간은 자연 안에 있고 자연의 일부이지 자연 위에 있지 않다.

인간의 유기체성은 삶의 원초적 기반이다. 모든 살아 있는 유기체는 그 생명을 유지하고 그 생명력을 표출하고자 하는 본능을 지니고 있다. 인간은 하나의 유기체로서, 즉 여러 가지 기능을 갖춘 유기체로서, 그리고 정상적으로는 일반적인 유형에 따라 유년기·청년기·장년기·노년기의 발전 단계를 거치는 유기체로 이해된다.[1]

유기체의 특징은 살아 움직인다는 것이다. 하지만 단순히 살아 있는 것이 아니라 어떤 목적성을 지니고 적극적으로 살아가는 것이 모든 유기체의 본성이다. 요컨대 유기체는 움직일 때 자기를 보존하기 위해 움직인다. 만일 그것이 어디를 향한다면 그것은 자기 자신을 보존하기 위해 현재 있는 위치로 멀어지는 것이다. 유기체는 생존을 위한 자기보존을 꾀하면서 부단히 자기의 발전을 위해 노력한다.

모든 유기체의 행위는 생물로서의 삶을 지속하고, 자신에게 닥친 문제를 해결하고자 하는 목적을 갖는다. 자동적일 뿐 특정한 의미를 갖지 않는 것처럼 보이는 반사 행동 또한 생물체의 목적에 입각해 파악되어야 한다. 유기체는 자아와 같이 접근하기 어려운 사적 의식이 아니라 세상에서 쉽게 확인할 수 있는 통일된 존재를 말한다. 이 주체는 능력에 따라 여러 가지 일들을 할 수 있으며, 그 작용은 자극에 의해, 혹은 유효한 동기에 의해 규정된다. 또한 이 주체는 그것의 능력에 따라 계속 활동하며, 동시에 그것의 활동을 통해 이러한 능력들을 끊임없이 변화시키고, 발전시키고, 강화시키고, 또는 약화시킨다.

---

1. 유기체 관념은 듀이의 철학에 상존하는 근본적 메타포 중 하나이다. 듀이는 유기체적 행위의 관념에서 이원론의 문제를 해결하려는 열쇠를 찾았다. 왜냐하면 이원론적 접근은 정적인 현상을 전제하는 입장이기 때문에 환경, 변화, 성장과 같은 자연 현상을 설명할 수 없다는 것이다. 듀이가 일관되게 부정한 것은 모든 이원론적 접근이다. 듀이는 세계에 이미 역동적으로 연루되어 있고 통일된 활동을 겨냥하는 유기체의 관념, 즉 유기체적 전체를 갖고 시작한다. 우리는 사물들에 유기체적으로 연결되어 있다. 즉 우리는 상호 연결되어 있으며 앎은 이러한 상호연관성을 추적하는 과정이다. 듀이가 주장하는 앎이 자연적 과정으로서 인식된다면, 과정은 존재에서의 변화일 수밖에 없다[정해창(2013), 『듀이의 미완성 경험』, 청계, 84-93쪽 참고].

생태학적 관점, 환경의 중요성과 유기체의 개방성

생태를 의미하는 '에코eco'의 어원은 사는 곳(집·거주지)이라는 뜻의 oikos이다. 19세기에 oikos와 logos 두 단어를 토대로 에콜로지 ecology 즉 생태학이라는 합성어가 만들어졌다. 독일 생태학자 에른스트 헤켈은 1866년 "생명체와 그것을 둘러싼 외부 세계와의 관계에 대한 모든 지식과 과학"을 가리키는 '생태학'이라는 용어를 만들어 냈다.

이때 생태학은 모든 과학을 아우르는 것으로 생물과 환경 사이, 생물과 생물 사이의 관계를 연구하는 학문으로 파악된다. 『웹스터 사전』은 생태학을 "생물의 상호연관성과 그 환경에 대해 성찰하는 학문"이라 정의한다. 즉, 생태학은 유기체들이 유기체들 및 주변 환경과 상호작용하는 이러한 복잡한 체계를 연구하는 학문이다. 복잡하지만 구성 요소들의 상호 관계와 연결망이 역동적인 시스템으로 불릴 수 있는 독립성과 지속성을 가지고 있어야 한다.

한편 생태계는 일정한 지역에 사는 생물과 그 생물을 둘러싸고 있으면서 생물과 작용, 반작용, 상호작용을 하는 물리적 환경의 총체이다. 생태계는 구성 요소들을 분석해서는 이해할 수 없고 그들의 상호 관계를 지켜봄으로써 이해할 수 있다. 생태학적 관점에서 중요한 것은 이러한 생물들의 상호작용을 통한 촘촘한 연결과 먹이사슬의 구조가 다양한 양상으로 나타나며 생태계의 다양성—농생태계, 수생생태계, 해양생태계, 연못생태계, 도시생태계 등—을 형성한다는 것이다.

환경을 생태계의 다양성 관점에서 바라본다면 환경은 통일적이거나 안정적이지 않고 여러 가지 가능성을 담고 있으며, 유기체들 사이와 물질 내부에서 일어나는 복합적 상호작용의 소산이다. 흔히 개별 유기체는 동태적이고 환경은 정태적이라고 생각하기 쉽지만, 환경은 개체보다 다양한 욕구로 구성되어 있으며, 예측과 통제가 불가능할 정도로 변화무쌍하다. 늘 같은 일상이 영원히 지속되지는 않는다.

생태학적 관점에서는 인간이라는 생물을 환경과 연결시키고 자체의 여러 부분이 서로 연결되어 있다. 생태계를 성립시키려면 연결망을 풍부하게 만들어야 한다. 연결망은 모든 수준에서 유기체적 시스템이 그들의 환경과 끊임없는 교환을 시행함으로써 존재해 간다. 환경적 상호작용은 자기보존의 근본이기 때문에, 이러한 교환은 시스템의 생명과 형태를 유지하는 데 결정적으로 중요하다. 그러므로 살아 있는 시스템은 '개방체계'인 것으로 간주된다.

생태학적 모델에서 개방된 시스템이라는 개념은 환경 개념의 도움을 받아 더 폭넓고 근본적으로는 자연으로, 바로 거기에서 물질의 근본인 자연뿐만 아니라 저 너머로 무한히 열리는 더 넓은 현실의 지평인 세계가 출현한다. 동물은 몇 개월이 지나고 나면 일생 동안의 무엇이 된다면, 그와 달리 인간은 스스로를 완성시키는 능력을 갖춘 미완성적 존재이다. 인간의 몸의 본성은 고정적이고 부동적인 본성을 갖지 않는다는 것이다. 주위에 의존하여 변화해 가는 열린 관계로서의 생명체는 관계로부터 빚어지는 수많은 변화 속에서 외부 환경에 대하여 반응하고 기억하며 그러한 경험의 총체적 누적으로서 존재한다.

그러기 때문에 인간은 환경과의 지속적인 상호작용 속에 있는 복합적이고 다기능적인 유기체다. 한 개체로서의 생명체는 개체로서 태어나 죽음이라는 소멸 과정에 이르기까지 그 생명체가 존재하는 한 주위와의 관계 속에서 살아가며, 이 과정을 우리는 '삶'이라고 부른다. 생명체가 개체 단독으로 자족적으로 존재할 수 없고 열려 있는 관계에 의해서만 존재할 수 있기에 자유롭지만 동시에 그 자유로움은 생태적 관계성 속에서 생명체의 소멸이라는 죽음을 담보로 한다.

생명체의 더욱 근본적인 특징인 "창발 현상에 의한 개체 고유성이야말로 철저히 주위와의 열려 있음"으로 가능하다는 점이다. 이는 가장 단순한 형태의 유기체에서부터 우리 자신과 같은 복잡하고 지성적인 유기체에 이르기까지 적용된다. 이런 의미에서 행동하는 모든 동물은 자신을 둘러싼 환경에 다소간 능동적으로 참여하고 있다.

환경이라는 개념은 사람마다 그 해석의 범위가 다르긴 하지만 보통 둘러싸임이라는 그 영역을 확대하여 규정하고 있다. 특히 유리오 세판마는 "환경이란 우리를 둘러싸고 있는 것(그 가운데에 우리가 관찰자로서 존재한다), 우리가 우리의 다양한 감각으로 지각하는 것, 그 안에서 우리가 움직이고 존재하게 되는 어떤 것이다"라고 정의를 내리는데, 지각 구조의 의미를 중요하게 받아들이고 있다. 지각은 결코 가공되지 않은 원초적 자료와의 만남이 아니다. 지각은 본래 개개의 사물보다는 전체 세계, 즉 그 사물을 포함하고 우리를 둘러싼 세계를 대상으로 삼는다. 설령 개개의 사물을 지향할 때도, 그와 같은 '세계'라는 지각을 지평으로 자연히 포함하고 있다. 따라서 감각은 지각을 통해서 우리의 과거 경험과도 결부되고 세계라는 전체성과도 결부된다.

생태학적 관계성에서 나온 시스템 사고, 전체성

자연 생태계를 구성하는 대지, 식물과 동물, 미생물, 세포, 유전자 등과 같은 다양한 요소들은 그 생태계 안에서 생산자, 소비자, 분해자로서 역할을 담당하며 지속가능한 환경을 만들어 간다. 우리가 알고 있는 가장 간단한 시스템은 생물체의 세포이다. 세포는 세포핵, 세포질, 핵소체, 골지체, 리소좀, 엽록체, 미토콘드리아, 리보솜, RNA, DNA, 세포막으로 구성되며, 이들 간의 상호 관계, 그리고 작용과 반작용의 과정에서 이루어지는 하나의 시스템인 동시에 전체이다. 즉 살아 있는 시스템은 모두 열린 시스템으로 반드시 자신의 환경과 상호 교환한다. 시스템은 본래부터 열린 시스템이다.

생태 시스템 또는 생태계는 살아 있는 것들이 자신의 환경과 상호작용하면서 자신을 유지하고 자손을 번식하여 형성하고 형성되는 역동적인 복합체이다. 어떤 유기체도 그것이 기능하는 시스템으로부터 분리된 채 이해될 수 없으므로, 생물학의 생태학적 모델은 인간을 나머지 자연과 연속적인 자연적 존재로 이해할 것을 제안한다. 인간도 살아 있는 유기체로서 환경과 상호작용을 하면서 생태계를 형성하며 구성 요소로 참여한다.

모든 생물체는 시스템과 시스템의 조합으로 이루어진다. 세포와 세포가 만나서 시스템을 만든다. 신경 시스템, 순환 시스템, 소화 시스템, 호흡 시스템, 자율 시스템 등이 그것이다. 이러한 시스템들이 모여 또 다른 상위 시스템을 구성한다. 이처럼 시스템의 패턴은 하나의 전체wholes로 이해되어야 하며, 또 그 자체의 논리를 가진 것으로 인식되어야 한다. 그것은 결코 개별적인 부분들의 네트워크로 이해될 수 없다.

시스템 이론에서 중요한 점은 시스템이 부분 간의 관계와 부분들의 상호작용에 의해 형성되는 전체이지만, 전체는 전체를 구성하는 부분과는 전혀 다른 새로운 특성을 갖는다는 사실이다. 니콜라스 루만에 따르면, 18세기 독일의 계몽주의 철학자 임마누엘 칸트는 인간의 삶 자체를 시스템의 생태학적 측면에서 파악했다고 한다. '시스템 사고'에 대한 연구는 1920년대에 여러 분야에서 동시적으로 이루어지기 시작했다. 특히 생물학, 게슈탈트 심리학, 심층생태학에서 더욱 풍부해졌으며, 양자물리학을 통해 가장 극적인 영향을 받았다.[2]

시스템이란 용어는 그리스어 'synhistanai'에서 유래한 말로 원래 '함께 두다'라는 의미다. 시스템은 구성 성분과 이들의 관련으로 구성된다. 사전적 정의에 의하면, 시스템이란 "부분들 사이의 관계에서 본질적 특성이 발생하는 통합된 전체"를 말한다. 21세기 과학에서 전체적 관점holistic perspective은 시스템적 관점과 시스템적 사고를 함축하는 사고방식으로 알려졌다. 앞에서 논했던 유기체의 개방성 개념에 준하여 전체적 관점이 제기하는 새로운 도전적 과제는 유

---

2. 발전된 미래 사회의 모델로서 생태학을 혁명적으로 수용하려면 생태학의 전형적인 특징을 인식해야만 한다. 카프라의 책 『새로운 과학과 문명의 전환』을 통해 많은 대중이 인식하기 시작한 전체론적-생태학적 시각은 그것이 진짜인지에 대한 논의를 촉발시켰다. 모든 분야의 과학과 철학, 신학에서 실용적으로 다루어진 논쟁의 규모는 전체론적-생태학적 시각이 중요해졌다는 것을 말해 준다. 아인슈타인과 보어, 하이젠베르크 등 현대 물리학의 전 세대는 고정된 물리 법칙을 따라야 한다는 생각과 객관적인 물리 세계가 존재한다는 생각을 버렸다. 그 결과 주관과 객관 사이, 그리고 내부의 삶과 외부의 삶 사이의 두터운 벽은 무너져 버렸다. 보어의 상호보완성 개념을 통해 양자물리학 이론이 자연과학과 인식론에 영향을 미칠 엄청난 결론에 도달한다면 그것은 자연의 개념을 완전히 바꾸는 것이 된다[몸문화연구소 편(2020), 『생태, 몸, 예술』, 쿠북, 22-27쪽 참고].

기체가 환경과 함께 자기 자신을 어떻게 변화 및 전환시켜 갈 수 있는지를 이해하고, 또 개방적인 진화과정을 촉진시킬 수 있는 새로운 접근법을 모색하는 것이다. 전체성 사고의 본질은 전체성에 대한 지속적인 '해석'을 통해서 처음의 뿌연 상像으로부터 점차 뚜렷해진다. 그런 점에서 본다면 전체성 사고는 순환적 과정 사고에 해당한다고 할 수 있다.

생태학의 자연주의 형이상학

인간의 도움 없이도 존재한다는 것은 모든 자연적 과정의 특징이다. 그리고 자연의 산물들은 자연적이고 '만들어지지' 않았으며 저절로 성장하여 무엇인가가 된다. 이것이 '자연'이라는 단어의 참된 의미다. 그것은 '저절로 나타나다'라는 뜻의 그리스어 'physis'까지 거슬러 올라간다. 예를 들어 씨앗은 나무를 포함하고 있을 뿐만 아니라 어떤 의미에서는 나무이다. 그리고 나무는 그것을 존재하게 하는 성장 과정이 멈추면 존재하기를 그친다. 우리가 이 과정을 의도적인 시작과 구체적 종말을 가지는 인간의 목적과 대비해 보면, 그것은 자동적인 성격을 가진다.

이와 관련해서 우리는 릴케의 자연에 대한 하이데거의 다음과 같은 말을 참고할 수 있다. "자연은 … 좁은 의미의 자연에 대한 근거이다. … 자연이라는 말은 피지스physis라는 고대어의 음향을 들려준다. … 우리는 이를 생이라는 말로 번역한다. 그러나 옛날에 생각했던 생의 본질은 생물학적으로 표상된 것이 아니라 생장하는 것으로서 표상된 것이다. … 자연 즉 생이란 여기에서는 전체로서의 존재자라는 의미의 존재를 이른다."

누군가 미리 정해 둔 계획에 따라 대자연을 창조했다면 그에 부합하는 목적이 있겠지만, 자연은 말 그대로 스스로 존재할 뿐이다. 즉 스피노자에게 대자연은 자기 자신의 법칙에 따라 그냥 스스로 존재하고, 스스로 변화하고, 스스로 만들어 가는 하나의 큰 전체이다. 그리고 전체의 바깥에는 아무것도 없다. 왜냐면 자연, 그러니까 우주 자체가 바로 그야말로 모든 것, 즉 전체이기 때문이다. 전체의 바깥에는 어떤 것도 존재하지 않는다. 따라서 우리를 비롯한 모든 생명에게는 미리 정해진 목적이란 없을 수밖에 없다. 어떤 의도 아래 창조된 것이 아니기 때문이다.

스피노자는 자연에 깃든 생성의 힘, 있는 것을 있게 하는 힘을 "능산적 자연"이라고 칭하고, 이를 그 힘에 의해 전개되고 발현된 자연인 "소산적 자연"과 구분한다. 시공 안에 자리 잡고 나타난 자연이 소산적 자연이라며, 그 자연을 자연으로 존재하게 하는 근원적인 생성의 힘은 능산적 자연이며, 이는 자연의 근원, 자연의 실체인 신 이외의 다른 것이 아니다. 자연은 스스로 산출되며 이런 자기 산출 외에 다른 어떤 목적도 없다. 스피노자의 신은 자연이다. 스피노자의 신은 인격적 존재가 아니며 자기 본성의 필연성에 따라 현존하고 작용하는 자연 전체이다. 자연의 바깥은 없다.

그렇다면 생태계를 이해한다는 것은 무엇을 말하는가? 그것은 우리가 자연의 완전한 한 부분임을 제대로 철저하게 깨닫는 것을 말한다. 생태적 사고가 등장하게 된 것은 갈수록 팽배해지는 인간중심적 사고와 밀접한 관련이 있다. 인간중심적 사고방식의 한계는 인간이 자연 속에서 특별한 지위를 차지한다고 믿는 것에서 출발한다. 이는 자연이 그저 인류의 주변에 지나지 않을 뿐이라는 자연과학의 관점과 완전히 일치한다. 현대 과학은 더 이상 기계론적이고 수학적인 방식으로 세상을 설명하지 않고 전체론적이고 생태적인 맥락으로 세계를 설명한다.

특히 현대 물리학이 제시하는 세계는 우리의 가치관을 완전히 새로운 방식으로 재편하고 있다. 더 이상 자연은 그저 인간의 기본적인 욕구를 충족시켜 주는 존재가 아니다. 자연은 이제 독립적이고 그들만의 기준을 가진 존재로 인식된다. 자연은 수동적이지 않으며 인간을 포함한 다른 요소들과 상호작용하고 이들을 변화시키는 행위능력적인 힘이다. 그와 더불어 인간중심적인 환경보호의 개념도 사회 모든 영역을 아우르는 생태주의의 전체론적인 개념으로 전환하고 있다. 모든 생태적인 상호 관계의 네트워크를 사고의 중심으로 둘 필요가 있다. 전체를 마치 분리된 개별 사물처럼 하나라고 말하는 것은 표현 방식일 뿐 전체의 실상을 나타내지 않는다. 자연의 참모습을 파악하는 것은 극히 어렵다. 세상을 잘라서 바라보는 습관은 쉽게 고쳐지지 않는다. 자연의 모든 부분은 단절 없이 연결되어 있다.

인간 유기체의 경험 구조

진화론의 지적 지형

19세기는 '다윈의 세기'라는 말이 있듯이 진화론을 빼놓고는 지적 지형을 구성할 수 없는 시대다. 진화론은 계몽주의 시대 이후 이성이 전일적으로 지배하던 지성계에 커다란 파문을 던졌다. 이성은 견고하며 확실하며, 무엇보다도 필연성을 중시한다. 다윈주의가 제시한 통찰은 자연은 정지해 있지 않고 끊임없는 변화 속에 있다는 사실의 확인이다. '모든 것은 끊임없이 변화하고 바뀌며 우연적'이다. 듀이에 따르면, "자연은 끝도, 목표도, 목적도 갖고 있지 않다. 어떤 목적지를 향한 전진이 아니라 변화만 있다." 이것은 듀이가 다윈주의의 영향을 받고 있다는 것을 말해 준다.

19세기 후반에 진화론은 신흥 학문인 인류학, 사회학, 심리학에 체계적인 전제를 제공했다. 진화론은 자연 세계의 유기체를 이해하기 위한 총체적인 체계를 제기함으로써 막강한 영향력을 행사했다. 이성은 자연에서 수많은 인과의 법칙들을 발견했고, 그것을 바탕으로 자연 세계가 거대한 인과의 사슬로 이루어졌다는 단선적 이미지를 만들어 냈다. 다윈의 진화론도 인과관계 자체를 부정하는 것은 아니다. 하지만 진화론은 사슬형 인과관계를 그물형 인과관계로 대체한다. 사슬이 일차원의 이미지인 데 반해 그물은 이차원의 이미지다. 따라서 사슬형의 인과관계는 그물형의 인과관계 안에 포함된다.

진화론의 체계는 단일하고 간결한 수학으로 환원될 수 없었다. 진화의 과정을 실증적으로, 즉 인간 이성의 힘으로 확인하기란 불가능하다. 진화론의 설명에는 양적 풍부함—개체의 풍부함, 변화 가능성, 종의 다양성—이 필수적인 요소였다. 즉 모든 것을 망라하는 형식 안에는 다양한 성향의 가능성이 열려 있었다. 모든 것을 망라하는 진화론의 설명은 신에게 의존하지 않고도 자연 세계의 다양한 질서를 이해할 수 있는 수단을 제공했다. 따라서 굳이 자연 질서의 외부에서 권위의 원천을 찾을 필요가 없었다. 이제 예정된 설계 대신 내재적인 합목적성이 중요해졌다. 자연은 각 생물 종의 개체들을 무수히 발생시킴으로써 스스로 진화하도록 만든다. 그 결과 진화 자체는 필연적이지만 각 종이 진화하는 경로는 우연성을 띠게 된다. 이것이 그물형 인과관계다. 듀이 역시 자신의 철학적 논의를 펼치면서 다윈의 진화론에 구현된 철학적 의미를 읽어 낸 결과로 볼 수 있다.

자연의 조정으로서의 경험

존 듀이의 실용주의 철학에서는 경험 개념에 대한 논의 없이 자연 개념을 함부로 논의할 수 없다. 자연은 따로 존재하는 대상이 아니라 경험의 과정에서 맥락에 따라 환경의 일부로 설정되는 것에 불과하기 때문이다. 그러므로 경험을 자연이나 다른 개념보다 앞서 강조한다. 경험은 자연 내의 그리고 자연에 관한 계속되는 사건이다. 듀이는 유기체의 생명활동에 기초하여 경험을 이해한다. 그는 유기체가 주변 환경과 능동적이고 지속적인 상호작용을 통해 축적된 결과를 수정하는 과정으로 사건을 이해한다. 경험은 유기적으로, 기능적으로 자연에 합체되어 있다. 자연의 일부분으로 유기체가 주위 환경과 교섭하는 과정인 경험은 자연과 유기적 연속을 구성한다.

듀이는 유기체 관념을 통해 환경, 변화, 성장과 같은 자연 현상을 설명한다. 환경은 개인이 진화하고 발달하면서 갖게 되는 경험으로부터 결코 독립적일 수 없다. 유기체는 반드시 환경과의 통합을 유지해야 한다. 그 통합은 역동적이고 교호작용이 이루어지며 평형을 유지하는 일이다. 유기체와 환경이 통합되는 과정, 즉 '조정'은 두 가지를 포함한다. 하나는 유기체가 환경에 맞추어 스스로를 바꾸는 적응이고, 다른 하나는 유기체가 자신의 환경을 바꾸는 조절이다. 또한 성장은 유기체가 이전보다 훨씬 적응력이 뛰어난 방식으로 환경을 식별하고 반응할 수 있도록 기능적으로 더 정교해진 발달로 이해되어야 한다. 그 과정에서 원했든 원하지 않았든, 의도했든 의도하지 않았든 간에, 모든 경험은 이후의 경험 속에서 지속적으로 살아 숨 쉬게 된다는 것이다.

경험의 일차적 과제는 자연 세계에 있고 자연을 구성하는 인자로서 욕망과 희망을 지닌 실존하는 인간 유기체에 관한 이해이다. 듀이에게 자연은 고정적이고 수동적인 기계론적 자연관에서 벗어나 그 안에서 삶과 죽음의 활동성을 지닌 유기체적 자연으로 이해된다. 자연이 먼저 실재하고 우리가 자연의 일부분을 경험하는 것이 아니라, 실제로 있는 것은 유기체가 환경과의 상호작용과 상호교섭을 해 나가는 과정일 뿐이다. 환경은 유기체가 경험하는 것을 뜻한다. 다른 말로 하면, 환경은 유기체가 자신의 기능으로 통합시키는 것이다.

듀이는 인간의 생물학적 존재 방식을 근거로, 존재의 일차적 모습은 인간과 환경으로 분리된 상태가 아니라 '상호작용' 그 자체라고 주장한다. 우리는 상호작용이 일어나는 상황에 즉각적이고 직접적인 관심을 기울여야 한다. 상호작용이 이루어지는 상황 속에 하나의 요소로 참여하게 되는 개인은 상호작용이 이루어지는 특정한 시점에 존재하고 있는 개인 그대로일 뿐이다.

그래서 듀이는 경험은 발생하는 것, 즉 사물이 아니고 사건이라고 말한다. 사건으로서 경험은 구체적 상황, 환경 또는 맥락 안에서 발생한다. 상황은 인간이 세계에 있는 방식이다. 다양한 상황들이 서로 꼬리를 물고 일어난다. 상호작용이 이루어지는 상황 속에 하나의 요소로 참여하게 되는 개인은 상호작용이 이루어지는 특정한 시점에 존재하고 있는 개인 그대로일 뿐이다. 이때 개인의 의식은 상황을 상황으로 파악하는 시도여서 상황에 초점을 가져온다. 의식은 사건들에 관한 우월한 관람자라기보다 세계에 참여하는 방식이다. 그러므로 경험은 인간의 삶 속에서 의식을 가지고 겪는 모든 것을 말한다.

경험의 전체, 삶

사람이라 총칭되는 그 모든 것은 삶life을 통해 자신을 전개한다.

이 삶의 세계는 아주 단순할 수도 있지만, 상상 이상으로 복잡하다. 삶의 세계를 듀이는 '경험의 전체'라고 했다. 경험의 전체는 세상 사물과 교착交錯되어 있다. 삶의 세계는 인간을 비롯한 세상의 모든 존재를 중층적으로 얽어맨다. 여기서 사물은 세상 속으로 내달리고 세상은 사물로 구성된다. 경험은 듀이 철학의 출발점이자 종착점이다. 경험이 출발점이라는 말은 이론이 아니라 지금 우리가 있는 여기에서 시작한다는 것이다. 듀이의 출발점은 역동적이고 살아 있는 구체적 경험이다.

듀이에 따르면, 우리의 삶은 '전체의 의미'로서의 삶을 구가한다. 이를테면 현재의 활동은 '전체의 의미'를 의식하는 과정이다.[3] 이 세상 어떤 끝은 어떤 시작과 이어지고, 어떤 시작은 어떤 끝과 이어지며, 나가는 문은 어김없이 어딘가로 들어가는 문이기도 하다. 끝없이 이어지는 과정에서 행위가 의미를 지니는 것은 어떤 시점에서다. 그 시점이란 언제나 지금 행위가 이뤄지는 현재 시점이다. 지금 이뤄지는 '현재 활동'은 과거와 미래를 서로 연결 짓는다. 과거와 미래를 연결 지음으로써 비로소 현재 활동은 의미를 지니며, 그 의미는 언제나 결과로 나타날 수밖에 없다. 이른바 의미란 언제나 현재 활동의 결과이다. 듀이의 '경험의 전체'는 '전체의 의미'를 의식함으로써,

---

3. 듀이에 따르면 전체의 의미를 의식한다는 것은 곧 전체의 의미를 느끼는 것이기도 하다. 이 전체의 의미를 느끼려면 어떤 상징이 필요하며, 그 상징이 곧 '공동체'와 '공동의 삶'이다. "공동체의 삶은 우리가 사는 삶이고 우리의 존재를 확인하는 삶으로서 분리된 존재가 전체와 맺는 관계를 드러내는 가장 적절한 상징이다. 우리는 우리를 다른 사람과 연결하는 사회적 연대에 관한 판단을 표출하며, 그 과정에서 행위라는 의식(rites)과 의례(ceremonies)를 거행하지 않을 수 없다." '전체의 의미'는 공동의 삶이며, 공동의 삶은 사람들이 서로 연결되는 사회적 연대의 결과이다[존 듀이 지음, 최용철 옮김(2020), 『윤리학』, 책봄, 10-13쪽 참고].

현재 활동은 전체에 속하고 전체는 현재 활동에 속한다. 이런 점에서 경험은 의식작용의 산물이다. 의식은 경험의 근원을 이룬다. 무엇이 진정으로 좋은 결과를 낳을까를 탐색할 수 있는 것은 '관계'와 '연계'라는 전체 의미를 헤아리게 한다. 활동을 전체의 의미라는 맥락에서 파악함으로써 현재 행위가 가져올 결과에 주목하지 않을 수 없다.

경험은 언제나 개인과 환경이 서로 무엇인가를 주고받음으로써 경험으로 성립된다. 경험의 가치는 그것이 무엇을 향해 어떠한 방향으로 움직여 나가는가 하는 점에 근거해서만 판단할 수 있다. 주변과 상호작용하고 언어를 배우고 스스로가 문화의 일부가 되어 전통에 참여하지 않는 한 의문을 제기할 수 없다. 즉 다양한 요인들이 합쳐서 탐구를 유발하는 상황을 만든다. 탐구는 뚜렷한 상황 없이는 시작하지 않는다. 탐구는 불확정한 상황을 확정적 상황으로 변환시키는 것인데, 그 변환의 결과 원래 상황을 구성하던 요인들 사이의 구별이나 관계가 통일된 전체로 바뀌는 경험이 바로 탐구다. 그리하여 확정적 해결과 통합의 궁극적 상태가 성취된다.

궁극적으로 경험은 인간이 사물의 세계에 대하여 노력하고 성취한 결과로 이룩한 상태를 의미한다. 경험이 이러하다면 당연히 목적은 '가시적인 결과'를 의미한다. 목적이 경험 속에서 어떻게 형성되어 어떠한 기능을 수행하게 되는지를 이해하는 일은 중요한 문제이다. 참된 목적은 언제나 충동으로부터 생겨나기 마련이며, 충동에 따라 즉각적으로 행동하는 일이 억제될 때 충동은 욕구로 변한다. 그래도 충동과 욕구 그 자체가 목적이 될 수는 없다. 바꾸어 말하면, 목적은 충동에 힘입어 행위를 했을 때, 어떠한 결과가 생겨날 지를 예견함으로써 형성된다.

사물과 사건은 결코 단순히 주어지는 것이 아니라 세계와 우리의 상호작용 속에 생산되고 구성된다. 충동이나 욕구 역시 다른 것과의 관련 없이 독자적으로 결과를 산출하는 것이 아니라 주변의 환경적인 조건들과 상호작용하거나 협응함으로써 결과를 산출한다. 목적을 형성하기 위해 결과를 예견하려면, 조건들을 관찰하고 정보를 수집하며 이를 판단하는 일을 먼저 해야 한다. 명백히 말해, 확실한 사실과 분명한 데이터는 거울에 비치는 것처럼 외부로부터 우리에게 쉽게 다가오지 않는다. 오히려 이것들은 문제 상황에 반응하고 해법을 구하는 구체적인 방법을 선택하는 탐색을 통해 적극적으로 선택된다. 이렇게 보면, 목적을 형성한다는 것은 상당히 복잡한 지적 작업이다.

감각-운동 협응의 지각기능

우리는 유기체적 몸으로 진화해 왔다. 그것은 생명 과정의 지속을 위한 기본적인 조건들을 요구하며, 그것은 우리가 필연적으로 의식하여 인지하는가에 상관없이 작동한다. 갖가지 양상의 창조물인 인간의 몸은 카멜레온처럼 자신의 환경의 색들과 결합하고 정황들에 맞게 자신을 변형시키고 적응시킬 수 있는 놀라운 능력에 의해 정의된다. 그러한 유기체 각각의 경험은 생생하고 활기가 있으며 흥미로운 것일 수 있다.

유기체의 몸은 일정한 자극에 대한 일정한 반응이라는 인과관계에 따라 행동하는 것이 아니라, 전체로서 행동하며, 자신의 목적, 즉 몸이 처한 문제의 해결을 위해 행동한다. 게슈탈트 심리학에 의하면, 사람의 지각은 언제나 의미 있는 전체를 상정하면서 부분을 본다고 한다. 또한 행동은 지각에 수반된다. 따라서 경험은 자극-반응의 구조로 분석될 수 없다. 그런 접근은 경험을 단지 기계적 감각의 문제로 간주하는 것이다.

듀이가 자극-반응에 관한 기계적 인과의 대안으로 제시하는 것이 '감각-운동 협응'이라는 관념이다. 운동이란 몸이 환경에 물리적 힘을 행사해서 환경을 바꾸는 작용을 가리킨다. 물론 그렇게 해서 바뀐 환경은 다시 몸에 작용하고, 몸은 감각기관을 통해 그것을 지각하게 된다. 이렇게 운동은 지각과 고리를 이루면서 일어난다. 유기체와 환경의 상호작용은 '감각-운동 협응'의 지각기능을 지닌 유기체에 의해서 취해진 활동이다. 상호작용은 삶의 일차적 사실이며 가장 기본적인 존재 단위이다.

유기체는 감각-운동 협응이라는 지각기능을 지니고 활동한다. 지각이 감각들의 불균등화를 해결하는 것이라면 행동은 지각적 우주들의 불균등화, 비정합성을 해결한다. 환경은 있는 그대로 주어지는 객관적 존재가 아니다. 예를 들어 양분의 추구라는 관점, 포식자로부터의 도피의 관점, 성욕의 관점 등 다양한 관점에 따라 다른 서로 불일치하는 지각 세계들이 존재한다. 인간은 알 수 없는 세계에 살고 있다고 느끼고 그것을 알 수 있는 공간으로 바꾸고자 한다. 이것은 추상적이고 이론적이면서도 몸에 느껴지는 갈망이다. 이것은 유기체와 환경의 상호작용이 순회하는 것을 말한다.

경험의 재구성

듀이는 경험의 생물학적 기반을 가장 잘 설명해 주는 두 원리로 상호작용과 계속성을 든다. 듀이는 경험과 자연이 계속적이라는 것을 강조한다. 계속성과 기능성은 경험의 모든 국면에 편재하고 따라서 '활동'을 중심에 위치시킨다. 생존한다는 것은 활동들의 관련된 계속성으로 인해, 선행하는 활동들이 나중의 활동이 일어나는 조건을 준비하는 데 효력을 발휘한다는 의미다. 그 연결고리는 우리가 생존하게 하는 어떤 특별한 연속성을 갖는다. 그렇지 않다면 그 생명은 종말을 맞는다.

새로운 활동을 통해 경험이 양적으로 늘어나고 질적으로 변화하는 것이 바로 성장이다. 개인과 그를 둘러싼 환경은 지속적으로 교호작용transaction하고 공진화coevolution하면서 성장한다. 환경에서 일어난 변화가 바로 인간 자신의 본성에 영향을 미칠 수밖에 없기 때문이다. 성장은 현재의 자아가 더 커진다는 것 이외에 '발달'을 의미한다. 생물학적 성장은 유기체가 이전보다 훨씬 적응력이 뛰어난 방식으로 환경을 식별하고 반응할 수 있도록 기능적으로 더 정교해진 발달로 이해되어야 할 것이다. 또한 세계를 조정하고 장래 경험을 조절할 수 있는 능력도 계속 키워 가야 한다.

성장은 새로움의 출현이다. 성장은 그 자체를 넘어서는 목적을 갖지 않는다. 이런 경험의 연속성은 경험이 계속적으로 재구성된다는 '경험의 재구성'을 말한다. 경험의 재구성은 성장을 의미하고 성장은 습관을 만들어 내는 능력에 달려 있다. 듀이에게 습관이란 생명체가 자연과 상호작용하는 과정을 일컫는 명칭이다. 인간 역시 생명체로서 자연 속에서 습관으로 살아간다. "인간은 습관의 창조물로서, 이성의 창조물도 아니며, 그렇다고 본능의 창조물인 것도 아니다."

그럼에도 인간은 자연의 온갖 생명체와 분명히 다르다. 습관은 경험에 계속성을 부여하고, 그것을 신체에 부착시킨다. 습관의 범위는 상대적으로, 수동적 '타성'에서부터 '능동적 습관'까지 아주 넓다. '타성'은 생활환경에 적응해 일상의 실천에서 당연한 것으로 여겨지고, 반성의 수준을 거의 향상시키지 못한다. '능동적 습관'은 의도적으로 조절 가능하며 역동적이고 유연한 힘이다. 특히 실제적 조작, 지성적 파악, 건설적 조직의 힘과 같은 것으로 환경을 조정하기 위해 필요에 따라 의존하는 힘이다.

살아 있는 현재 경험과 정서

일단 경험은 일상적이고 익숙하다. 그런데 '경험하다'란 도대체 무슨 말일까? 경험함은 세상에 있음에 관한 인간적 양상이다. 경험은 세계가 우리의 연루됨을 통해서 생기는 모든 제한적 방식들로서 인간이 생존에 거주하는 방법이다. 이때 경험은 인간과 세계가 삶의 터전에서 다양한 방식으로 만나고 변형되는 주된 매개체다. 우리는 경험을 주체가 겪는 사적 사건으로 보고 나의 것 또는 너의 것으로 간주하는 잘못을 범하였다. 인간의 삶은 세계 내에서 통합된다. 경험은 인간적인 모든 것의 복합물을 가리키는 단어다. 그것은 인위적으로 만들어지지 않고 그냥 느껴지거나 갖게 된 것으로서 기본적으로 느낌, 사유, 행함과 같은 모든 활동을 포함한다. 경험은 원래

활기가 있으며, 진정한 경험일수록 그만큼 더 생기가 넘치고 역동적이다.

듀이가 언급했듯이, 우리는 '살아 있는 현재'를 경험함으로써 특정한 방식으로 자기 자신이 인간임을 실감한다. 우리가 알고 있는 모든 경험은 듀이가 말하는 것처럼 '살아진 경험'이다. "인간이 행하고 고통받는 것, 사랑하고 믿고 견디는 것, 그리고 또한 인간이 작용하고 작용 받는 방식, 인간이 행하고 고통받고 열망하고 즐기고 보고 믿고 상상하는 방식들—짧게 말하면 경험함의 과정들을 포함한다. … 경험은 이중적인데 그것은 온전한 상태에서 행위와 자료, 주체와 객체를 구분하지 않고 이들을 분석되지 않은 전체에서 포함한다." 듀이는 '살아진 경험'의 이중성을 "겪음과 행함"이라고 말한다. 듀이는 수동적으로 '당하는undergoing' 측면과 같이 능동적으로 '해 보는doing' 측면을 포함해 활동에 참여하는 경우 완전한 감각으로만 경험한다고 설명한다. 양 측면이 연결되어 있을 때만 의미 있는 경험이 된다.

모든 인간의 경험에서 경험은 해 보는 것과 당하는 것의 연속체이기에 상호작용은 기본이다. 유기체적 삶의 과정은 환경 내에서 환경과의 교섭을 통해 진행된다. 이와 같은 교섭은 다양한 상황, 맥락을 만들어 내고, 지적·정서적·선천적 경험 등 다양한 경험을 함으로써 거기에서 '살아 있는 현재'가 발생한다. '살아 있는 현재'와 연관된 경험은 삶의 과정에서 우리가 직면하는 모든 삶의 조건들에 대한 기본적인 감수성과 그러한 조건들을 대하고 그것에 반응하는 방식들을 포함한다.

어느 경우든 경험을 완전한 통일체로 완성시키는 것은 바로 정서이다. 경험의 완성에 이렇듯 감정이 함께 작용한다는 것은, 이 경험이 과연 자아가 원하던 방향으로 끝날지 그렇지 않은 방향으로 끝날지 잘 모르겠지만, 어쨌든 실제적인 종결로 치닫는 그 사건의 운동에 '자아'가 성심성의껏 참여하고 있음을 의미한다. '단순히' 지적인 경험일지라도, 그것이 내적인 합일감과 충만감을 드러내는 질서정연하고 체계적인 운동이라고 한다면 그것은 감성적 만족을 유발한다. 그렇지 않다면 어떠한 정신적 활동도 자신에게서 기인한 사건이라 할 수 없을 것이다. 하나의 행위를 정서적으로 완결한다는 것은, 행위 자체의 도덕적인 측면도 물론 무시할 순 없지만, 동시에 미적인 특성에도 속하는 것이다.

살아 있는 경험과 듀이의 예술

유기체의 무의식적 정서와 의식적 느낌

생명을 유지하고 삶의 질을 향상시키기 위해 유기체는 지속적으로 자신의 신체적 상태를 감시하고 조정해야 한다. 예를 들어 인간의 내적 환경은 상당히 좁은 폭 안에서만 존속한다. 우리는 생명 유지와 평안을 위해 필요한 체온, 수분 공급, 염분 농도, 산소 공급, 몸의 통합성, 그리고 수많은 다른 조건들을 의식적 노력 없이 가늠하고 조정해야 한다. 몸 상태 감시의 대부분은 자동적으로, 우리 의식 층위의 저변에서 이루어지는데, 그것은 매우 고마운 일이다. 왜냐하면 우리는 실시간 상황 안에서 이 모든 것을 의식적으로 통제하면서 수행할 수 없기 때문이다.

우리는 기능적 유기체로 존립하기 위해서 내적 상태의 평형을 유지하거나 회복하기 위해 신체적 상태와 환경의 양상들에 대부분 무의식적으로 적응한다. 정서는 바로 여기에서 핵심적인 역할을 한다. 다마지오의 가장 큰 이론적 기여는 생명을 유지하고 성질을 고양시키는 역동적 항상성 안에서 정서의 역할을 탐색했다는 것이다. 그는 정서를 환경과 지속적으로 상호작용하는 유기체의 감각을 통해 생성하는 화학적·신경적 반응의 복합적 패턴으로 정의한다. 우리의 정서 경험은 복잡한 신경·내분비 과정에 기초한다. 이런 기관은 가장 강력한 경험의 기초가 되고, 그중 어느 것은 의식적으로 인식하기가 어렵기도 하다. 그 결과 우리는 정서를 가지면서도 그것을 생성시키는 내부 기관을 결코 느끼지 못한다. 요컨대 몸은 대개 무대 뒤에서 굉장한 일을 하기에 우리는 욕망과 주의의 대상에 초점을 둘 수 있다.

듀이도 이렇게 말한다. "정서는 현재 눈앞에 닥친 불일치 상태를 무의식 차원에서 의식의 차원으로 드러내는 것이다. 불일치한 상태에 있을 때 이를 느끼는 정서는 우리에게 주어진 상황을 극복하기 위하여 사고하고 반성하도록 자극한다. 환경과 조화로운 상태를 회복하려는 욕구는 단순한 상태에 있던 충동을 환경과의 조화를 이룰 수 있는 조건을 확보하는 데 관심을 갖는 정서로 변화시킨다. 이렇게 하여 사고가 촉발된다."

다마지오는 정서적 반응 패턴이 몸의 상태에 필요한 적응을 통해 삶을 유지하려는 몸의 자동적 방식이라고 주장한다. 따라서 정서는 대부분(전부는 아니지만) 유기체인 우리 자신에게 사물이 어떻게 작동하는지에 관해 이루어지는 무의식적이고 자동적인 지속적 평가에 대한 신체적 반응이다. 정서적 반응 패턴은 반드시 의식적으로 느껴지거나 성찰되지 않더라도 전형적으로 우리의 몸 안에서 활성화된다. 반면에 의식적 느낌이란 그것이 생겨날 때 세계와의 상호작용의 변화에 대한 반응으로서 몸 상태의 변화를 의식하는 방식이다. 바꾸어 말하면, 느낌은 몸이 환경에 참여하면서 생기는 변화에 적응하며 생겨나는 변화하는 몸 상태에 대한 지각이다. 따라서 느낌은 사물이 어떻게 작동하는지에 대해 좀 더 의식적일 수 있게 해 주며, 그러한 평가는 행위에 관한 결정이 필요할 때 비결정성과 긴장의 상황에서 특별한 중요성을 지닌다. 우리의 의식적인 감시인 느낌은 상황을 가늠하고 어떤 행위 전략이 문제적 상황이 안고 있는 긴장을 해소하는 최선인지를 더 잘 결정할 수 있게 해 준다.

몸의 정서와 마음속 느낌

우리는 감각하는 존재이다. 감각하는 사람은 몸으로 움직이고 있기도 하고 생명체로서 끊임없는 물질적 신진대사 속에 있다. 모든 몸의 감각은 언제나 대상을 향해 열려 있고, 또 그 대상을 향해 꿈틀거린다. 몸의 꿈틀거림은 감각의 확장을 동반한다. 그것이 사람의 마음속에서 인지된다는 의미에서 심리 내의 현상이다. 몸이 없으면 마음도 없다. 정서와 느낌은 우리가 어떻게 세계와 가장 초생적으로 접촉하고 세계를 이해하고 세계 내에서 기능할 수 있는 수단인지를 보여 주는 방식이다. 정서가 몸에서 일어나는 현상이라면 느낌이 움직이는 장소는 마음이다.

사람들이 두려움을 느꼈다고 할 때 그들에게는 이미 창백함, 떨림, 목구멍이 타는 듯한 증상, 호흡과 심장 박동 수의 변화가 일어나 버린 상태이다. 심장의 박동은 당신이 의식하지도 못하는 사이에 앞으로의 사랑을 예언한다. 겁먹은 까마귀는 숲 덤불에도 놀란다는 러시아 속담이 말해 주듯이, 우리가 경험하는 정서의 영향이 외부 대상에 대한 우리의 지각을 색칠한다는 것을 의미한다. 그래서 공포의 대상이나 분노의 사건을 접할 때 이미 몸은 떨리고 있고 얼굴은 경직된다. 즉 정서는 외부 대상에 의해 생겨나는 몸의 흔적이자 반응이다. 정서는 대상지향적 반응이므로 공개적이어서 표정, 목소리, 특정 행동에 드러나는 정서를 사람이 볼 수 있다.

정서 역시 경험 안에서 일어나는 현상이다. 정서는 실제적으로든 상상적으로든 간에 밖에 있는 대상에서 생기며, 대상에게 향하여 있으며, 대상에 관한 것이다. 그러므로 외적 상황에 대한 각자의 해석 없이는 정서를 이해할 수 없다. 상황에 정서적으로 묶여 있는 모든 인간에게 이 정서의 강도와 미묘함, 표현 양상은 대단히 다르다. 다른 사람 눈에는 곰팡내가 풍길 듯한 낡은 슬리퍼에 주인은 얼마나 깊은 애착을 느끼는지 우리는 잘 알고 있다.

정서는 행위 또는 움직임이다. 진행 중인 사건이나 사물과 긴밀하게 결합해 있을 때 오직 강하게 혹은 부드럽게 흘러가는 정서의 물결을 느낄 수는 있지만, 그 정서들 자체를 서술할 수는 없다. 왜냐하면 몸은 인식되지 않고 체험함으로써 자신을 드러내기 때문이다. 다시 말해 정서는 이미지 없는 몸의 움직임에 속하기 때문이다. 예컨대 기쁨과 슬픔, 희망과 절망 그 자체는 어떤 '것'이 아니기 때문이다. 그렇다고 몸과 언어를 분리해서 생각할 필요는 없다. 그것들은 분리해서 생각할 수 없는 성질이다. 몸속에 이미 언어가 가능한 형태로 존재하고 있으며, 이렇게 현상된 언어 속에는 몸이 또한 존재하고 있다. 듀이의 『경험으로서의 예술』에 따르면, "우리가 책을 보거나 연극을 보는 동안에 나타나는 정서는 바로 그 사건의 전개 과정에 참여하는 것이며, 이 경우에 정서는 사건이 전개될 공간과 이야기가 전개될 시간을 필요로 한다. 경험은 분명히 정서적이다. 하지만 특별히 정서라고 불리는 것이 경험 속에 독립적으로 존재하는 것은 아니다. 이런 관점에서 볼 때, 정서는 진행 중인 사건이나 사물과 긴밀하게 결합되어 있다." 그래서 '울고 있는 아이의 모습'을 통해 우리는 슬픔을 묘사할 수는 있지만 슬픔 그 자체에 대해서는 언급할 수가 없다. 우리는 마음을 슬프게 하는 '모든 것'을 얘기할 수는 있어도 슬픔 그 자체를 서술할 수는 없다.

동양에서는 정서를 정情이라 한다. 『중용』에서는 사정四情으로 희喜, 노怒, 애哀, 락樂을 추린다. 『악기樂記』에서는 육정六情인데 희, 노, 애, 락에 더하여 경敬, 애愛가 추가된다. 우리는 여러 상황에서 육체적 감각의 정서와 더불어 마음속 느낌을 말로 표현할 수 있다. 느낌은 생물학적으로 설명할 수 없는 마음의 운동과 연관된다. 정서가 먼저 태어나고 느낌은 그 뒤를 따라 그림자처럼 정서의 뒤를 쫓는다는 것이다. 느낌은 모든 심상이 그렇듯 언제나 안에 숨어 있어 그 소유자를 제외한 어떤 사람도 볼 수가 없다. 느낌은 자기 준거적 self-referential이다. 즉 지금 이 순간의 느낌은 나의 느낌이다. 느낌은 어떤 사람이 자기 자신을 인식할 수 있게 해 주는 수단을 제공한다. 공포의 경험은 사람들에게 스스로를 위험으로부터 보호하게 한다. 다마지오는 느낌이 몸이 아니라 마음의 영역에 속한다고 해서 그것이 '생각'으로 환원할 수 있다고 보지 않는다. 그는 느낌의 본질이 신체 상태의 표상이기 때문에 신체가 아닌 외부의 표상들로 이루어진 생각과는 구별되는 독자적인 기능을 가진다고 본다.

작고 사소한 울림에서부터 크고 거대한 울림까지 다양한 느낌은 반추를 통해 경험으로 축적된다. 의미 있는 느낌으로 의식될 경우에는 두드러진 심적 사건으로 애초에 느낌을 생성시켰던 정서와 그 정서를 촉발한 대상에 대해 끊임없이 주의를 환기시킨다. 예를 들어 고조된 행복감은 이미지가 빠르게 변화하고 짧은 시간 동안만 주의가 계속되는 데 반해, 슬픔은 이미지 생성의 속도가 줄어들고 이미지에 대한 극도로 높은 주의가 나타난다.

지각과 마음의 움직임

삶은 자기 자신을 느끼는 일이자 그 존재의 모든 지점에서 자기 자신을 깨닫는 일이다. 육체적으로 불편해질 때 우리는 문제가 있다는 걸 안다. 그리고 문제가 해결되면 몸이 편해진다. 마음과 몸은 하나이다. 따라서 우리는 이러한 상호 연계성을 어떻게 이용하고 촉진시켜야 할지를 배워야 한다. 마음은 몸을 위해 실용적이고 유용한 임무를 수행한다. 올바른 목표물에 대해 자동화된 반응이 실행되는 것을 조절하고, 새로운 반응을 예견하고 계획하며, 몸의 생존에 도움이 되는 모든 종류의 상황과 사물을 만들어 내는 것이 마음의 임무이다.

건물을 지을 때 설계도를 갖고 작업을 하지만 현장에서는 마음의 끊임없는 판단이 필요하다. 그것은 설계도의 세부적인 내용 추적을 넘어서 설계도 전체의 통일성을 사고하는 것이다. 법 집행의 과정을 보더라도 법의 논리적 포섭의 관계만이 들어 있는 것이 아니다. 법을 넘어가는 법의 정신은 어디에서 오는가 하는 물음도 역시 마음의 문제로 귀결된다. 하지만 동시에 그것은 깊은 구조를 지니고 있다.

우리가 살면서 일상적으로 보고 느끼는 모든 것이 마음을 움직이고 결국은 마음을 형성한다. 사람은 자신의 마음을 통해 스스로 삶의 지속을 확인한다. 마음의 움직임은 마음이 지각의 문제임을 시사한다. 지각의 기본적인 특성은 운동성, 즉 움직임이다. 참고로 움직임이라는 것은 움직임 그 자체를 요소로 갖는 것이지, 움직임이 형성되기 이전이나 이후에 식별될 수 있는 알갱이들이 있는 것은 아니다. 그런 점에서 마음은 그 자체의 움직임 원리이다.

벤야민도 사유-이미지라는 개념을 통해 마음의 작용을 지각의 조직으로 설명하고 있다. 이미지는 시각과 촉각을 포함한 지각의 대상이다. 벤야민은 의식에 구성적 기능을 지닌 이미지의 지각을 끌어들인다. 벤야민은 사유의 개념과 이미지의 지각, 이 양자를 어느 한쪽에 종속시키지 않고, 상호 관계로 둔다. 지각은 자신이 수용한 바를 단순히 재현하는 것이 아니라 이미지를 매개로 삼아, 사유의 능동적인 구성과 대상에 대한 분석 및 비판을 병행한다. 벤야민의 마음은 사유를 이미지화하고 이미지를 사유화하는 '지각의 변증법'으로 이해할 수 있다. 벤야민은 마음에 대해 언어, 미메시스, 경험이 상관적이라는 점을 강조하고, 마음을 사진의 음화陰畵에 비유함으로써 마음의 존재 방식에 대한 이해에 접근했다고 할 수 있다.

마음은 형이상학적 실체心, 魂, 靈가 아니며, 심리적인 기관도 아니고, 대상에 대한 인식론적 능력도 아니다. 마음은 현재를 만드는 실천으로 삶의 흐름을 형성한다. 이런 마음이 있기에 자신을 반성할 수 있고, 존재로서의 자신을 알고, 존재하는 일에 개입하고, 변혁하고, 그에 대해 말하는 한편 조사하고, 비교하고, 평가하고, 가치를 부여하고, 결정하고, 단절하고 꿈까지 꿀 수 있다. 따라서 마음은 의식 활동의 핵심에 존재한다.

실용주의 철학자 윌리엄 제임스에게 의식은 실체가 아니고 흐름, 지속적 과정이며, 순수 경험의 기능으로서 대상과 사유는 하나의 과정의 상이한 국면이다. '의식의 흐름'이라는 그의 사고방식에서 볼 수 있듯이 인간의 마음은 정적 현실이 아니라 끊임없이 진화하고 우리의 제스처에 의해 형성되는 역동적인 과정이다. 마음은 더 이상 어떤 다른 대상의 자격을 갖는 것이 아닌 의식의 처음이자 마지막 요소이다. 그러한 의식의 흐름을 인지하기에, 인간은 자신이 살아 있다는 느낌을 유지할 수 있다.

감성과 '생생한 현실성'의 직관 체험

이 세상 안에서 우리는 늘 일정한 기분을 지니고서 살아간다. 마음을 채우고 있는 이 정서들과 그 느낌들의 총화와 분포 상태를 우리는 기분이라고 부른다. 기분을 느끼는 감정이란 어떤 의미에서는 우리가 늘 숨 쉬는 공기와 비슷하다. 공기가 없으면 살 수 없듯이, 살아 있는 한 대부분은 감정에서 완전히 자유로울 수 없다. 즉 우리는 삶을 겪어 가듯 감정을 겪어 갈 수밖에 없다. 살아가면서 우리는 감정의 늪에 자주 빠지곤 한다. 애정·분노·슬픔·즐거움·부러움 따위가 그렇게 만든다. 감정은 항상 자기 준거적이기 때문이다.

감각인은 형상이나 개념을 가지고서 사물을 보지 않는다. 감각인은 기분을 가지고서 사물을 본다. 우리의 일상적 삶은 변화하는 기분의 연속으로 이루어진다. 객관적 분위기와 그것을 변환해 가는 주관적 기질, 그리고 이 만남을 통해 형성되는 기분은 감성학적 장을 형성한다. 감성이 객체와 연결될 때 감각이 되고, 주관과 연관되면 감정 또는 느낌이 된다. 어디에서 어떤 느낌표가 뜨는지가 감성학적 접근의 수준이다.

느낌은 감성의 울림이다. 비유하자면 감성은 호수다. 가슴께에 위치한다. 일상에서 마주치는 온갖 것들이 우리 감성의 호수에 돌을 던진다. 파문이 인다. 이 파문이 느낌이다. 파문이 일으키는 감성적 울림이 느낌이다. 우리는 세계의 발생에서 감성을 만난다. 감성은 세계의 기본적인 가능성을 이룬다. 세계에는 삶을 촉발하는 감성 활동의 지혜가 담겨 있음이 분명하다. 세계에서 감성의 배제는 불가능하다. 왜냐하면 감성은 세계의 모습을 받을 수 있는 모든 것의 초월론적 조건이기 때문이다.

감성학은 애매하고 불투명한 논리로 그 수준을 위장하지 않는다. 느꼈으면 느낀 것이고, 느끼지 못했으면 느끼지 못한 것이다. 그러므로 감성적 상황은 일차적으로 철저하게 개인적인 상황이고, 주관적일 수밖에 없다. 감성학적 장에서 반응하는 주체의 감수성은 말 그대로 천상천하 유아독존이다. 어떤 주체라도 자신의 감수성은 이 세상에서 오로지 유일한 감수성이다.

사람의 삶은 전체적 완성을 지향한다. 우리의 여러 가지 경험 형태 중에서 삶 전체를 총체적으로 느끼게 하는 하나의 일관된 체험 형식이 있다. 무언가 안으로부터 작용하는 어떤 불가사의한 힘이 감성의 영역에서 발생한다. 그것은 감성적 상황에서 무언가 특별한 방식으로 대상에 주목할 때, 일상적인 하루의 삶 속에서 갑자기 세상이 차원 이동을 한 느낌이다. 몸 전체로 음악을 듣고 몸 전체로 시를 읊는 것처럼 그런 능력과 관련된 것이 바로 직관이다. 반직관적으로, 어떤 종류이든 전체에 대한 의미가 그것을 구성하는 것처럼 보이는 부분 대상들을 선행한다. 이런 점에서 감성 속에서 모든 것은 하나로 있으며 그리고 이를 통해 있는 것은 항상 전체로 이해되며, 또 그처럼 주어진다.

감성학은 수학적인 것이 아니라 직관적이다. 이성이 작용하는 방식을 논리라고 부른다면 감성이 작용하는 방식은 직관이다. 감성학적 장에서의 직관은 매 순간순간 개별적이며 그 자체일 수밖에 없는 체험에서 출발한다. 상황을 한눈에 간파하는 일은 합리적 추론에서 기인하지 않고 그 상황의 의미를 감지해 낼 수 있는 능력에서 비롯된다. 이를 통해 감각 역시 새롭게 태어난다. 직관은 지적이지 않은 요소로 시작해서 하나의 의미 깊은 경험을 형성하는 것이기 때문에, 인식보다 더욱 분명하고 뚜렷하다.

경험의 기반으로서 감성은 경험 전체이자, 또 그처럼 세계의 전체다. 그러므로 세계는 반드시 전체처럼 주어진다. 그것은 미처 생각이나 말을 하기 전에 생생하게 현실성을 띠고서 주어진다. 예컨대 이것 옆에 다른 것, 이것 아래 다른 것은 어떤 통일성 안에서만 이런 식으로 배치된다. 모든 요소는 하나의 세계에 속한다. 그러므로 세계는 전체처럼 주어진다. 예를 들면 눈앞의 집은 담이나 정원수와 함께, 책은 잉크병이나 펜과 함께 눈에 비친다. 사물들이 먼저 우리에게 의미 있게 다가오는 하나의 세계 속에 우리는 살고 있다. 직관적 체험의 특별한 존재 양상은 '그 생생한 현실성' 때문에 우리가 한순간 삶 전체를 무언가 성취된 것으로 느끼게 하는 신비로운 힘의 작용이다. 감성적 상황의 체험 대상에서 출발하지만 대상이 뿜

어내는 힘이 너무 강력해 그만 주체와 대상의 경계가 사라져 버릴 수도 있다. 그것은 미처 생각이나 말을 하기 전에 생생하게 현실성을 띠고서 먼저 주어진다. 그러한 것을 주는 직관이 있다. 이 직관은 사태 자체의 주어져 있는 바로 그대로의 자기소여성과 직결된다. 이때 직관은 자신의 대상인 사물이 원리상 자신이 지닌 능력에 대해 독립된 이른바 객관적이면서 초월적인transcendent 존재임을 인식한다. 예컨대 지구 밖에 설치된 허블 망원경이나 이를 극복한 제임스 웹 우주망원경을 통해 주어지는 심대하고 광활한 우주의 화려한 모습을 보면서 저 우주가 우리 인간의 존재와 상관없이 객관적-초월적으로 존재한다는 사실을 어떻게 부정할 수 있을 것인가?

하나의 완결적 경험으로서 듀이의 예술

인간의 감각과 욕구, 충동은 정당하게 취급되어야 한다. 이들의 모든 성질은 궁극적으로 감각적 지각에 상응하며 인간이 실로 상상을 초월할 정도로 높이 고양되는 경험을 하기 위해 필수적이다. 듀이의 경험은 감성적 실천을 위한 중요한 개념이다. 듀이의 상호작용 모델은 경험의 범위를 상당히 넓게 잡고 있다는 것이 장점이다. 경험은 인식론적 틀인 주관과 객관을 연결하는 인식의 매개물이 아니라 바로 행위에서 시작된다.

또 경험이 언제든 하나의 의도만을 드러내는 것은 아니다. 많은 경우 경험은 하나의 전체로 통합되기보다는 분열되고 해체된 상태로 불안전하게 잔존한다. 그렇다면 하나의 경험이란, 하나의 완결된 상황이 미처 분산되기 전에 하나의 전체로 단일하게 조직됨으로써 다른 경험과 구분되는 그러한 경험이라고 할 수 있을 것이다. 만일 어떤 경험이 미적인 특성을 띠지 않는다면, 제아무리 경험이라 해도 통일성을 드러내지 않는다. 듀이에 따르면 예술은 실제 생의 과정에서 그려진다. 더 정확하게 말하자면, 살아 있다는 이 내밀한 감정에 사로잡히게 하는 일이야말로 예술과 비예술을 구분하는 정점이다.

예술은 삶의 의미, 목적을 명료하게 함으로써 삶을 더욱 지적으로 만들지만 그 수단은 개념이 아니고 강렬한 경험이다. "예술은 인간이 살아 있는 피조물의 특성인 감각, 필요, 충동 그리고 행위를 의식적으로 그리고 따라서 의미의 단계에서 회복시킬 수 있다는 살아 있는 구체적 증거이다." 즉 예술은 삶의 과정에서 가장 풍부하고 완성된 순간들을 구체화하려고 한다. 전체성을 드러내는 경험은 하나의 상황 속에서 작용하는 에너지가 해당 과제를 완수하자마자 일어난다. 마찬가지로 행위가 단순히 기계적이거나 무목적적으로 진행되지 않는다면, 이 역시 행위가 계속 이어지는 동안 하나의 감정도 함께 커진다는 의미를 지니고 있다.

경험은 미적 차원에서 완결된다. 시작이 있고 끝이 있다. 즉 미학에서 성취되고 완성된다. 듀이에게 미학은 "경험이 의미와 정서로 축적될 때 모든 경험의 완결적 국면"을 이름 짓는다. 그 절정에서 경험은 자아와 대상과 사건의 세계에 관한 완전한 해석을 표명한다. 인간과 세계는 답을 알 수 없는 모호한 수수께끼 같다. 하지만 이들은 해석될 수 있으며 또 해석을 요구하고 있다. 인간의 자아는 자신의 가장 깊은 내면에서 어떤 것과 생동적이고 발전적인 관계를 맺으려고 노력하는 것으로 보인다.

예술은 예술 작업과 감상자를 만족스러운 경험에로 엮는 참여
의 사건이다. 예술 작업은 '포이에시스' 활동 속에서 이루어진다. 예
술적 대상들은 단지 기교적으로 재현된 것이 아니라 그 자체로 현
실을 충실하게 드러내고 있다. 예술가적 창조 행위는 작품의 감상과
향유에도 관련된다. 작품을 제작하고 있는 예술가가 자신 안에서는
동시에 관람자로서도 활동하듯이, 미적 감상의 정수 역시 창작 행위
와 가장 깊이 연결되어 있다. 하나의 완결된 경험은 직접적으로 감
지될 수 있는 예민한 예술가적 구조로 되어 있으며, 그런 한에서 미
적이다.

듀이는 감상하는 경험이 미적 지각aesthetic perception에 의해
이뤄질 때 지각의 대상과 장면은 정서적으로 물들게 되고, 의식
은 신선하고 생기 있게 변한다고 말한다. 이러한 생생한 의식vivid
consciousness은 유기체 전체에 전율을 일으켜서 내면을 요동치게 하
는데, 그것은 유기체 전체가 대상에 완전히 사로잡히게 되는 상태로
만든다. 하나의 작품은, 그것을 최소한 감각적이고 정서적으로 향유
할 수 있다면 그 자체로 예술가적이다.

우리가 예술작품을 감상하면서 무엇인가를 강렬하게 느끼는 경
험을 하는 것은 바로 이러한 미적 지각 속에서 새로운 에너지의 조
직화가 이뤄졌기 때문에 가능하다. 그것은 감상자가 지금까지 살면
서 누적해 왔던 경험의 의미들의 총체와 현재 지각의 대상이 되는
예술작품에 표현된 예술가의 경험의 의미가 연속적으로 상호작용하
면서 양자 사이에 재통합이 이뤄져 감상자에게 대상이 미적으로 지
각되는 순간을 의미한다. 그러기에 감상자의 감상 행위는 예술가의
창작 행위와 불가분의 관계에 있다고 볼 수 있다.

2.

생명 현상과 정동 경험

생명, '살아 있음'이란?

'살아 있음'의 생명 현상, 운동

최근 몸에 대한 관심이 높아지는 이유는 인간과 인간, '몸들' 사이의 자유로운 소통과 공존을 통해 '몸'이 지닌 순수한 에너지를 승화시켜 생명력이 가능한 삶과 문화를 향유하고자 하기 때문이다. 생명체의 '살아 있음'이라는 성격은 어떤 특정한 물질 단편 속에 들어 있는 것이 아니다. 여러 종류의 많은 물질이 함께 모여 정교한 어떤 '동적 체제'를 이룰 때 가능하리라는 말을 할 수밖에 없다. 우리의 생명을 구성하고 있는 분자는 조립식 장난감 같은 정적인 부품이 아니라, 예외 없이 끊임없는 분해와 재구성이라는 활력 위에 있다.

우리는 몸이 움직임으로써 살아 있음을 확인한다. 자궁 속 태아의 움직임은 어머니에게 새 생명에 대한 기쁨을 전해 준다. 운동은 곧 생명이다. 우리는 외치고 꿈틀거리는 피조물로 세상에 태어나고, 갖가지 운동을 통해 세계와 '접촉'하고 인간됨을 이룬다. 운동은 세계와 자기 자신을 인식할 수 있는 하나의 조건이다. '살아 있음'의 생명 현상을 출현하게 하는 '생성', '역동성', '운동' 등이 몸에 대한 하나의 새로운 패러다임을 창출한다. 특히 생명과 운동은 매우 밀접하게 연결되어 있다. 생명은 흘러가는 강물 같은 흐름 가운데 있으며, 우리가 계속 먹어야만 하는 이유는 그 흐름을 멈추지 않기 위해서다. 거기에 있는 것은 흐름, 그 이상도 그 이하도 아니다. 그 흐름 속에서 우리의 몸은 끊임없이 변하고 간신히 일정한 상태를 유지하고 있다. 그 흐름 자체가 '살아 있다'고 표현되는 것이다.

생명은 이 흐름이 유발하는 효과이다. 그리고 더욱 중요한 것은 그 분자의 흐름이, 흐르는 가운데서도 전체적으로 질서를 유지하기 위해 서로 관계성을 유지하고 있다는 것이다. 생명은 인간을 포함하여 모든 생물, 무생물에 깃들여 있다. '생성', '역동성', '운동' 등의 새로운 패러다임은 새로운 변화의 논리를 지니고 있고, 그것은 인간을 넘어선 자연과 우주 차원에서의 거대하고 신비한 생명의 유기적인 흐름에 대한 인식을 필요로 한다.

살아 있음과 듀이의 경험적 자연주의

물리적 자연과 인간 경험을 잇는 생명 원리에서 듀이가 주목한 생명의 본질, 곧 진정으로 '살아 있음'은 어떤 의미일까? 그것을 규정하는 핵심 원리는 자기 갱신을 통한 생명의 연속성 혹은 계속성과 환경과의 상호작용이다. 생명체의 정체성은 환경 조건과 상호작용하는 방식을 달리 변화시킴으로써 존속하려는 자기보존의 충동에 있다. 듀이의 유기체 관념에 따르면 모든 인간은 생존과 성장을 추구한다. 특히 성장은 생명의 특성으로 현재의 자아가 더 커진다는 것이외에 '발달'을 의미한다. 생명체의 성장은 목적 없이 산만하게 일어나는 변화가 아니기 때문이다.

생명의 본질은 스스로 갱신하여 성장해 가는 삶에 있다. 인간은 성장하면서 의미와 가치를 확장하는 삶을 살려는 본원적인 욕망을 지녔다. 듀이가 말하기를 "생명은 환경에 어떤 행동을 취해 가며 자기를 갱신하는 과정이다." 현재 그대로 정체되어 목숨만 부지하는 연명 수준의 삶은 진정한 의미에서 살아 있는 삶이 아니다. 듀이에게 생명체의 자기 갱신은 이전에 지나온 것들이 무언가로 축적되고 바라는 목적이 현재 움직임에 방향과 힘을 부여한다는 의미에서 갱신은 연속적으로 이루어진다. 성장해 감에 따라 우리는 다른 사물들이나 사람들과 상호작용하면서 잠재 가능성을 실제로 발휘한다. 듀이가 말한 대로 발달로서의 성장이 이루어졌다는 것은 환경이라는 대상의 특성을 더 자세히 식별하고 더 적절히 반응할 수 있는 능력을 지니게 되었음을 의미한다.

듀이는 모든 존재는 기능적인 통합을 이룬다는 생물학적 기능론에 입각하여 경험을 이해한다. 그에 따르면 모든 생명체는 환경에너지와 결합된 상태로 생명활동을 시작한다. 생명 있는 존재는 자족적으로 독립된 개체가 아니라, 부분들이 유기적으로 연결된 전체로서 자기보존을 위해 환경 조건에 선택적으로 반응한다. 이러한 경험의 자연주의 관점에서 보면, 살아 있는 기능이란 "대단히 복잡한 과정으로 유기체 자체의 생명 유지와 같은 각별한 목표를 이루기 위해 유기체 안에서 일어나는 작은 과정들을 배열하고 협조하는 일을 포함"한다. 이 때문에 모든 살아 있는 기능은 역동적 평형이나 생물학자가 말하는 항상성을 유지하기 위해 계속 노력해야 한다.

스피노자의 코나투스와 살아 있음

스피노자는 인간에게 그 어떤 특권적인 지위도 부여하지 않았다. 그에게서 인간이 만물의 영장이라든가, 다른 자연 만물로부터 구분되는 우월한 존재라는 생각은 찾아볼 수 없다. 스피노자가 거듭 지적하는 바는 인간이 자연 속에서 결코 예외적 존재가 아니라는 점이다. 삶은 자연의 과정에 묶여 있다. 인간이 살아온 과정은 성공하든 실패하든 자연이 개입하는 방식에 좌우된다.

인간이 자기 일을 통제하는 힘은 자연적인 에너지를 사용할 수 있는 능력에 달려 있다. 이런 능력은 결국 자연의 과정에 대한 통찰력에 달려 있다. 인간이 자신의 존재를 보존하기 위해 행하는 자연적 노력 이외에 다른 어떠한 출발점도 있을 수 없다. '노력하다', '애쓰다'는 뜻의 라틴어 동사 '코노르connor'에서 파생한 스피노자의 코나투스라는 개념은 어떤 것을 추구하려고 애쓰는 것 내지 '노력'을 뜻한다. 따라서 코나투스는 어떤 목적이나 대상을 전제로 하는 작용이다. 스피노자가 유한한 사물의 본질을 코나투스로 규정했을 때, 그것의 대상 내지 목적은 바로 존재의 존속, 곧 생존이다.

모든 능력에 전제되는 것은 그 자신이 존재하고 활동할 능력이다. 코나투스는 자신의 존재를 지속적으로 유지시키려는 생명력의 힘이다. 그런데 코나투스, 곧 존재의 보존으로서의 욕망을 이미 주어져 있는 확정된 본질의 보존으로 이해해서는 안 된다. 삶으로서 존재를 보존하려는 노력, 즉 코나투스로 만드는 건 그 움직임이다. 욕망은 이미 정해진 어떤 본질의 단순한 보존을 뜻하는 것이 아니라 그것의 주어진 여하한 움직임으로 인한 변용들에 따라 어떤 것을 하도록 규정되어 있다. 그러니까 우리는 사물이 좋아하기 때문에 욕망하는 것이 아니라 우리가 그것을 욕망하기 때문에 그 사물이 좋은 것이다.

인간의 본질로서 욕망은 때로는 술에 대한 욕망으로 나타나기도 하고, 명예에 대한 욕망으로 표현되기도 하며, 이런저런 성적 욕망으로 나타나기도 한다. 그러므로 진정한 행복과 능동성을 추구하는 길은 이러한 변용들 사이의 선택과 조절의 노력이라고 할 수 있다. 예컨대 건강을 웰빙으로 정의하려는 개념에는 더 나은 삶을 추구하고자 하는 코나투스의 적극적인 열망이 담겨 있다. 웰빙의 정의는 다양하지만 기본적으로 '기분 좋고 잘 기능하는 것'을 뜻한다. 웰빙은 행복감, 만족감, 즐거움, 호기심과 더불어 인생에서 긍정적인 경험을 많이 한 사람이 가지는 특정한 느낌이다.

주체의 활동은 모든 지점에서 자신을 느끼고 자기를 깨닫는 것으로서 그 자체가 삶이다. 이때 의식적 느낌이란 그것이 생겨날 때 세계와의 상호작용의 변화에 대한 반응으로서 몸 상태의 변화를 의식하는 방식이다. 이것은 외부와의 관계들에 따라 서로 연결되거나 특정한 관념들에 연결되면서 다양해지고 복잡해질 뿐이다. 우리를 근원적으로 사물과 세계에 이어 주는 것은 코나투스의 작용이다. 이것이 삶을 스스로 넘어가게 하는 복잡한 끈이다. 이는 감각을 타고 흐르는 즐김의 끈만큼 직접적이고 가까운 것일 수도 있다. 더 일반화하여 말하면 세계 속에 삶이 있다는 것 자체가 그러한 끈이다. 삶은 그 가장 단순한 상태에서도 본질적으로 스스로 넘어가는 것이기에 그것은 유기체의 개방성에 대한 존재론적 의미를 시사한다.

살아 있음의 움직임

'살아 있음'의 생명 현상이 자기 자신을 유지하고자 하는 힘의 흐름이라고 한다면 삶의 본질은 움직임이라고 할 수 있다. 우리 각자는 그 움직임 속에서 자신의 존재를 유지하고자 한다. 자신을 계속해서 또는 자신을 증대하는 삶의 움직임, 그 움직임으로 인해 삶은 멈추지 않는다. 달리 표현하자면 본래대로 변함없이 유지하는 것이 아니라 옛 틀을 벗어 버리고 새롭게 변모함으로써만 생명이 존속될 수 있다는 뜻이다. 이것은 듀이가 주목한 생명의 본질에 해당하는 자기 갱신을 통한 생명의 연속성 혹은 계속성 원리와 통한다. 연속성의 원리란 생명체가 자기 갱신을 통해 자기 존재를 유지·보존하여 개체 또는 종족 차원에서 생명이 존속하도록 하는 특징을 가리킨다.

결국 삶에서부터 움직임은 이해된다. 이 움직임을 통해 삶은 지칠 줄 모르고 자기에 이르고 자기 보존과 증대 속에서 그것인 것으로 있고자 한다. 끈질기게 자기 안에서 존재하는 일과 자기를 증대하는 일은 밖에서 평가하기에 쉬운 사실이 아니다. 삶이 끈질기게 존재하는 일은 이런 삶이 어떤 때에도 무로 기울어지지 않는 덕분이다. 그러기에 움직임은 이 움직임을 통해 삶은 지칠 줄 모르고 자기에 이르고 자기 보존과 증대 속에서 자기와 함께 있음이며 근본적으로 수동적인 있음이다. 그것이 삶의 움직임으로 나타난다.

코나투스는 삶의 에너지이다. 삶에서 내가 경험하는 것은 이 에너지가 펼치는 밀물과 썰물의 가능성이다. 스피노자가 말한 이 단어가 지닌 원래의 뜻에 기대어 쉽게 비유하자면 코나투스는 '관성'이라고 볼 수 있다. 움직이는 물체는 계속 움직이려 하고, 또 외부에서 어떤 큰 힘이 주어지지 않는 한 정지하지 않고 한없이 움직이려는 힘의 관성이다. 인간 삶에서 스피노자의 코나투스는 단순히 정신적인 힘이 아닌, 정신과 신체에 동시에 작용하는 생산적인 힘을 가리킨다. 그것은 존재하고 활동하는 능력을 의미한다.

삶의 움직임은 노력 없는 노력이다. 그것은 어떤 노력의 결과도 아니며 노력을 오히려 앞서고 가능하게 한다. 그것은 전적으로 자기와 함께 있음이며 근본적으로 수동적인 있음이다. 수동적인 있음의 안에서 삶은 그 보존과 증대를 껴안는 가운데 자신을 껴안는다. 자신이 완전히 파괴되어 해체되기 전까지 최대한 자신의 존재를 유지하고자 노력한다. 이 점에서 모든 노력과 또 모든 포기는 늘 이미 삶의 근본적 내재성의 절대적 수동성 속에서 스스로에게 주어진 존재의 바탕에서 자기에게 주어진다. 삶은 자신이 원하지도 놓지도 않았으나 자신이 원하지도 놓지도 않은 것으로 그에게 일어나고, 또 그러기를 멈추지 않는다, 그러므로 그것은 '의지'라는 모습 아래 '나는 할 수 있다'는 한 방식으로 삶의 흐름 속에 침투하는 것과는 아무 관계가 없다.

몸의 생명 현상과 정동

감각적 인간의 실천, 생생함

몸은 움직이면서 느끼고, 느끼면서 움직인다. 다시 말해 운동과 감각이 서로를 호출하는 이러한 내적 연관을 전제하지 않고서는 몸을 생각할 수 없다. 이러한 움직임과 느낌은 몸의 능력으로서 그것은 살아 있음의 자기-느낌, 활력 또는 생생함이다. 당신의 심장 박동이 목에까지 올라와 뛰는 것을, 손바닥에 땀이 나는 걸 느낄 수 없다면, 당신이 사랑에 빠졌다는 걸 어떻게 느낄 수 있겠는가? 몸의 움직임에서 감각과의 연계와 아울러 주의해야 할 것은 강렬함의 변주는 느껴진다는 것이다. 감각은 그 자신에게 일어나는 사건의 도처에서 자기 자신을 기록하면서, 확실한 경험의 최초의 미광이 되기 때문이다.

삶의 현상에 대한 본질적 접근은 몸의 움직임 과정을 통해서 드러난다. 어떠한 실체도 움직임, 즉 변화 과정에서만 그것이 무엇인가를 보여 주기 때문이다. 『포이어바흐에 관한 테제』에서 마르크스는, 기존의 모든 유물론은 "대상, 현실, 감각성을 … 오직 객체의 형식 혹은 직관의 형식 아래서만 파악할 뿐, 감각적 인간의 실천으로, 곧 주체적으로 파악하지 않는다"라고 주장한다. 마르크스에게 감각은 인간적 실천의 필수 구성 요소, 세계와 맺는 관계의 양태다. 각각의 생명체는 자신들의 몸이 허락하는 범위 내에서만 인지하고 행동할 수 있다. 감각은 몸에 속해 있고, 몸에 의해 그 상태가 결정되기 때문이다. 사물은 감각을 통해 몸으로 연결되고, 몸은 감각을 통해 사물로 연결된다. 그러기에 이때의 감각은 몸과 사물을 아우르는 감각의 두께라고 할 수 있을 정도로 그것의 존재 의미가 크다.

심지어 마르크스는 감각을 "즉각적으로 실천하는 중인 이론가"라고까지 표현한다. 이 말의 뜻은, 이론적 반성과 마찬가지로 감각은 어떤 기능적 목적을 위해서가 아니라 감각 자체를 위해서 객체와 관계 맺을 수 있다는 것이다. 이런 감각의 모범이 미적 감각이다. 미적 감각은 우리가 경험하는 대상들을 더욱 큰 전체, 포괄적인 전체의 부분으로 경험하게 한다. 일상적 경험 속에 들어 있으나 잘 의식하지 못하는 모든 것을 포함하는 전체에 대한 감각은 그림이나 시에서 강렬하게 포착된다. 예술작품은 모든 일상적 경험에 들어 있는 불분명한 전체에 대한 감을 심화시키며, 아주 뚜렷하게 끌어내는 작용을 한다는 것이다. 이 전체를 포착할 때 우리는 우리 자신이 확대되고 있음을 느끼게 된다.

인간은 한 명의 개인이자 사회의 한 부분으로서, 자신이 살아 있다고 느끼고 또 자신의 그 생명력을 가능한 한 많이 느끼고자 하는 존재이다. 따라서 그에게는 틀에 박힌 일상을 깨고 상상에 빠지거나 무한히 감동하는 일이 꼭 필요하다. 주위 세계의 변화에 참여하는 가운데 감관이 자리를 잡으면, 그 위에 행위와 의지, 지성이 구축되고, 마침내 의미와 가치에 대한 표상이 구체적으로 확립된다. 이와 반대로, 감각적 삶을 축소시켜 실천적이든 이론적이든 언제나 그것에 대해 의심을 품기만 한다면, 결국 삶을 편협하고 둔감하게 경험하는 것이다.

시몽동의 생명체 개체화: 감각, 정념-감정, 지각-행동

개체화는 말의 뜻으로부터 본다면, 개체가 발생하는 과정이다. 시몽동은 개체들이 발생하는 독특한 과정에서 감각, 정념, 지각에 대한 독창적인 견해를 제시함으로써 물질적 개체화와 생명체의 개체화를 구분한다. 물질적 개체화가 '힘들 간의 양립 불가능성과 긴장의 해소'라면 생명의 개체화는 '문제의 해결'이기 때문이다. 그러므로 생명의 출현이 세계와 존재자 간의 문제 대립으로 나타난다면 그 핵심에 정념affection과 감각이 존재한다. 감각이 아직도 신체적인 차원에서 나타나는 성질이라면 정념은 이와 혼합되어 있으면서도 이를 넘어서서 막연한 감정적인 특질로 이행하는 과정이다. 이 과정은 쾌락과 고통이라는 차원을 통과하며 이것이 생명체의 실존을 구성한다. 일반적으로 정념성은 생명체가 명료한 의식을 가진 주체가 되기 전에 막연히 쾌와 불쾌, 호감과 반감 등을 나타내는 감정emotion의 특징이다.

한편 지각은 기본적으로 감각 간의 불일치, 불균등의 문제를 해결하는 것으로 탄생한다. 감각은 내 몸의 표면과 세계의 표면이 부딪쳐 발생한다. 감각은 일정한 지각으로 정리되어 사물들의 인상을 통일한다. 그것은 지각체계의 긴장을 구조로 조직화하는 해결책이다. 지각은 바깥으로 뻗어 가려는 활동의 하나다. 그것은 공간 속에서 펼쳐진다. 지각은 역동적 행동체계의 일부다. 지각은 경험을 조직하고 행위를 안내하기 위해 관념적 요인을 동원하게 된다. 그리고 그것은 그것 자체로 의미를 갖기보다는 인간 존재 방식에 연결됨으로써 의미를 지닌다. 실제 대상을 지각한다는 것은 세상을 단순히 색과 형태로만 보지 않고 의미를 지닌 세상으로 본다는 것을 의미한다고 볼 수 있다.

지각은 생명적 개체 내부에서 이미 구성된 구조와 기능을 이용하는 반면 정념성은 개체에 통합되지 않은 전개체적 특징을 가져오기 때문에 열린 상태로 있으며 더 풍부한 내용을 갖는다. 지각과 정념성 사이에는 어떤 '불균등화'가 있다. 시몽동은 지각과 정념의 역할을 양대 축으로 하여 정신적 개체화 과정의 설명을 시작한다.

정신의 개체화에서 정념과 감정 그리고 지각과 행동이라는 네 가지 활동의 관계는 그리 단순하지 않다. 요약하자면 행동은 지각을 의미화하고 감정은 정념성을 의미화한다. 감정은 어느 정도 의식적인데 정념은 감정 이전에 그것을 형성하는 의식, 무의식적 재료를 이루는 내적 상태들이라고 할 수 있다. 시몽동은 특히 정념성에 의식과 무의식의 매개라는 특징을 부여한다. 정념성은 의식과 무의식을 매개할 뿐만 아니라 주체와 다른 주체들 그리고 주체와 세계를 매개한다. 정념은 단지 느껴진 것이 아니라 "스스로 변화할 힘을 가진 생리적 상태"로서 "주체의 생성 안에 삽입"되며 "시간적 구조들로 통합"된다. 예를 들어 "욕망, 점증하는 피로, 추위의 엄습은 정념성의 국면들"이다. 정념들은 그 자체로 양립 불가능하며 주체 안에서 감정으로 현실화하기를 기다린다.

그런데 정념적 문제를 해결하는 감정 그리고 지각의 문제를 해결하는 행동은 평행관계에 있다. 행동이 지각의 문제를 해결하고 감정이 정념의 문제를 해결하는 것은 개체가 집단적 개체화에 참여함으로써 가능하다. 주체가 방향을 갖는 것은 감정에 의해서다. 주체가 세계 속에서 자신의 방향을 설정함으로써 이 세계는 하나의 방향, 약동을 갖게 된다. 이때 감정은 행동의 형태로 주체 속으로 연장되는 것과 같다. 즉 감정이 정념성 속에 있는 양립 불가능한 상태들을 해결하는 행동으로 나타나기 때문이다. 이때 지각을 의미화하는 행동과 감정(행동)이 교차하게 된다. 감정과 지각은 일종의 닫힌 체계이고 자신의 존재를 지속하고자 하는 경향이 있으므로 서로 자신의 존재를 주장할 때는 배타적이 된다. 감정은 존재자를 하나의 '태도'에 가두고 지각은 '관점'에 가둔다.

몸의 신체행동학

몸은 움직인다. 그리고 몸은 느낀다. 실제로는 이 두 가지의 일이 동시에 일어난다. 따라서 몸은 하나의 통합된 실체unified entity가 아니라 움직이는 많은 요소로 구성되어 있기에 운동적이고 역동적인 관계들로 정의된다. 몸의 움직임과 느낌의 동시성으로부터 신체행동학이 성립한다.

신체행동학은 다음의 두 측면을 차례대로 살펴본다. 첫째, 신체란 무엇이며 무엇을 할 수 있는가? 둘째, 신체의 합성과 변용을 어떻게 탐구할 것인가? 이러한 물음에 다가서기 위해서는 실험이 필요하다. 예컨대 아이는 무엇을 먹어야 하는지, 무엇을 배워야 하는지, 누구를 만나고 어떻게 행동해야 하는지를 알지 못한다. 그는 좋은 만남과 기쁜 정념을 위한 무수한 실험의 결과들을 배워야 할 뿐만 아니라 자기 신체에 고유한 합성과 해체의 관계들, 자기 역량의 증가와 감소를 몸소 실험해야 한다. 신체행동학은 바로 이 실험실에서 성립하는 것이다.[4]

몸은 느끼면서 움직이기에 자신이 움직인다는 것을 안다. 삶의 공간은 움직이는 몸의 신체적 공간과 몸이 움직이는 장소로서의 공간으로 나뉜다. 특히 신체적 공간은 정지 상태의 공간과 운동 상태의 공간으로 나뉜다. 이 둘은 서로의 존재에 의해 형태를 갖추게 되는 공생관계에 있다. 마치 서로 감싸 안고 안기는 빛과 그림자와 같은 존재로 말이다. 무용예술은 몸의 운동적이고 역동적인 관계에서의 신체행동학을 전적으로 표명한다.

무용수의 부동자세는 바로 폭풍 전의 고요처럼 그 안에 강렬한 에너지를 응축하고 있는 가장 집중한 순간이다. 이 에너지 퍼텐셜이 무용수의 안무 동작에서 생성의 관계로서 구체화하고 조직화하는 양상을 부각시킨다. 무용수의 경우 부동자세는 더욱 강한 긴장감을 준다. 부동의 자세는 호흡과 감정의 굴곡에 의한 표현이 내재된 긴장감을 포함하기 때문에 정靜속의 동動의 순간이다. 몸은 전적으로

---

4. '신체는 무엇을 할 수 있는가'라는 물음이 겨냥하는 목표는 다음과 같다. 좋은 만남과 기쁜 정념. 좋은 만남과 기쁜 정념은 내가 마주한 신체가 결합할 수 있음을, 따라서 나의 작용 능력을 증가시켜 주는 것임을 알려 준다. 신체행동학이 윤리학이라면, 이는 그것이 이러한 가치, 원리, 방법을 통해 삶을 조직하는 기예이기 때문이다[성기현 지음(2020), 『들뢰즈의 미학』, 그린비, 150-154쪽 참고].

자기 자신으로 남아 있으면서도, 자신의 본성을 벗어나고 움직임에 의해 자기가 아닌 타자로 변모한다. 몸은 새가 되고 관념이 되고 고통이 되고 사랑이 된다. 이렇듯 에너지의 충만함이 무용수의 삶 어디에나 있음으로써 삶의 힘을 매 순간 느끼게 한다.

무용은 하나의 행위이며, 이 행위로 몸은 계속해서 형태를 바꾸고 자신의 감각적 특수성과 자연성에서 벗어난다. 따라서 무용은 몸의 역량을 가장 높은 정도에서 표현한다. 몸은 공간적이었다가 시간적인 것이 되고, 순간에 삶을 제공한다. 몸은 스스로 정신이 되고 자신의 감각적 자세들을 통해 지성적인 것을 겨냥한다. 무용에서 보면, 몸은 기적을 닮은 알려지지 않은 능력들 앞에서 경탄을 불러일으킨다. 몸은 경이로운 무용의 형상들을 추진하기 위해, 심지어 가장 단순한 몸짓들에서조차 일상적인 기계적 방식을 전복시키면서 정해져 있던 자세를 중단시킨다. 습관의 망 안에 갇힌 몸은 보통 자신의 잠재성 가운데 작은 일부만을 전개할 뿐이다. 무용은 몸의 알려지지 않은 능력을 드러낼 뿐만 아니라 잘 알려진 제스처들, 가장 하찮고 가장 일상적인 제스처들의 경이로움 앞에서 놀라도록 인도하면서 몸의 본질을 노출시킨다.

이러한 운동성의 지평에 대해 스피노자의 영향[5]을 받은 들뢰즈 Gilles Deleuze는 신체행동학적으로 이렇게 말한다. "몸은 한 신체를 정하는 분자들 사이의 운동과 휴식, 빠름과 느림의 관계, 즉 한 신체의 개별성이다." 신체는 다른 신체들과 지속적인 합성과 변용의 관계를 맺는데, 신체행동학이란 바로 이러한 관계를 이해하고 활용하는 것이다. 이러한 신체의 활용법이 바로 '되기'이다.

신체행동학에서 되기는 내 신체와 결합하는 새로운 관계, 내 신체가 할 수 있는 새로운 변용을 찾아내는 행동학적 실험이다. 되기는 아이들의 놀이 속에서 흔히 발견되는데, 예컨대 아이들이 만화영화의 주인공이나 애완동물 등과 맺는 관계가 그러하다. 들뢰즈는 배우 로버드 드 니로의 사례를 언급한다. 한 인터뷰에서 그는 '게'처럼 걷는 연기를 할 때 중요한 건 "게를 흉내 내는 것이 아니라 게와 관련된 무언가를 이미지, 즉 이미지의 속도와 함께 구성하는 것"이라고 말했다. 연기는 배우의 변용 능력을 통해 이루어지는 되기이다. 연기를 한다는 것은 자기 신체의 각 요소에다 다른 신체의 움직임과 속도를 부여하는 실험이다. 그래서 배우들은 한 작품을 하고 난 후에 자신의 신체에 부여한 그 배역에서 빠져나오는 데 시간이 걸린다고 한다.

정동과 듀이의 상호작용

몸은 항상 이미 그 전체로 그것의 환경과 연류되어 있다. 그러기에 몸을 내내 슉슉 움직이는 수천 개의 작은 조각들로 구성되었

---

5. 스피노자는 '운동과 정지의 관계'로부터 개체의 발생 원리를 설명한다. "연장에는 운동과 정지 외에 다른 변용도 없다. 모든 물체는 운동과 정지의 일정한 비율일 뿐이다." 데카르트에게서 물체들은 정지 상태에 놓여 있고, 초월적 신의 개입에 의해서만 운동이 가능했다. 하지만 스피노자에게서 물체들은 그 자체 안에 운동과 정지의 역동적인 힘을 지니고 있다. 즉, 운동과 정지가 모든 개별 물체의 발생과 변화를 설명하는 내적 원리로 자리하게 된 것이며, 자연 만물은 제각기 특정한 운동과 정지의 비율에 따라 필연적으로 산출된다. 이로부터 개체가 갖는 매우 중요한 특성이 제시된다. 즉, 개체들은 특정한 운동과 정지의 비율에 따라 구분된다는 점이다. 개체들은 운동과 정지의 비율이 유지되는 동안에 자신의 실존을 유지할 수 있겠지만, 그 비율이 바뀐다면 더는 실존을 유지할 수 없게 된다 [손기태 지음(2016), 『고요한 폭풍, 스피노자』, 글항아리, 81-85쪽 참고].

다고 상상하면 도움이 될 것이다. 들뢰즈가 신체의 운동을 정의하는 방식은 다른 신체들과의 역동적인 상호작용을 통해서다. "몸은 다른 몸에 정동되거나 다른 몸들에 의해 정동된다. 또 몸은 한 몸을 그것의 개별성으로 규정하는, 이러한 정동하고 정동되는 능력 capacity이다."

몸의 정동 능력을 이해하기 위해서는 시각과 청각 장애를 지닌 헬렌 켈러와 같은 사람의 예가 필요하다. 1930년대 켈러는 마사 그레이엄의 무용 스튜디오를 여러 차례 방문했다. 그때 켈러는 피아노 위에 손을 얹고 진동을 느끼면서 음악을 '듣곤' 했다. 그녀는 또한 발로 마루판의 진동을 느끼고, 얼굴과 손으로는 공기의 움직임을 느끼면서 무용수들의 춤을 '보곤' 했다.

신체행동학적으로 볼 때, 몸을 가진다는 것은 정동하는 법을 배우는 것이다. 그것이 가능한지는 우리가 어떻게 몸을 놀리느냐에 따라서 판가름 난다. 어린 시절에 무엇을 하고 놀았는지 떠올려 보자. 사방치기, 목말 타기, 스카이콩콩 뛰기, 훌라후프 돌리기 등이 생각난다. 몸으로 하는 이런 놀이에서 운동감각적이고 고유수용감각적인 반응으로서 몸의 긴장이나 촉감, 움직임을 불러내는 일은 불가능하지 않기 때문이다.

정동은 듀이의 경험 개념에서 보면 몸의 상호작용 경험이다. 듀이의 경험은 '경험하는 측면'이 '경험되는 측면'도 포함한다. 예를 들어, 손가락이 불길에 닿게 되면, 주관적인 통증('경험하는')은 불길의 열('경험되는' 대상)로부터 분리될 수 없다. 듀이에게 경험의 기본적인 기준은 상호작용이다. 우리의 손가락이 아무 준비 없는 상태에서 불길에 닿았다면, 단지 주어진 상황과 벌어진 상호작용의 일부로 나타난다. 그래서 그 경험은 바로 '불에 데는 것'이다. 우리는 이때 행동하고, 겪고 참고, 즐기고 괴로워하는 등 경험을 단지 주어진 것으로 여긴다.

듀이는 수동적으로 '당하는' 측면과 같이 능동적으로 '해 보는' 측면을 포함해 활동에 참여하는 경우 완전한 감각으로만 경험한다고 설명한다. 양 측면이 연결되어 있을 때만 의미 있는 경험이 된다. 양자가 분리되면, 경험은 생명력을 잃어버리거나 무의미한 반복 행동이 되거나 자의적이고 충동적인 행동주의로 변질되고 만다. 해 보는 것과 당하는 것으로서의 경험에는 안정적이면서도 불안정한 측면이 늘 있다.

듀이의 상호작용 경험은 스피노자의 정동과 연관 지어 볼 수 있다. 스피노자에 따르면 정동은 '정동하거나 정동되는 능력'이다. 정동하는 능력과 정동되는 능력은 동일한 사건의 두 얼굴이다. 하나의 몸의 능력은 결코 하나의 몸으로만 규정되지 않기 때문이다. 무술시합에서 대련하는 경우를 생각해 본다면 주먹으로 강타하는 힘은 저항의 힘, 즉 저항하는 어떠한 능력에 맞서는 충격의 힘의 산물이다. 상호작용의 관점에서 보면 때리는 것은 맞는 것 못지않게 다칠 수 있다.

몸의 상호작용 경험은 정동을 통해서 관계의 역동성이 더 잘 드러난다. 정동은 상호작용이 일어나는 사이의 한가운데서, 즉 주고받는 행위 속에서 행위 하는 능력과 행위를 받는 능력의 '한가운데서' 발생한다. 정동은 한가운데서 발생하고 우리는 그곳에서 하나의 사건이 지니는 역동적 통일성에서 시작한다. 여기서 핵심적인 용어가 있다면, 바로 '관계'이다. 우리가 있는 한가운데는 바로 관계의 지대이다. 그러므로 스피노자가 정의하는 정동은 근본적으로 타자들과 그리고 다른 상황들과 연결되는 방식을 의미한다. 우리 자신보다 더 큰 과정 속에 우리가 어떤 각도에서 참여할지를 정동은 말해 준다. 따라서 우리가 정동 안에 있는 것이지, 정동이 우리 안에 있는 것은 아니다.

살아 있는 경험, 정동의 존재 효과

정동 경험의 상호성, 마주침

정동은 신체의 운동적이고 역동적인 관계로 정의된다. 그것은 바로 자기로부터 벗어나 타자로 향하는 움직임, 즉 너와 내가 함께하는 몸을 드러내는/드러내지는 것이다. 미소 짓거나 울거나 얼굴을 찌푸리는 것이 상대방을 향하는 동시에 그 표정을 짓는 사람 쪽으로 되돌아와서 소통하고 자극하는 그것이 정동의 작용이라고 할 수 있다. 이처럼 정동적 경험은 상호적이다.

그래서 몸과 몸이 마주하며 부딪칠 때 일어난다. 항상 좋든 나쁘든 충돌하고 분출하는 모호하거나 '뒤섞인' 마주침이 있기 마련이다. 몸은 마주침의 힘의 관계를 통해 기존의 것과 다른 것으로 되어 간다. 마주침의 힘이라는 말은 그 힘들이 우연한 만남에 의해 발생하는 것임을, 따라서 정동의 움직임이 우연성에 노출되어 있고, 그러기에 잠재성을 갖는다는 점을 보여 준다. 그리고 힘이라는 말에서 우리는 정동이 방향성과 크기를 갖는다는 점을 읽어 낼 수 있다.

정동은 관계 맺음과 관계의 단절 모두에 걸쳐 축적된다. 신체들의 행위에 속하는 관계적 능력은 주체의 내면성이 아니다. 그것의 잠재태는 집단적인 것을 의미한다. 잠재태는 단순화할 수 없는 관계 속에서만, 전적으로 상황들 속에서만 취해질 수 있을 뿐이다. 그리고 타자들을 통해서, 타자들과 함께 관계적으로만 표현 가능하다. 그것은 개체적인 선택이나 결정으로 접근할 수 없다. 사건들에 의해서만 접근할 수 있다. 그리하여 상황을 사건으로 만들고 더 열린 결과를 가져올 수 있는 다른 많은 활동 양태들과 관계의 촉매 작용은 집단적으로 발명된다. 문제는 사건에 불러오는 정동적 힘이다.

정동은 사건이다. 정동하는 능력과 정동되는 능력은 동일한 사건의 두 얼굴이다. 그것은 이미 자리를 잡은 상태에 의존하는 사건이 아니다. 여기서 핵심적인 것은 발생적 관계이다. 경험의 주체는 아직은 그 주체가 아닌 조건들의 장으로부터 발생한다. 그것을 상호주관성이라고 부르는 것은 오해의 여지가 있다. 상호주관성은 이미 존재하는 세계에서, 또는 미리 주어진 주체 위치들의 구조에서 출발하는 것을 의미하기 때문이다. 그 모든 것은 컷 안에서, 동요, 미시충격, 또는 샘솟는 사건-서스펜스의 순간에서 발생한다. 그것은 상호주관성이 아니라 엄밀히 말해 주체의 발생, 그 최초의 구성이다.

'이미지 없는 신체'의 상황 감각

새로운 삶의 기적은 움직임의 변화가 발생하고 관계가 창조되면서 시작된다. 정동은 계속해서 뻗어 나가려는 항시 내재적인 능력을 지닌다. 그것은 정동하고 정동되는 몸의 능력을 말한다. 예를 들면 시합하고 있는 축구 선수들은 운동장에서 끊임없이 움직이기 때문에 서로 간의 관계, 공과 골의 관계도 유동적이고, 그것을 계산하는 것은 너무도 복잡하고 어렵다. 그것들의 관계는 공의 잠재적 운동을 여는 상황에서 나타나는 듯 보이는 강도가 고조됨으로써 기록될 수 있다. 이처럼 뒤섞인 힘들의 다양한 마주침에 의한 지속을 특징으로 하는 정동은 '이미지 없는 신체'의 퍼포먼스이다.

'이미지 없는 신체'라는 말은 달리 표현하면 '상황 속의 감각'이다. 가령 누군가가 게임을 잘 뛰면 우리는 그가 '신들린 듯한' 상태로 뛰고 있다고 말한다. 그런 움직임은 생각의 울타리를 완전히 벗어나서 뛴다는 점에서 '상황 속의 감각'이 펼치는 퍼포먼스라고 할 수 있다. 다시 말해서 그런 선수는 자신을 경기의 흐름과 요구에 실어 버린다. 즉 자기가 있는 위치에 대한 감각이 다른 선수보다 탁월하여 경기 중에 기회가 왔을 때 주변에서 벌어지는 모든 것을 알아차릴 수 있다. 선수는 그 순간 주위 환경에 대해 고양된 각성을 한다. 상황의 요구에 대한 이런 감각은 당장 벌어지고 있는 일을 객관적으로 인식하는 것과는 다르다. 그 상황이 선수 자신에게 요구하는 대로 직접적으로 주위 환경에 반응하여 그는 경기 중에 벌어지는 모든 일을 단숨에 알아차리고 주저 없이 행동해 버린다.

이런 특이한 현상에서 주목할 만한 것은 정동이 하나의 몸으로만 규정되지 않으며, 항상 그것의 힘-관계들의 장 혹은 맥락의 도움을 받으며 그에 의해 부추겨지고 또한 그것들과 긴밀한 연관을 가진다는 사실이다. 그리고 그 몸이 계속 진행하는 하나의 세계의 정동적 합성을 바로 '이것-임this-ness'으로 구성하려고 애쓰는 것이다. 이를테면 그것은 스타플레이어가 행동을 위한 기회에 집중할 뿐 세부 광경에 집중하는 게 아님과 마찬가지다. 이 순간은 바로 '이미지 있

는 신체'가 형성될 틈도 없는, 반은 주체적이고 반은 수동적인 운동
이 생성되는 특권적인 공간이다. 예컨대 잭슨 폴록의 액션 페인팅
역시 눈으로만 훑고 지나가서는 안 되고 반드시 느껴야 한다. 폴록
은 이리저리 움직이면서 물감을 흩뿌린다. 그야말로 캔버스 주위를
돌며 춤을 춘다. 그러한 몸동작의 기록으로서의 작업은 '이미지 없
는 신체'의 퍼포먼스라고 할 정도로 외면화된 반응의 운동 영역으로
실행된다.

감각을 발생시키는 초월적 경험과 마주침의 대상

개인의 삶은 감성적이고 정서적인 것을 기반으로 하여 살아 숨
쉬는 하나의 삶의 장을 형성하고 있다. 누가 봐도 진실한 고양된 삶
에 주어진 과제는 합리화의 모든 지평에서 자신의 고유한 생동성을
느끼는 것이다. 그렇게 놓고 보니 역시 삶은 그냥 내버려져 있는 게
아닌 것만 같다. 진지하게 바라본 육체적·감각적인 정동 경험은 감
성적인 토대에 기반하면서 그것에서 벗어나 재차 초월적 경험으로
나타나게 된다. 초월적 경험이란 실험, 탐험, 개척을 그리고 종국에
는 창조와 발명을 뜻한다. 이것을 '길'과 관련해서 살펴보면, 한 시인
은 "길은 내 앞에 놓여 있다"라고 노래했고, 다른 시인은 "길은 가면
뒤에 있다"라고 노래했다. 시구만 놓고 보면, 사실 처음부터 길이 있
지는 않았다. 따라서 여기저기 가 봐야 한다. 그러다 보면 길이 생긴
다. 길이란 이런 과정을 통해서만 생성되며 이것이 초월적 경험이다.
초월적 경험이 실험이라는 뜻을 지닌다는 점에 대해서 음악가 존

케이지는 이렇게 말한다. "실험적이라는 낱말은, 성공과 실패의 견지에서 나중에 판단될 행위를 가리키는 것으로 이해되지 않고 단순히 그 결과가 미지인 행위를 가리키는 것으로 이해된다면, 적절하다." 들뢰즈는 발견보다는 창조적 실험이라는 행위를 통해서 표현될 수 있는 실재를 찾으려고 한다. 실재는 우리가 아는 모든 것의 합이 아니다. 우리는 능력들의 초월적 실행 속에서 '재인의 대상'이 아니라 '마주침의 대상'으로서 실재를 구성하게 된다. 그것은 비판의 목적으로 '다른 방식으로 느끼기', '다른 방식으로 사유하기'를 통해 능력의 초월적 실행을 감행하게 된다.

예컨대 미국에서 인종적으로 격앙된 1960년대를 다룬 영화 〈그린북〉에서 흑인들만의 전용 카페를 배경으로 하는 한 장면이 있다. 아프리카계 미국인 고전 피아니스트인 돈 셜리 박사가 미국 남부 연주 투어 중 어느 날, 흑인 전용 카페에서 재즈 음악을 듣고 처음으로 피아노를 연주하게 된다. 그때 그가 처한 상황에서의 재즈 음악이라는 마주침의 대상은 셜리 박사 자신에게 익숙한 고전 음악과는 다른 새로운 감각이 생겨나는 정동적 힘을 체험하게 한다. 그것을 계기로 셜리 박사는 인종차별이 심한 미국 사회에서 기존과는 다르게 인간관계를 맺는 삶의 계기를 마련한다. 그에게 마주침의 대상으로 다가온 재즈 음악은 오로지 신체를 통해서만 느낄 수 있으면서도 기존의 익숙한 감각 방식이나 개념으로는 감각될 수 없는 '차이'를 제공함으로써 감성이 스스로의 한계에 직면하게 한다.

'마주침의 대상'은 "감각될 수 있는 것의 '존재'"로서 파악된 실재이다. 이런 경우 실재에는 결국 어떠한 의미에서도 감각 그 자체의 변화, 다른 방식으로 감각하기로의 물음이 존재할 수밖에 없다. 바로 정동적 경험의 그 자리에 변화와 생성이 정당하게 들어선다. 더이상 '너는 −해야만 한다'는 명령에 따를 필요가 없다. 이를테면 '그린북'은 인종차별과 인권 문제가 심각했던 미국 남부에서 흑인에게 안전한 숙소, 식사, 화장실 등을 안내하는 안내서이다. 셜리 박사는 '그린북'의 규정대로 따라야 한다는 편견을 깨고 인간적인 관계를 형성하고자 한다. 그뿐만 아니라 녹초가 될 정도로 지긋지긋하게 노력하도록 만드는 '나는 −할 것이다'라는 말에도 복종할 필요가 없어졌다. 이제 그런 말들이 아니라 '나는 존재한다'라는 말이 삶의 무대에 등장한다. 생은 그렇게 온전히 자신의 형상을 갖추게 된다.

그렇다면 그때 그는 무엇을 감각한 것일까. 그가 감각한 것, 그의 내부에서 생기한 것, 그것은 분명 어떤 현실적이고, 그때 그에게 생성되고 있던 '어떤 것'의 감각이다. 그때 우리의 '존재 방식'은 그 자체로 '물어야 할 문제'를 제기하고 있다. "감관 안에 감성을 실제로 발생시키고", "사유 그 자체 속에 사유한다는 작용의 발생"을 가능케 하는 것은 이러한 능력들의 차이에 관계하는 '마주침의 대상'이다.

3.

메를로퐁티의 유기체적 삶

인간의 유기체성

유기체의 몸과 지각 체험

인간은 '사유하는 주체'이기 전에 세계를 향해 다양한 의도와 목표를 실현하고 움직이는 몸 주체이다. 몸은 하나의 유기체로서 자기 보존 및 완성을 위해 어떤 목적성을 지니고 살아간다. 유기체는 기본적으로 자율적이고 독립적이다. 따라서 유기체로서의 몸은 하나의 독립적인 존재로서 자신의 삶을 책임져야 하는 존재이기 때문에, 주체적이고 능동적일 수밖에 없다. "한 생물에게, 몸을 가진다는 것은 특정한 환경에 얽혀든다는 것, 특정 프로젝트들과 자신을 동일시하고 끊임없이 그것들에 몰두한다는 것을 의미한다"라고 메를로퐁티는 말한다.

인간의 몸은 유전적 소질과 이것의 역사적 발달 사이의 항구적인 교차의 산물이다. 인간의 몸은 자신의 잠재력 가운데 일부만을 활성화시키며, 그 가능성의 범위를 소진시키지 않으면서도, 필요, 욕망, 주변 환경이 동기가 되는 행동을 전체로 매우 빠르게 고정한다. 이러한 용법은 자세, 태도, 몸짓, 행동들을 통해 드러나는데, 그러한 것들은 학습과 교육의 산물이다. 메를로퐁티는 몸의 해부학적 조직화가 풍부한 가능성을 열어 놓고 있으며, 따라서 몸의 사용법은 한 번에 영원히, 즉시 이용될 수 있도록 주어지는 것이 아니라 언어처럼 발명되며, 그 자체로서 해독되어야 한다는 사실을 강조한다.

메를로퐁티는 인간 행동과 세계와의 직접 접촉을 지각 경험의 토대로 기술한다. 인간 행동은 주변 환경에 단순히 반응하지 않는다. 우선 메를로퐁티는 듀이와 마찬가지로 생명체의 기능을 자극과 반응의 인과적 시스템으로 환원한 행동주의 실험 심리학과 경험생리학을 비판한다. 생명체의 기능은 부분적인 요소들로 환원될 수 없는 전체적인 의미를 지닌다는 게슈탈트 심리학의 성과를 응용해 "유기체와 환경 사이의 관계는 선형적인 인과관계가 아니라 순환적인 인과관계"임을 강조한다. 게슈탈트 심리학에 따르면, 사람의 지각은 언제나 의미 있는 전체를 상정하면서 부분을 본다고 한다. 따라서 메를로퐁티는 생명체의 활동을 음악의 은유인 "운동적 멜로디"에 비유한다. 피아노의 멜로디는 단순한 건반 소리의 종합이 아니라 음악 전체의 표현을 위해 질적으로 변화된 것이다. 왜냐하면 질적으로 변화된 멜로디란 연주 행위가 운동감각적으로 실행된 상황뿐만 아니라 의미가 있는 통일체로서 상징적인 구조도 지니기 때문이다.

그렇다면 같은 생명체인 동물과 인간의 행동은 어떻게 다른가? 메를로퐁티는 동물에 비해 인간은 운동적 멜로디 가치를 다양하게 실현할 수 있는 즉흥 능력을 지녔다는 데 주목한다. 그는 건반을 두드리는 연주자의 손이 결코 연주한 적이 없는 곡을 선율로 표현할 수 있다는 것을 예로 든다. 동물의 생명적 질서에는 같은 주제를 다양하게 표현할 수 있는 능력이 결여되어 있다. 인간의 몸은 생물학적 본능에 따라 움직이는 단조로운 동물 행동과는 달리 '다양한 퍼

스펙티브'를 통해 즉흥적인 행동과 잠재적인 행동을 총체적으로 실행할 수 있어서 창조적이고 상징적이다. 인간 행동은 물질적, 생명적, 정신적 질서로 각각 환원되지 않고 세 질서가 관계적·변증법적으로 재조직 통합되어 경계를 명확히 나눌 수 없기에 인간 행동에는 '애매성'이 존재한다. 아울러 인간은 끊임없이 주어진 환경을 넘어설 수 있기에 새로운 도구와 문화를 창조할 수 있다.

'살'의 존재론

유기체적 삶의 과정은 환경 내에서 환경과의 교섭을 통하여 진행된다. 이와 같은 교섭은 다양한 상황, 맥락을 만들어 내고, 지적, 정서적, 선천적 경험 등 다양한 형태의 경험이 거기에서 발생한다. 그것은 삶의 과정에서 우리가 직면하는 모든 삶의 조건들에 대한 기본적인 감수성과 그러한 조건들을 대하고 그것에 반응하는 방식들을 포함한다. 메를로퐁티는 이미 반응하는 유기체와 자극하는 환경 간에 원환적인 피드백이 있다고 한다. 달리 말하면, 유기체는 자신의 행동을 통해 감각을 받아들이면서 조절하고 그렇게 조절된 감각 자극에 따라 행동한다는 것이다. 그래서 메를로퐁티는 감각체와 운동체가 한 기관의 부분들이라고 말한다.

이러한 사실이 제시하는 핵심은 순수한 외부의 환경과 순수한 유기체 내부의 질서가 결단코 정확하게 구분될 수 없고, 서로 얽혀 있다는 것이다. 이러한 존재의 얽혀 있음은 메를로퐁티가 '살'로 표현할 때 그 극에 달한다. 즉, 몸이 지닌 세계와의 불가분리적 결합성을 메를로퐁티는 살이라는 개념으로 설명하고 있다. 몸과 세계는 살이라는 공통된 매질을 통해 하나가 될 수 있고, 자연과 문화 또한 그러하다.

여기서의 살은 모든 세계 존재를 감싸 안고 관통해 있는 일종의 생동적인 원소와도 같다. 원소로서의 살은 결코 인간의 살만을 뜻하지 않는다. 이 살은 물질적이라고도 정신적이라고도 할 수 없으며, 또 어떤 특정한 형태를 지닌 실체적인 것도 사물적인 것도 아니다. 굳이 말한다면, 그리스 철학에서 말하는 세계의 근본 원리로서의 원소에 비유할 수 있다. 따라서 살은 존재의 근원적인 요소로 표현되고 또 몸 이전의 근원적인 층을 가리키는 것으로 묘사되고 있지만, 사실 이는 몸의 근본적인 특성을 가리키는 것이기도 하다. 살은 이처럼 존재의 근본 원리로 세계 어디에나 퍼져 있다. 그러나 물질적이지 않기에, 눈에 보이는 것은 아니다. 그럼에도 실제로는 생동적이고 움직이고 있다.

살의 중요한 역할은 존재자를 서로 연결시키는 것이다. 우리는 눈에는 전혀 연관 없이 떨어져 있다고 보이는 것도 살의 매개로 우리에게 다가오고, 또 영향력을 행사할 수 있으며, 나아가 양자는 결합할 수 있다. 말하자면, 살을 매개로 모든 존재는 불가분리로 얽히게 되는 것이다. 이 속에서 모든 것은 서로 유의미하게 불가분리로 얽혀 있어서 전체를 고려하지 않고 개체만을 따로 떼어 고찰하는 것은 의미가 없다.

이러한 모든 존재의 얽혀 있음은 메를로퐁티가 살로 표현할 때 그 극에 달한다. 여기서는 나와 너, 능동과 수동, 주관과 객관 내지 세계의 구분과 경계가 모호한 채 모든 것이 하나로 뒤엉켜 있는 것이다. 그리하여 메를로퐁티는 감각적 살의 존재론에 이르게 된다. 이에 대해 앙리는 다음과 같이 해석한다. "나의 살 안에서 나는 나의 유기적인 신체의 삶이며, 또한 세계의 살이다. 이 본래적 의미에서 세계는 삶의 세계이다."

메를로퐁티가 말하는 세계는 궁극적으로 하이데거가 말하는 세계와 그 차원이 전혀 다르다. 하이데거가 말하는 세계는 인간 현존재의 존재 내지는 삶을 벗어나서는 도무지 성립할 수 없지만, 메를로퐁티가 말하는 세계는 오히려 '인간적인 가면'의 밑바탕에 있는 감각 덩어리로서의 세계다. 그 세계는 타자에 의해서, 세계에 의해서, 역사에 의해서 갈가리 찢겨 있으며 늘 "인간 삶의 애매성들과 어려움들과 대결"하고 있다.

사람들, 유類의 생물학적 토대

몸은 객관적인 몸도 기계적인 몸도 아닌, 체험되고 체험하는 몸이며, 살아 있는 몸이다. 몸은 우선 감각 지각, 운동성, 종의 생물학적 토대와 연결되어 있는 감각 덩어리다. 감각 덩어리는 우연이나 혼돈이 아니라 그 자체로 되돌아오고 그 자체에 적합한 일종의 직물이다. 그것은 유類의 생물학적 토대―감각기관, 운동기능 장치, 지각능력들―이다.

중요한 것은 감각함을 어떻게 보느냐이다. 메를로퐁티는 감각과 살과 신체에 대한 현상학적 존재론에 몰두한다. 감각함은 우리 몸에 대한 지시성을 갖고 있기에 세계를 바라보는 데에서나 우리의 실존에서 이미 의미를 띠고 있다. 또한 감각함은 우리의 삶에 친숙한 장소를 만들어 낼 뿐만 아니라 더불어 생생한 의사소통의 장을 구성한다. 여기서는 타 자아의 문제는 없다. 감각 덩어리가 있음으로써 나의 몸에 의한 지각과 타자의 지각 사이의 경계가 불분명하기도 하지만, 이는 한편으로 나의 지각에 타자의 지각이 공동으로 참여한다는 의미도 지닌다.

그러므로 우리는 운동성과 감수성에 익명의 대명사 '사람들'만을 붙일 수 있다. 즉 사람들은 보고, 사람들은 만지고, 사람들은 듣는다. 이 점과 관련해서 메를로퐁티는 아주 흥미로운 주장을 내세운다. "나는 나의 탄생이나 죽음을 의식하지 않는 것과 마찬가지로, 나의 감각의 참다운 주체라는 것을 의식하지 않는다." 그리고 뒷부분에서 그는 이렇게 쓴다. "봄, 들음, 만짐은 각 분야에서 (…) 나의 인격적(인칭적) 삶보다 앞에 있으며, 또 이것은 낯선 채 남아 있다." 그것이 낯선 이유는 보는 자이면서 동시에 보이는 자이고, 만지는 자이면서 동시에 만져지는 자인 감각의 주체가 찢김에 의해서만 자기 자신일 수 있기 때문이다. 그것은 나의 내부(만지는 손)가 외부(만져지는 손)가 됨으로써, 혹은 타인의 내부(타인의 만지는 손)가 나의 외부(나의 만져지는 손)가 됨으로써만 감각적 경험이 가능하다는 것을 보여 준다.

감각과 지각 영역에서는 '나'의 감각 혹은 지각의 참다운 주체라는 것을 의식하지 않는다. 오로지 몸짓과 몸짓으로 서로의 의도를 지각하는 소통만이 존재할 뿐이다. 나는 타인의 몸짓에서 그의 의도를 알아차리면서 그의 주체성을 아울러 파악하며, 타인은 나의 몸짓에서 나의 의도를 알아차리면서 나의 주체성을 파악한다. 나의 몸과 타인의 몸이 만나 일어나는 모든 지각의 사태들은 상호주체적인 의미를 지닌다. 메를로퐁티는 "각각의 작은 사적인 세계는 모든 다른 사람들의 세계와 나란히 병치되는 것이 아니라, 이에 의해 둘러싸이고, 이로부터 징발되며, 따라서 양자 모두는 함께 하나의 감각되는 것 일반 앞에 놓여 있는 하나의 감각하는 것 일반이라는 의미를 지닌다"라고 말한다.

몸은 우리가 결코 선택할 수 없는 물질 덩어리며, 우리는 결코 몸을 완전히 소유할 수 없다. 몸은 한편으로 우리의 표현 매체지만 또한 자기 고유의 밀도와 부분적 자율성을 가진다. 아무리 생각을 깊게 하더라도 결코 몸을 꿰뚫을 수는 없다. 몸은 우리 생각의 기반이요 원천인데도 말이다. 요컨대 어떤 의미에서 주체성의 물질적 토대 자체가 주체성을 위태롭게 만든다. 몸은 우리에게 부과된 운명인 동시에 친밀하게 우리 자신의 것이다. 자신을 개별화하는 것은 우리의 유적 존재 일반에 속한 능력이다. 우리가 유일무이하게 개인이 될 수 있다는 것은 우리가 공유한 유類의 생물학적 토대로부터 나오는 한 측면이다.

유기체적 삶의 존재 방식

세계로 향한 존재

세계 속에서 우리는 몸을 움직여 어떤 일을 처리하고 난 후에야 그것을 인지할 때가 있다. 또한 자각하지 않은 상태에서 몸의 느낌을 알게 될 때도 있다. 몸은 이미 세계-내에 있고, 세계는 우리에게 신체적으로 드러난 것으로 주어져 있다. 지각이 세계와 몸에 있는 것이다. 지각은 바깥으로 뻗어 가려는 활동의 하나다.

몸을 살아 있는 유기체로 본다면, 이 몸을 둘러싼 외부를 메를로퐁티는 '세계'로 표현한다. 유기체로서의 몸이 자기보존을 꾀하는 한, 몸과 세계는 불가분의 관계를 맺을 수밖에 없다. 메를로퐁티는 몸을 가리켜 '세계로 향한 존재'라고 표현한다. "몸은 세계로 향한 존재를 이끄는 운반체이다. 그리고 살아 있는 존재에게는 몸을 갖는다는 것은 특정한 주변 환경과 같이 어우러진다는 것이다." 이러한 의미에서 "몸은 세계에 대한 우리의 뿌리박음"이다.

메를로퐁티에 따르면 '본다는 것'은 '사물과 접촉하는 특정한 힘'이며 "나의 지각이 그 자체로서 세계 및 사물에로 열림"이다. 그래서 몸은 사물과 직접 맞닿아 있다. 이것이 지각이며 몸의 고유한 속성이다. 지각의 세계는, 몸이 주변과 상호작용하며 구성 과정을 통해 몸이 마주치거나 혹은 몸에 마주치는 대상들의 의미를 만드는 세계이다. 그 세계를 만드는 것이 바로 자기 자신이라는 것을 깨달을 때 비로소 우리는 새로운 체험 영역에 도달하는 것이다. 그래서 하나의 세계가 존재한다는 것은 내가 하나의 몸을 갖고 있다고 말하는 것과 똑같다.

몸은 우리 인간의 가장 근원적인 토대를 이루면서 문화의 밑바닥을 형성하고 있다. 그리고 이러한 층은 어떤 점에서는 합리적으로 드러나거나 해명되기가 어려운, 모호한 부분이기도 하다. 그것은 존재를 개념적으로 명료하게 분석하는 것이 아니라 애매성 속에 있는 존재의 모습을 불명료한 그대로 드러내는 것으로 간주하게 한다. "따라서 감각적인 존재와 인간들에 대한 우리의 경험 전체는 바로 세계 그 자체로서 궁극적인 것이자 해명 불가능한 것으로 생각해야만 한다." 칼 포퍼Karl Popper는 "우리가 안전하고 확실한 토대 위에 서 있다고 믿었을 때, 정말 모든 것은 불확실하고 흔들리는 것으로 파악된다"라고 말한다. 도덕적이든 아니든, 어떤 추상적인 원리가 의심할 수 없는 삶의 토대로서 작용하기 위해 감각 또는 지각 현실을 잘라내 버린다면 그것은 삶을 단편화하는 것이다. 삶을 단편화하는 순간에 감각은 닫힌다.

그렇다면 주체가 되기 전에 인간은 무엇이었는가? 아무것도 아니지는 않았다. 인간은 감각적 존재였다. 더 정확히 말하면, 감각적이고 어두운 힘을 지닌 존재였다. 어두운 힘이라고 하는 이유는 감각적인 것이 근거와 합리성이 없는 것으로, 때문에 무법칙적이고 무목적인 것으로 기술한다는 점이다. 자연과학적으로 증명할 수 없는 이 힘은 체험 그 자체일 수밖에 없다. 색, 소리, 향기, 맛, 촉감 그 밖에 육체적 감각 전반에 걸쳐 힘의 작용은 경험적으로 특별한 예외 없이 존재한다. 그러기에 인간과 세계는 답을 알 수 없는 모호한 수수께끼 같다. 하지만 이들은 해석될 수 있으며 또 해석을 요구하고 있다. 예를 들면 감각 역량은 언제나 구체적인 활동과 결부되어 어떤 능력으로 실행된다. 즉 멋진 곡을 피아노로 연주할 수 있는 능력, 맛있는 음식을 만들 수 있는 능력, 아름다운 시를 쓸 수 있는 능력 등등처럼 말이다. 이렇게 감각 역량이 발휘하는 능력은 구체적이고 개별적인 활동의 양상으로 실행되는 것이다.

감각적 활동들의 매 과정에서 우리의 개인적인 체험과 우리 자신의 행위들이 해석의 순환성을 직시하는 과제들을 제시한다. 우리 자신의 활동들은 대답할 수 있도록 자신의 가장 깊은 내면에서 어떤 것과 생동적이고 발전적인 관계를 맺으려고 노력하는 것으로 보인다. 이러한 수준에 이르렀을 때 인간은 독단론으로부터 빠져나올 수 있다. 그리고 우리는 합리성의 반대가 애매성이나 불합리성이 아니며, 거꾸로 오로지 이러한 애매성과 불합리성으로부터 좀 더 확장된 이성을 발견하고 구체화할 수 있음을 알 수 있다. 그것은 현재의 미결정성이나 애매성을 이성에 대해서 불투명한 것으로 간주하지 않고, 자기 자신을 초월하기 위한 이성의 조건으로 본다.

몸을 매개로 하는 자기 촉발성

나는 몸이면서 동시에 몸을 가진 것이다. 그래서 몸에서 그리고 몸을 통해 내가 주목하는 세계의 대상을 파악하거나 조종한다. 자주, 특히나 의심스럽고 어려운 상황에서 나의 몸을 나 자체가 아닌 내가 가진 것이며 사용하는 것으로 지각한다. 자기 사용은 삶에 위배되는 것이 아니라 삶에 필요한 것이다. 사람의 실제 몸의 느낌과 행동 의식을 검토하고 다듬어서 그러한 신체적 반성을 우리 스스로 더 잘 알고, 우리를 더 나은 자기 사용으로 이끄는 더 지각적인 신체적 자기의식을 성취해야 한다.

이런 몸이 문제다. 몸은 감각적이기는 하나 원리가 없는 것은 아니다. 그것은 인간 삶의 애매성들과 어려움들과 대결하면서 자신의 세계가 미완의 상태로 남아 있게 한다. 이 몸이야말로 불투명하기 짝이 없는 것이다. 이러한 점을 정확하게 찌르고 들어간 메를로퐁티에게 나는 감각 덩어리라는 존재의 근본적인 모습으로 제시된다. 이때 감각이란 그저 지성적인 이성에 의해 처리되기 위한 소재로서의 감각이 아니라 내부에서부터 끝없이 떨림을 자아내는, 강도와 밀도를 기본으로 삼아 오로지 감각하는 나 자신의 힘으로부터만 영향을 받을 뿐이다. 메를로퐁티가 존재의 근본으로 제시한 감각 덩어리는 인간이 자신의 온몸으로써 직접 공명하여 실제 생동적인 삶으로 이미 관통해 들어가 있음을 알리는 것이다.

예를 들어 불안, 괴로움, 기쁨을 겪으면서 나는 나 자신과 다른 아무것도 겪지 않는다. 나는 나 자신으로 나를 촉발한다. 나는 나 자신에게 나를 준다. 내재적 줌을 특징짓는 것은 자기 자신으로부터 자기 자신에 자신을 주는 힘이다. 내재성 속에 '나를 줌'이 다른 모든 줌을 가능하게 하는 것이다. 움직이면서, 내 움직임을 느끼면서 나는 오직 나 자신으로부터만, 나 자신의 운동성으로부터만 나를 촉발할 뿐이다. 내재성 영역의 범위를 정의하고 경계를 구별하려면 감각 지각의 지위를 명확하게 해야 한다. 그곳에서 나는 내게 외재적인 대상을 더는 겨냥하지 않는다. 그곳에서 나는 오로지 감각하는 나 자신의 힘으로부터만 영향을 받을 뿐이다. 불안, 괴로움, 기쁨을 겪으면서 나는 나 자신과 다른 아무것도 아니다. 나는 나 자신으로부터 나를 촉발한다. 그 자기 촉발 안에서 자기 느끼기와 자기 치르기 속에 삶은 본질에서 촉발성이다. 촉발성은 "언제나 벌써 자신으로 자신을 데려오고, 언제나 벌써 자신을 찾는다".

어떤 방식에선 자기에게 기대고 자기를 느끼는 일 속에서 그 존재를 얻으면서 있다. 자기와 맺는 이 환원 불가능한 관계, 자기에 열려 있는 이 상태를 우리는 '자기-촉발'로, 아니 차라리 '자기-줌'으로 말할 수 있다. 그래서 자신에게 '자신을 준다'. 따라서 그렇게 자신을 주면서 언제나 자기를 찾거나 자기를 잃을 수 있다. 하지만 촉발성은 어떤 상태도 아니며, 한정되고, 고정된 어떤 총체도 아니다. 촉발성은 그 자체가 자기에게 오고, 자기를 깨닫고, 자기 껴안음 속에서 자기를 껴안는 무한히 다른 방식이다. 이 자기 껴안음은 삶의 본질이다. 삶의 촉발성은 여기서 그 궁극적인 바탕에서 살아 있는 모든 것이 나오는 원천이자 생성하는 원리로 이해된다.

세계로 향한 몸의 주체성, 습관

몸은 반드시 우리의 다양한 환경과 상호작용하는 기초적인 매체이며, 모든 우리의 지각, 행동 그리고 사상에 있어서조차 필수품이다. 만약 몸이 세계를 이해하는 데에서 우리의 가장 근본적인 도구라면, 조건을 향상시킴으로써 세계를 더 잘 배울 수 있고, 이 도구를 잘 사용할 수 있을 것이다. 목이 뻣뻣한 사람은 자신의 주위를 살피는 것이 불편하여 더 적게 볼 것이고 더 불확실하게 지각할 것이다. 만약 우리의 손 근육이 너무너무 단단하게 조여 있다면, 우리가 만지는 부드러움이나 섬세한 표면의 질에 대한 지각적 식별을 잘할 수 없을 것이다. 우리의 숙달에 공헌하는 다양한 원리와 실천을 함에 있어 우리의 앎과 행위를 향상시키기 위해서는 더 나은 신체적 지식이 필요하다.

몸은 인간의 자기보존 욕구를 극대화하는 방향으로 환경에 적응하기 위해 몸의 습관화를 계속해서 시도한다. 이때 환경의 범위는 확정적으로 경계가 지어져 있지 않고 부단히 확장할 수 있다. 이러한 몸은 외부의 요인에 대해 개방적이고 민감하게 반응한다는 점과, 다른 한편으로 동시에 몸의 습관은 이것이 습관인 한, 이를 계속 지속하려는 경향이 있다. 이처럼 개방성과 보수성의 두 요소 간의 갈등과 긴장 관계가 몸의 습관성을 특징짓는다. 습관은 우리가 세상을 마주해서 현실적이고 문제들을 확인하고 이를 해결해 나가는 과정에서 삶을 선택하고 결정하는 자신만의 방식을 말한다.

듀이가 볼 때 습관은 행위에서 일차적 사실이다. 다시 말하면, 인간의 행위가 정상적으로 영위될 수 있는 것은 습관 때문이다. 습관은 우리 행위를 능동적으로 조직한다. '조직한다'는 것은, "그 결과로 나오는 다른 행위를 유도할 뿐만 아니라 그 행위를 수행하려는 사람에게 지속적으로 인상을 남기면서, 행위 하려는 성향을 강화하고 또 약화"시킨다는 뜻이다. 습관은 행위의 연속을 만들어 낸다. 경험을 짜 맞추고 있는 행위들이 축적되고 연결될 때 습관이 깃든다. 우리는 습관을 반복적인 행위와 동일시하곤 하는데, 이런 인식은 잘못이다. 더군다나 각각의 상황은 언제나 조금씩 다르므로 습관은 변하기 마련이다. 몸은 습관화를 통해 부단히 변화, 발전해 간다. 그런데 습관의 본질은 특정 행위가 아니라 반응의 방식 또는 양상에 대한 획득된 성향이다. 그런 점에서 습관은 겪는 것이다. 습관은 구체적 행위의 단순 반복 발생이라기보다는 특정한 부류의 자극, 상식적 선호와 혐오에 대한 특별한 민감성 또는 접근 가능성을 의미한다. 습관은 의지를 의미한다.

메를로퐁티 역시 몸이란 우리가 세계를 가지는 습관적인 방식이라고 본다. 어쩌면 모든 인간의 습관은 몸을 배제하고는 불가능할지도 모른다. 몸의 능력은 세계 혹은 상황에서부터 주어지는 과제나 목적을 달성할 수 있도록 자신 전체를 수렴시켜 목표를 향해 운동해 가는 능력이다. 듀이에게도 습관은 "활발하고 지배적인 행위 방식", 즉 결정하고 선택하는 의지를 의미한다. 습관은 속성이 아니라 상호적 거래를 통해 개인과 환경이 모양을 만드는 힘을 지닌 역동적 기능이다. 이런 역동성은 습관이 상황들을 통합하여 시공간적으로 대상을 중심으로 상황을 재구축하려는 경향이라는 것을 나타낸다.

이렇게 볼 때 계속해서 새로운 습관을 획득한다는 것은 몸이 세계 내의 목적을 향해 자신을 수렴시키고 운동해 가는 또 다른 방식을 계속해서 획득한다는 것을 뜻한다. 그리고 새로운 몸의 운동 방식을 획득한다는 것은 곧 새로운 도구들을 다룰 수 있게 된다는 것이다. 요컨대 습관은 우리가 우리의 세계에로의 존재를 확장시켜 가는 능력이고, 그러기 위해 새로운 도구들에 우리를 병합시키는 방식으로 우리의 존재를 변화시키는 능력이다.

메를로퐁티에 따르면, '세계로 향한 존재'로서 몸이 지니는 기초적인 능력은 몸의 습관성 덕분이다. 곧 그에게서 습관은, 세계와의 상호작용을 통해 세계에 의미를 부여하고 이 의미를 익힘으로써 형성된다. 몸은 습관을 통해 구조화되고 세계를 구조화함으로써 세계와 관계하고 세계를 열어 간다. 이러한 관계 맺음이 습관이다. 그러므로 몸은 모든 경험, 습관을 이해하는 자여야 한다. 그리하여 세계-에로-존재는 자신의 존재 영역을 확장시킬 수 있다. 우리는 이러한 몸을 주체성으로 이해한다. 그러기 때문에 몸은 세계 속의 한 대상이라기보다는 세계의 주체로서 세계에 대해 의미를 부여하고 상호작용하는 적극적인 존재이다.

세계로 향한 공간에로의 열림

우리의 공간은 태초부터 존재해 왔다. 그곳은 3차원이라는 기본값으로 비어 있다. 인류가 건축하기 전에도 지구상에는 땅, 나무, 하늘의 구름 같은 물질에 의지해서 공간이 구획된다. 인간의 몸은 자신이 외부 세계와 맺고 있는 관계들을 통해 구성하고 시공간적으로 다양하게 변화한다. 내가 눈을 뜨면서 잠자리에 들기 전까지 내 앞에 놓여 있는 공간, 즉 집을 나서면 늘 보는 거리, 출근해서 동료들과 함께 일하는 사무실, 점심시간에 사무실에서 나가 자주 가는 식당으로 가기 위해 건너가야 하는 차도 등. 내 앞에 놓여 있는 이 공간 일반은 외부의 익숙한 것이 아니라, 차라리 나에게 들러붙어 있거나 내 안에 자리 잡은 나 자신의 일부처럼 보인다. 그럴 때 우리는 눈 감고도 알 수 있다고 말하곤 한다.

우리는 누구나 어디에서든지 확대된 신체의 구석구석까지 자신의 감각을 전달하면서 살아가고 활동한다. 그리고 확대된 신체를 통해, 외부 공간도 새로 파악하고 내면화한다. 메를로퐁티가 이미 지적했듯이, 몸은 현상적으로 경험되는 공간성의 기원이다. "내 몸은 나에게 공간의 조각에 불과한 것이 아니다. 내가 몸을 갖고 있지 않다면 나에게 어떠한 공간도 없을 것이다." 그러니 나는 너와 다르다. 우리는 각자라는 말이다. 몸은 일반적인 몸, 보편적인 몸이 아니라 고유한 몸이어야 한다. 그때 공간에로의 열림을 매개하는 것은 개체적인 생존이다. 그것은 삶이 자기 변화하고 자기 성취하는 멈추지 않는 움직임을 만들어 낸다. 움직임은 이 움직임을 통해 삶은 지칠 줄 모르고 자기에 이르고 자기 보존과 증대 속에서 공간의 열림이 자신에게 일어난다.

인간은 살면서 언제나 자신을 둘러싼 공간에 대한 관계를 통해 규정될 수밖에 없다. 공간을 형성하는 가장 기초적인 요소는 신체의 공간이다. 공간은 몸이라는 공간과 서로 불가분의 관계를 맺는다.[6] 이 몸은 공간 속의 움직이는 또 하나의 공간인 것이다. 몸에 의해 채워지고 움직여지는 공간으로부터 삶은 시작한다. 이때 나처럼 타인도 그의 삶을 사는 하나의 몸이다. 타인은 나를 중심이 되지 못하게 하면서 내가 가능한 한 다수의 시각을 생각하도록 이끄는 어떤 거처를 구성한다. 이러한 관점에서 장소로서의 공간은 타자와의 만남에 열려 있는 공간이다.

몸의 움직임은 장소를 차지하고 장소라는 공간과 더불어 몸의 공간도 존재한다. 움직임을 통해서 우리는 우리 안에서, 그리고 우리 바깥에서 세계에 도달한다. 우리는 언제나 어떤 장소 가운데 있다. 또한 우리에게는 너무나 일상적이고 익숙한 장소들이 있다. 우리가 어떠한 행동을 하든, 어떠한 생각을 하든, 누구와 만나든 우리는 이미 한 장소 가운데 있다. 그리고 어떻게든, 어디선가 그 장소에 대한 느낌을 만들어 낸다. 장소에 대한 느낌은 또한 끊임없이 이루어지는 과정이다. '장소로서의 신체'는 동물이 지각하고 조작하는 세계의 총체인 '환경세계Umwelt'와 거의 대응하는 개념이다. 즉 이것은 두 종류의 지각행위—하나는 물체에서 특징을 잡아내는 시각 내지 촉각의 감각작용이고, 또 다른 하나는 물체의 위치와 내 몸의 운동을 감지하는 작용—에 속하며 주위의 환경 세계가 일차적으로 분절화되는 레벨을 나타낸다.

---

6. 몸과 관련된 공간 개념에는 곳(Ort), 위치(Stelle), 자리(Platz) 같은 말을 사용한다. '송곳'이라는 말에서처럼 곳은 언제나 뾰족한 끄트머리를 지칭한다. 지리적으로 곳(串)은 바다로 돌출한 부분을 말한다. 곳은 언제나 점의 성격을 갖는다. 우리는 곳을 손으로 가리킬 수 있다. 곳은 늘 일정한 곳에, 정확히 고정된 지점이다. 이런 의미에서 주소, 주거지, 출생지라는 말을 사용한다. 위치는 동사 'stellen'에서 유래한 말로 '서 있게 만든다'는 뜻이며, 여기에서 다양한 의미가 파생되어 '어느 장소에 가져가다, 세우다, 놓다, 내려놓다'의 뜻을 지니게 되었다. 위치는 어느 물건이 놓여 있는 정해진 지점이다. 한 물건이 위치에 있다는 말은 그것이 손에 잡히는 곳에 있어서 사용할 수 있다는 뜻이다. 흔히 곳이나 위치는 장소와 겹치는 개념이기도 하다. 한편 Platz라는 말은 고대 그리스에서는 대도시의 넓은 대로를 뜻하였는데, 중세를 거치면서 의미가 확대되어 이제는 일반적으로 트인 공간을 의미한다. Platz는 사람이 차지하는 공간을 말한다. 그래서 잔치마당(Festplatz), 경기장(Sportplatz), 놀이터(Spielplatz), 형장(Richtplatz) 등의 낱말이 생겨났다. 자리라는 말에는 무언가를 조성하려는 열린 공간이고 특히 질서를 만들려는 인간 행위이므로 항상 공간 내에서의 일정한 확장, 일정한 넓이라는 개념이 들어있다. 공간은 모든 것이 제자리, 제 장소, 제 위치를 갖고 있는 포괄적인 것이다.

유기체의 인간적 환경

하이데거의 유기체적 개방성, 인간 현존재

하이데거는 우리만의 독특한 존재 방식을 정의한다. 우리는 대개 우리가 거주하는 바로 그 세계 자체와의 관계에 의해 구성되는 존재자들이다. 하이데거는 유기체적 생명력의 특성에 주목하여 인간에 대한 존재론적 단서를 유기체의 개방성에서 취하고 있다. 생명에 관한 하이데거의 논의는 인간과 동물이 존재하는 방식의 존재론적 차이를 드러내는 데 집중되어 있다. 하이데거는 야콥 폰 윅스퀼Jakob von Uexkull의 이론을 참고하면서, 생명의 존재 방식을 각 생명에 고유한 환경테Umweltring와 결부되어 있음으로 명명한다. 생명체에게 세계는 각 생명체의 생존에 필요한 충동 고리에 따라 테두리 지어진 환경들이 맞물려 있는 모습이다. 즉 생명체의 생존 행동반경이 환경테인 것이다.

생명이 살아 있다는 것은 생명이 생존의 과정에서 끊임없이 행동하는 가운데 스스로 그 생존을 가능하게 하는 환경을 테로 둘러싸며 그 테를 쟁취하며 사로잡는 과정이다. 이러한 생존 행동반경은 때로는 부분적으로 맞물리면서 생명체의 행동 간의 관계를 형성하기도 하고, 때로는 전혀 관계없는 반경으로 구분되기도 한다. 동물과 같은 생명은 그것이 생존하는 환경을 테두리로 하여 그 환경에 사로잡혀 있으며, 환경은 그 동물이 생존하는 데 필요한 것들로 구성되어 있다. 반면에 인간은 그러한 사로잡힘의 상태를 벗어나며 자신과 세계의 관계를 열어 밝히는 방식으로 존재한다. 나아가 인간이 세계에 존재하는 방식은 생명체와 달리 도구를 사용하면서 존재하는 방식이다. 좀 더 정확히 표현하면 인간은 동물과 달리 그저 맨몸으로 행동하며 살 수 없고 도구와 함께 무엇인가를 만들면서 살아간다. 결국 인간의 세계와 동물의 세계는 이같이 존재론적으로 전혀 다른 방식으로 인간과 동물에 관계하고 있다.

우리가 생활하면서 주위와 교섭하는 공간이 바로 도구의 세계, 주변 세계이며, 활동 공간이자 구체적 삶의 공간으로 파악된다. 공간은 근접성과 교섭을 통한 활동 공간이어야 한다. 하이데거는 인간의 존재 방식을 현존재Da-sein로 명명한다. 현Da이란 '거기'라는 뜻을 지니고 있으며 '거기'는 '저기', '바깥에', 즉 공간을 의미한다. 그리하여 '거기-있음'이라는 뜻의 현존재는 공간을 여는 존재, 즉 세계를 여는 존재가 된다. 현존재는 인간 유기체의 개방성의 존재 의미를 담고 있다.

하이데거에 따르면 공간은 손-가까이-있음의 특성을 갖는다. 그것은 현존재가 도구를 실천적으로 다루는 것과 관련하여 현존재의 '체화'를 전제한다. 그러한 공간은 유의미한 도구 전체성의 존재인 주위 세계의 공간으로서만 접할 수 있다. 현존재가 체화된 존재라는 것은 일하고, 움켜쥐고, 걷는—간단히 말해 체화된— 주체라는 점을 확인시켜 준다. 손-가까이-있음의 공간성은 현존재 자체가 세계-

내-존재와 관련해 '공간적'이기 때문에 성립한다. 그리하여 새로운 존재 양식인 현존재의 공간성이 등장한다. "현존재의 공간성"은 심리학이 아니라 존재론의 기초가 된다.

현존재는 자신의 배려적 관심에 따라 존재자와 관계를 맺는다. 배려는 현존재를 둘러싸고 있는 모든 것에게 해당이 된다. 그리고 현존재의 관심 혹은 배려적 교섭에 따라 사람의 마음속에서 벌어지는 사건(혹은 상상)의 공간에서 유용한 방향을 설정하는 것이다. 현존재는 언제나 어떤 방향 잡음(관점, 관심)을 갖는 것이다. 이것은 자신의 존재에 대해 마음을 쓰고 있다는 것을 의미한다. 이렇게 현존재가 관심을 가지거나, 손을 내밀어 붙잡아 볼 수 있도록 거리를 없애 감과 동시에 방향을 잡아 가는 가운데 그의 공간성이 그려지는 것이다.

공간성은 인간 현존재의 존재 규정이다. 하이데거의 다음 문장도 그것을 의미한다. "존재론적으로 충분히 이해되는 '주체', 즉 현존재는 공간적이다." 현존재의 공간성은 "존재자 그 자체의 개방성"에 따른 고유한 존재 이해를 바탕으로 한다. 삶은 그것이 존재의 차원과 확고하게 관계할 때 비로소 삶의 자기 변화와 관계하게 된다. 인간 속의 현존재는 주변의 사물들이 조명받을 수 있는 '존재'의 자리를 제공한다. 일정한 거리와 방향의 관계 안에서 고유한 자리를 점하는 것이 인간이 지상에서 살아가는 방식이기도 한 것이다. 살다 보면 우리는 누군가에게 자리를 만들어 주거나 그의 자리를 빼앗는다. 박목월의 「무제無題」라는 시는 다음과 같은 구절로 시작한다. "앉은 자리가 나의 자리다 / 자갈밭이건 모래톱이건". 우리는 앉으면서 "자리를 잡는다"라고 할 때, 그것은 언제나 인간의 세계조성 행위라고 할 수 있다. 유사시에 우리는 무언가를 치우면서 자리를 만들어야 한다. 지금 시인은 외딴 바닷가에 홀로 앉아 있다. 만약에 사막이나 고산지대 또는 황무지에서는 경우에 따라 사람이 서로 만날 수 있는 위치는 있을지 몰라도 자리는 없다.

인간 환경으로서의 정원

인간은 아프리카 사바나에서 태어난 초원 동물이고, 우리 신경계와 면역계는 자연 세계의 다양한 양상에 최선의 방식으로 대응하도록 진화했다. 햇빛 양, 노출되는 미생물 종류, 주변 식생 상태, 우리가 하는 운동 종류가 다 환경이다. 사람은 자연 세계에 있을 때 우리 안의 자연, 즉 강한 활력과 원기를 느끼는 우리의 본성도 돌아보게 된다.

인간 환경은 하나의 관계, 즉 인류가 지구의 면적과 동시에 맺은 생태학적·기술적技術的·상징적인 관계를 갖는다. 그렇게 인간이란 존재가 지구 속에 자신을 새기고 있으며, 또 그가 그 대가로 어떤 의미 속에 새겨지고 있다. 또한 그것은 필연적으로 각각의 인간 존재 안에서 계속되는 실존적인 전개이다. 그 안에 있는 모든 것이 인간 환경이지 그 이하가 아니다. 그것은 사물들이 거기-있다는 것의 지리성, 우리의 실존이 시작되는 그 지리성이다.

정원 가꾸기는 기후, 땅, 그 안에서 자라는 식물을 포함해서, 장소 전체와 관계를 맺어야 한다. 또한 원예에서는 인간의 창조력과 자연의 창조력이라는 두 에너지가 만난다. '나'와 '나 아닌 것', 우리가 고안하는 것과 환경이 우리에게 허락하는 것이 함께한다. 거기서는 야

생의 자연과 손질된 자연이 겹치고, 원예가의 흙장난이 낙원의 꿈이나 정제됨과 아름다움이라는 문명적 이상과 어긋나지 않는다. 정원에는 이렇게 반대되는 것들이 모인다. 이러한 마주침의 상황과 조건 하에서 정원을 일구려 한다면 식물을 직접 감각적으로 대하면서 구조, 성장 상태, 생식, 물질대사, 진화, 질병, 생물학적 특성 등에 관한 미세한 변화를 살피고 감지해 나간다. 이 과정은 절대 쉽지 않다. 어떤 식물과는 감각적인 만남으로 감지되는 정동적 경험, 그리고 방출되는 기호와의 마주침은 명료한 현상이 아니라 애매모호한 강도적 느낌이기 때문에 견습생은 식물이 던지는 이 미세한 감응이 무엇을 의미하는지 잘 알 수 없고 끊임없이 의문 상태에 놓인다.

하지만 그는 이 마주침의 대상을 미세한 감응으로 더듬으며 문제와 물음의 세계로 반드시 진입해야만 식물에 대한 새로운 감각들을 생성할 수 있게 된다. 에드워드 윌슨의 '바이오필리아'처럼 "인간은 내재적으로 살아 있는 유기체에 정서적 결연"을 느낄 수도 있다. 정원을 가꾸는 원예 활동의 정동적 경험 과정에서 기호를 방출하는 대상은 어떤 사물로서 감각 가능한 '감각적인 존재'이다. 그리하여 견습생은 정원에 대해 더욱 예민하게 감지하고 이에 응답하는 새로운 지각들을 신체에 생성하게 된다. 그렇게 하여 정원은 생태적 삶의 세계 속으로 자리 잡게 된다.

지구상 모든 곳에서 그렇듯이, 이 정원을 만드는 데는 조그만 면적만 있으면 되지만 그 면적이 차지하는 많은 공간이 있으며, 이 공간은 과도過度할 수 있는 공간이다. 정원 만들기 놀이를 하는 어린아이는 자신이 무엇을 만들어야 하는지 본능적으로 알고 있다. 그것은 자신의 것인 하나의 세계이다. 손과 몸으로 몰입하는 정원 만들기가 우리의 실존 자체를 구성한다는 의미에서 존재론적으로 우리와 관계가 있는 인간 환경이다. 정신과 의사이자 정신분석학자인 존 볼비는 애착이론에 근거하여 "모든 사람에게는 각자 자신만의 고유한 환경이 있다"라고 말했다.

정원은 물리적 환경인 동시에 정신을 위한 환경이다. 안전한 정원이라는 공간은 마치 정지된 시간처럼 우리 내면세계와 외부 세계가 일상생활의 압력을 떨치고 공존할 수 있도록 이끈다. 그래서 정원은 가장 내면적이고 꿈이 가득한 자신과 현실의 물리적 세계가 만나는 '사이' 공간이 된다. 그 공간에서 정원을 가꾸는 도중에는 무엇이 '나'이고 무엇이 '나 아닌 것'인지 말끔하게 구별할 수 없다. 정원 일에 깊이 몰두해 있을 때면, 가끔 내가 정원의 일부이고 정원이 내 일부라는 느낌이 든다. 자연이 내 안에 들어왔다가 흘러나간다. 우리는 정원을 가꾸면서 세계와 교류함으로써 정신에 세계의 내적 모델을 만들어 넣을 수 있다. 밀너는 『그림 그릴 수 없는 것에 대해서』에서, 한 가지 행동을 반복 수행함으로써 자신의 존재 구조에 새로운 개념을 '짜 넣는' 느낌이 들었다고 설명한다. 정원의 실행에서도 비슷한 일이 일어난다. 장 피아제는 '감각-운동 학습'의 실행을 통해 운동, 감각, 정서, 인지 기능을 모두 통합한다고 한다. 거기에 바로 힘이 있다. 그렇게 실행하게 되면 사물들이 우리 존재 속에 '짜 넣어지고' 개인적 연관성을 얻게 된다.[7]

지각이 구성하는 문화 세계

인간 환경은 인간이라는 존재의 거처를 말한다. 이것이 현존재의 거기에 또는 거기-있음이라는 표현을 구성한다. 인간은 '현재 거기에' 존재하는 현존재이다. 예컨대 가장 작게는 집을 말하고 집의 주변을 말하고, 그것이 놓여 있는 동네를 말한다. 이것을 초월하여 세계를 생각할 수도 있다. 오늘날에서 지구촌이라는 세계 자체가 하나의 공간을 이룬다는 생각이 받아들여지고 있다. 그리하여 세계 공간 전체를 삶의 테두리로 받아들이게 된다.

그럴 경우 몸은 주위 환경과 지향적 끈들로 묶여 있어 떨어뜨릴 수 없는 것임이 드러날 것이고, 따라서 결국에는 지각하는 주체가 지각되는 세계라는 사실을 알 수 있게 된다. 메를로퐁티에 따르면 세계는 지각장이다. 달리 표현하면 구체적 삶의 장으로 존재하며 우리는 세계 내에 거주함으로써 존재 의미를 지닌다. 우리는 지각을 하기 위해 대상을 필요로 하는데, 메를로퐁티에 따르자면 그 대상이란 객관적 대상이 아니다. 그것은 하나의 세계인데 메를로퐁티는 이것을 현상적 장이라고 말한다.

우리에게 현상적 장이 펼쳐지고 지각이 가능하게 되고, 이 지각적

---

7. 정원은 가장 내면적이고 꿈이 가득한 자신과 현실의 물리적 세계가 만나는 '사이' 공간이 된다. 이런 모호한 경계는 정신분석가 도널드 위니콧이 말하는 경험의 '이행(transitional' 영역이다. 소아과 의사이기도 한 그는 고유한 정신 모델로 어린아이가 가족과 맺는 관계, 아기와 엄마가 맺는 관계를 설명한다. 위니콧은 양육자와 관계를 맺음으로써만 아기가 생존할 수 있음을 강조했다. 둘의 관계에는 중첩 또는 '사이'라는 중대한 영역이 끼어든다. 그 영역이 있기에 엄마는 아기가 표현하는 감정을 느끼고, 아기는 자신과 엄마의 경계를 인식하지 못한다[수 스튜어트 스미스 지음, 고정아 옮김(2021), 『정원의 쓸모』, 월북, 28-29쪽 참고].

세계와의 만남 자체를 포괄하는 개념으로 메를로퐁티는 움직임을 유발하는 신체적 지향성을 말한다. 그가 말하는 지향성은 몸이 세계를 향해 부챗살처럼 동시에 퍼져 나가는 식으로 발휘되면서 전방위적인 다극성多極性을 띤다고 한다. 그래야만 신체는 지각과 행위의 장으로 존재할 수 있고, 우리는 우리의 구체적 삶을 펼쳐 나갈 수 있는 것이다.

자연은 우리에게 의존하지 않는다. 자연환경은 나의 개인적 삶의 중심까지 침투한다. 나는 땅, 공기, 물의 한가운데서만 살지 않는다. 사회 속에 산다는 것은 자연 속에서 살기를 그친다는 뜻이 아니라 자연을 특별한 방식으로 산다는 뜻이다. "나는 나의 주위에 도로, 농원, 마을, 거리, 교회, 도구, 종, 숟가락, 파이프를 가진다." 이러한 대상들은 인간의 행위들을 그 안에 품는다. 나는 도로 위에서, 농원에서 그리고 마을에서 다양한 삶의 분위기를 느낀다. 메를로퐁티는 이것이 도구들을 통해서 나에게 존재하는 문화라고 한다. 우리는 이러한 세계를 문화적 세계라고 할 것이다.

특정한 유형의 인간 행동들은 문화 세계의 형태들에 배치된다. 그리고 이렇게 배치됨으로써만 자연에 정착한다. 인간은 물질문화를 구성함으로써 환경에 적응할 뿐만 아니라 환경을 적응시키기도 한다. 나는 물, 땅, 공기 등의 물리적 세계에만 놓여 있는 것이 아니라, 길, 건물, 거리, 책상, 컴퓨터 등의 사이에도 놓여 있다. 이 문화적 도구 들은 그것들의 의미에 맞게 행위자에 의해 사용되는 한에서 문화적인 기능을 한다. 문화적 세계는 그렇게 현존하고 있다. "사람들은 담배를 피우기 위해 파이프를, 먹기 위해 숟가락을, 부르기 위해 벨을 이용한다. 그리고 문화적 세계의 지각이 검증될 수 있는 것은 인간적 행동 및 타인에 대한 지각에 의해서다." 그러므로 지각의 세계는 자연적 세계를 넘어 인간적 세계이자 문화적 세계이다.

인간은 세계에 거주하며 존재하는 모든 것들을 의미연관 속에서 밝혀낸다. 그리고 그것이 세계이다. 세계는 각자의 방식으로 이해되어야 한다. 그 각자의 방식이란 타자와의 관계 속에서 이해되는 방식이다. 지각은 세계와의 교류이다. 그리고 지각의 주체는 신체이다. 지각과 운동적 신체를 수반하는 지향적 활동으로 인해 환경 세계는 낯선 타자가 아닐뿐더러 이 세계가 어떤 의미를 지니는지 암묵적으로 이해하고 있다. 그것은 세계-내-존재라는 개념을 통해 세계에 대한 철저한 경험을 지향하는 것으로 구체화된다. 이렇게 함으로써 우리 주위의 세계를 보고, 느끼고, 만들어 가는 다양한 방식을 포괄하는 더욱 확장적인 개념이 된다.

개인은 생각하는 사물이 아니라 활동하는 몸, 오직 자신의 실천적 활동의 맥락 안에서 세계가 나타나는 대로만 세계를 아는 동물이다. 몸은 자연 현상인 동시에 사회적 산물이다. 감각 능력과 사회적 제도는 동전의 양면이다. 물론 그 양자의 관계는 순탄치 않다. 모든 문화적 제도는 어쨌거나 두 사람 이상이 있어야만 만들어진다. 예컨대 언어가 교회가, 정치가 그렇다. 이는 이성이 구체성을 확보하려면, 혹은 이성이 실천과 조우하려면 타자들이 필요하고 타자들이 공존하는 지각의 세계가 필요하다는 것을 말해 준다. 자기 자신만의 세계가 미완성이라는 것을 인정한다면 정치와 사회, 역사 속에서 지각된 세계가 어떻게 나와 타자들을, 나의 과거와 나의 미래를 매개하는지를 살펴봐야 한다.

2부

생명의 자율성과
경험의 문화적 전환

4.

생명의 자율성과
현상학적 연관

생명의 자율성, 자기조직화

생명체에서의 자기조직화: 오토포이에시스

생물 현상에서 자기조직화의 예는 쉽게 찾아볼 수 있다. 예를 들어 벌들이 벌집을 만드는 경우 등이 그것이다. 벌의 군집은 벌집에 대해 사전 설계를 하고 있지 않으면서도, 벌 개체들 사이의 단순한 상호작용으로 규칙적인 형태의 구조물을 만들어 낸다. 그뿐만 아니라 인간이라는 개체는 수없이 많은 세포 간의 상호작용 결과로 자신을 유지한다. 그렇지만 동시에 이 세포들 역시 하나의 개체이며, 따라서 외부와 구별되어 자신을 보존하는 조직화 능력이 있다.

생명체에서 이루어지는 자기조직화 현상에 관한 연구는 1970년대 칠레의 신경의학자 움베르토 마투라나와 프란시스코 바렐라에 의해 본격화되었다. 이들의 관심은 생명 현상 그 자체에 있었다. 그들은 지각과 운동의 중간에 있는 신경계가 바깥 세계와 별도로 자율적으로 형성되었다고 주장한다. 다양한 감각운동적 상관관계들이 신경계가 있기에 비로소 생기며, 이 다양함이야말로 신경계가 유기체의 작업에 관여하는 핵심이다. 이들은 유기체의 구성 요소로 작동하는 신경계의 자기조직화 현상에 새로운 의미를 부여하기 위해 이 현상을 '자기 스스로 제작한다'는 뜻에서 '오토포이에시스 Autopoiesis'라 불렀다. 이는 신경계의 작용이 바깥 세계에 대한 지각과 독립해서 발생했다는 관찰을 통해 입증되었다.

오토포이에시스는 살아 있는 시스템, 다시 말해 생명체계의 조직이 변화하는 과정을 이해하는 데 새로운 관점을 제공한다. 이 개념은 "물질을 자기 자신 속으로 변형시킴으로써 그 작동의 산물이 곧 자신의 조직이 되게 하는 체계"로 규정한다. 즉, 우리는 우리 자신을 만드는 일, 다시 말해 지속적인 생존을 보장하는 자기생산에 대부분의 에너지와 물질, 신진대사를 사용하는 것이다. 마투라나와 바렐라는 생명의 특성이 자기생산적 또는 자가생성적 성격을 지닌 조직 안에 나타난다는 데 중점을 둔다.

이때 체계system와 환경의 구별은 아무렇게나 만들어지는 게 아니라 자기생산체계 스스로에 의해 만들어진다. 자기조직화의 자기생산체계는 체계를 구성하는 요소들을 다시 순환적으로 생산하는 체계, 즉 자신의 구성 성분의 생산을 거쳐서 자신을 생산하고 유지하는 그런 체계이다. 체계가 체계에 특수한 작동을 통해 스스로를 생산하는 방식을 통해 체계와 환경의 구별이 이루어진다. 따라서 작동은 처음부터 끝까지 언제나 체계 내에서만 가능하고, 언제나 체계 내에서만 사건으로 여겨질 수 있다.

작업적 폐쇄성과 자기생산기계

오토포이에시스, 즉 생명체에서의 자기조직화는 일종의 자율성

autonomy을 뜻한다. 생명체는 지속적으로 자기 주변의 다른 개체, 즉 환경과 상호작용함으로써 자신을 유지하며, 또 자신을 갱신한다. 그뿐만 아니라 생명체는 자신을 증식하고 교배와 변이 과정을 통해 새로운 종을 만들어 내기도 한다. 따라서 생명체는 닫힌 구조이면서도 동시에 열린 행위를 통해 자기 존재를 유지한다.

마투라나와 바렐라는 생명이 성립하기 위해서는 그 구성 요소들이 마치 수프처럼 뒤섞여 버리지 않고 외부와 내부를 가르는 얇은 막과 같은 경계가 있어야 한다고 말한다. 막은 공간 안에 무엇이 생길 수 있게 해 주는 구조물이다. 이 공간적 구조물이 없다면 세포의 물질대사는 마치 분자들의 수프처럼 여기저기 흩어져 버려 세포라는 독립된 개체를 이루지 못할 것이다.

생명은 경계가 뚜렷하며 일정한 구조화된 질서를 특징으로 한다. 특히 신경계의 생명활동은 작업적 폐쇄성의 테두리에서 이루어진다. 신경계 내부의 특정 영역에서 순환하는 과정들은 이 영역에 남아 있다. 그것은 한 체계의 경계들을 한정하고 그것을 구체적으로 결정된 존재로 만드는 체계의 작동을 말한다. 당연히 유기체의 신경계는 에너지와 물질의 흐름에 개방되어 있다. 하지만 신경계의 작업적 폐쇄성은 그것의 활동 상태들이 언제나 다른 활동 상태들을 낳으며 다른 활동 상태들에 의해 유발된다는 것을 말한다. 즉 내적 동학의 자기준거적 작용을 특징짓는 것이다.

생명 내부에서의 자기조직화에 따른 자기생산은 반복을 특징으로 한다. 마치 기계처럼 말이다. 생명도 반복적인 운동을 통해—자기 자신을 포함하여— 무언가를 생산한다는 측면에서 기계이다. 기계가 자기조직화의 능력을 지님으로써 일종의 생명 현상으로 이해할 수 있는 시사점을 내놓고 있다. 마투라나와 바렐라는 기계를 "서로 사이에 일정한 관계를 만족시킬 성분들로 이루어진 하나의 기능적 단위체"로 규정하면서, 생명체를 기계로 보는 것이 적절하다고 말한다. 이 경우 자율성을 지닌 기계는 하나의 개체인 것이다. 자기생성의 기계는 성분들의 생산 과정들(변형과 파괴)의 네트워크로 조직된 기계이다. 그 성분들은 상호작용과 변형들을 통해 그 성분들을 생산한 과정들(관계들)의 네트워크를 끊임없이 재생성하고 실현한다.

우리가 알고 있는 단순한 기계는 투입을 통한 자극이 일정한 규칙에 따라 산출로 전환되고, 정보 또는 일정량의 에너지를 투입하면 반드시 기계가 작동하고 일정한 결과를 생산하는 기계이다. 반면에 오토포이에시스 개념에 따르면, 생명체계들은 자기의 폐쇄적인 동학 속에서 스스로를 생산하는, 스스로를 조직하는, 스스로를 지시하는 그리고 스스로를 보존하는 자기생산적인 기계이다. 자기생산적 기계는 자신이 조금 전에 했던 것에 비추어 스스로를 조종하고, 자신이 해야 할 일을 일관되게 유지할 수 있도록 만드는 자기지시적 통제장치를 갖고 있다. 따라서 이를 좀 더 일반화하여 표현한다면, 기계는 예측할 수 없거나 또는 기계가 자기 스스로에 관해 물음을 제기할 때 기계가 어떠한 상태에 있는지를 정확히 알고 있는가에 대해서만 예측 가능성이 존재한다.

구조 짝짓기와 관찰자의 자기생산 활동

생물은 환경과의 상호작용 과정에서 서로의 구조에 영향을 주면서 안정을 확보할 뿐이다. 이러한 기여는 신경계의 구조 자체에 근거한다. 이것이 감각-운동 짝짓기라는 형태로 구현되는 '구조 짝짓기 structural coupling'이다. 모든 유기체는 신경계의 구조 짝짓기의 결과로 그곳에 있다. 그러므로 신경계 자체의 작업 방식과 신경계를 통해 더욱 풍부해진 구조 짝짓기의 모든 영역을 자세히 살펴볼 필요가 있다.

구조 짝짓기의 개념에 따르면, 행동은 일반적으로 자극-반응 모델이나 입력-출력 모델이 설명하듯이 외부에서 어떤 정보가 와서 그것에 반응하는 작용이 아니다. 환경과 직접적으로 상관관계를 맺고 있는 신경계가 단순한 메커니즘에 의해서 정보를 받아들이는 것이 아니기 때문에 탈신체화된 정보에 기초해서 생물학적 유기체 조직으로서 뇌와 컴퓨터를 단순히 비교하는 것은 오류다. 오히려 생물학적 유기체는 환경과 어떤 속성이 작용할 것인지를 구성적으로 결정하여 환경과 조화를 이룬다. 즉, 객관적 세계가 전제되는 것이 아니라, 삶과 앎의 과정에서 관찰자와 세계가 구조 짝짓기를 통해 상호 어떻게 생성되는지가 중요하다.

작업상 독립적 개체인 유기체와 환경의 구조 짝짓기를 바탕으로 유기체가 환경 안에서 역동적 체계로 계속 존재한다. 이런 존재의 기초는 유기체와 환경의 구조적 양립, 곧 우리가 적응이라고 부르는 것인 듯하다. 어떤 개체가 환경에 적응했다는 것은 개체와 환경의 구조 짝짓기에 따른 필연적 결과이다. 유기체로서 사람과 고양이 사이의 상호작용은 각자가 가지고 있는 구조에 따라 결정하고 상대의 상태 변화를 유발하는 작용이다. 사회적 접속과 현상이란 것도 둘 이상의 유기체들이 재귀적으로 상호작용을 할 때 생기며, 의사소통적 행동 방식은 그것이 타고난 것이든 학습된 것이든 유기체들 사이의 구조 짝짓기가 지닌 역동적 행위이다.

사람처럼 풍부하고 넓게 펼쳐진 신경계가 유기체 안에 있을 때 그것이 작업적 폐쇄성을 갖지만 유기체의 상호작용 영역들을 바탕으로 구조 짝짓기의 새 차원들이 열림과 함께 새로운 현상들이 생길 수 있다. 그리하여 마침내 인간에게는 언어와 자기의식이 생기게 된다. "모든 인간적 행위는 언어 안에서 벌어진다. 언어 안에서 벌어지는 각각의 행위가 한 세계를 산출한다. 타인과 공존하면서 만들어내는 이 세계는 우리가 사람다운 것이라 부르는 것을 산출한다. 그러므로 모든 인간적 행위는 윤리적인 의미를 지닌다."

여기서 구조와 시스템의 큰 차이는, 구조는 오직 현재만을 알고 미래로 투사할 뿐이지만 시스템은 과거, 현재, 미래로의 지속과 흐름의 속성을 가지고 있다. 만일 우리가 자신을 그 시스템의 내부에 놓고 본다면, 즉 관찰자의 상대적인 맥락에서 우리는 스스로 닫힌 상호작용 시스템 내부에 존재하게 된다는 것을 알게 됨과 동시에 시스템은 곧 '닫혀' 있는 상호작용의 연쇄이기 때문에, 시스템에는 시작도 끝도 존재하지 않는 것이다. 또한 환경은 그 시스템의 필수적인 상호작용 영역의 일부이기 때문에, 이러한 환경 역시 그 시스템의 조직화 과정을 구성하는 일부분이라는 사실을 깨닫게 될 것이다.

이것은 유기체의 구조 변화를 주위 환경에 대한 반응으로 보는 관찰자의 상대적인 맥락에서 이루어짐을 분명히 알아야 한다. 게다가 관찰자는 유기체에 유발된 구조 변화를 자기가 기대한 반응에 관련시켜 평가한다. 이렇게 볼 때 관찰자는 유기체의 모든 상호작용을, 즉 관찰한 행동 전체를 인지적 행위로 평가할 수 있다. 그리하여 자기-생산 관점은 모든 참 활동의 전제이다. 이것은 윤리적 체계에 해당한다고 할 수 있다. 윤리적 체계에서는 내면적 생산 활동이 지고의 미덕이며, 그 전제는 아집과 탐욕으로 이루어진 자기중심주의를 극복하는 것이다. 자기생산 이론의 윤리적 함의는 "자신으로부터 빠져나오는 것"을 의미하며 이것은 여러 가지로 묘사된다. 이를테면 "자아를 출산하는" 과정으로, "자아의 그리고 자아를 넘쳐서 흐르는" 그 무엇으로 칭한다.

'자기생산'의 관점으로 바라본 세계

살아 있는 시스템이 닫혀 있고 자율적이라고 이야기한다고 해서, 마투라나와 바렐라가 시스템은 완전히 고립되어 있다고 주장하는 것은 아니다. 그들이 언급하는 닫힘과 자율성은 어디까지나 조직적이다. 즉, 살아 있는 시스템들은 관계의 안정적 패턴을 유지하기 위해서 스스로에게 닫혀 있는 것이며, 궁극적으로 한 시스템을 시스템으로 구별 짓는 것은 바로 이러한 닫힘의 과정 혹은 자기준거적인 과정을 통해서이다. 이렇게 하여 생물은 환경에서 에너지와 물질을 끌어들여 또 다른 자신을 만들어 내는 시스템인데, 생성자와 생성물이 같다는 특징이 있다. 마투라나와 바렐라는 '닫힌' 관계의 시스템을 통해 스스로를 생산해 갈 수 있는 이러한 능력을 지칭하기 위해, 자기생산Autopoiesis이라는 독특한 용어를 만들어 냈다.

우리는 듀이의 성장 관념에서 자기생산 혹은 자가생성의 성격을 파악할 수 있다. 성장은 자기생산의 길을 펼쳐 나감으로써 그에 따라 재창조의 가능성이 열린다. 성장하는 자아는 무언가가 되어 가는 과정이며, 또 더 좋은 것 아니면 더 나쁜 것이 되어 가는 과정이다. 성장하며 또 확장해 가는 자아는 새로운 요구와 기회에 부응하여 앞으로 나가고, 그 과정에서 스스로를 재조정하고 또 재구성한다. 모든 살아 있는 자아는 행위의 원인이며, 역으로 자아에서 비롯되는 행위는 그 자체 자아의 원인이 된다. 자발적 행위 일체는 자아를 재구성하는 과정이다. 왜냐하면 자발적 행위는 새로운 욕구를 만들어 내며, 새로운 유형의 시도를 불러일으키고, 새로운 목적을 세우는 새로운 조건을 부각하기 때문이다.

마투라나와 긴밀한 협력 관계였던 니콜라스 루만은 마타루나의 자기생산 개념을 자신의 체계이론에 접목한다. 그는 사회, 제도, 시장, 법 등의 시스템을 자기조절적이고 자기생산적인 구도에서 바라보았다. 더 나아가 인간의 의식인 심리적 체계들로 확장할 뿐만 아니라 커뮤니케이션을 요소로 삼는 사회적 체계들에도 적용한다. 그래서 심리적 체계들을 생각 혹은 의식작용이라는 요소들의 자기생산으로 그리고 사회적 체계들은 커뮤니케이션이라는 요소들의 자기생산으로 파악한다. 예를 들어 법, 정치, 예술 등은 서로 다른 기능체계의 일종으로 사회는 이런 체계들로 이뤄졌으며 오직 커뮤니케이션을 통해서만 다른 체계들과 접근할 수 있다. 체계의 폐쇄성이라는 명제는 다만 커뮤니케이션 과정, 즉 커뮤니케이션의 기초를 이루는 차이에 토대를 두고 있다. 체계이론에 의하면 커뮤니케이션 밖에는 아무것도 존재하지 않는다.

루만의 체계이론에서 체계들이란 어떤 정적인 실체들이 아니라 끊임없이 생겼다가 사라지는 요소들의 자기지시self-reference에 의해 성립되는 연결망이다. 예를 들어 세포들의 자기증식이 계속되지 않으면, 그리고 새로 생겨나는 세포들이 더 이상 사라지는 세포들을 자기지시하지 않으면, 세포들을 요소로 하는 유기체의 생명은 멈춘다. 따라서 체계는 요소 간의 연결이 이루어지지 않으면 더 이상 체계가 아니다. 자기 자신을 지속적으로 생산하고 재생산하는 것이 자기생산체계 이론의 특징이다.

루만이 볼 때 사회 이론의 근원은 주체가 개인이 아니라 오히려 스스로를 관찰하는 (관찰)체계이다. 체계는 고유한 세계 가능성의 척도에 따라 외부 세계의 현상을 관찰하며, 체계가 외부 세계의 현상에 대해 적절한 수용 능력을 형성할 경우, 우리는 이를 체계 내의 고유한 조직으로 바꿀 수 있다는 것이다. 나아가 커뮤니케이션으로 이루어지는 관찰의 조작은 관찰자와 피관찰자의 통일로 이해될 수 있다. 어쨌든 각자가 관찰하는 한 각자는 관찰의 경기競技에 참여하고 있는 셈이다.

디지털 시대는 사람과 사람 사이의 소통을 언제나 디지털 기술이 매개하고 있다. 현재 디지털 테크놀로지의 변화 방향은 자율적인 기계의 도래를 예견한다. 특히 자율적 시스템을 갖춘 개체로서의 인간과 또 다른 자율적 시스템인 디지털 기계가 각각 상호작용할 수 있는 관계인 것이다. 일반적으로 닫혀 있으면서도 열려 있는 개체와 개체, 이 개체와 환경 사이의 상호작용, 이들 간의 에너지 흐름의 형식을 다루는 것이 생태학이다. 이 생태학은 이제 인간과 디지털 시스템으로서의 기계 사이의 관계 해명에 중요한 의미를 지닌다.

인터넷상에는 벌써 우리가 해명할 수 없을 만큼 다양하며 복잡한 인포메이션 기계들이 흘러 다니고 있다. 이 개체들은 서로서로 상호작용하면서 예측할 수 없는 패턴과 질서를 만들어 내는 군체를 형성하기도 한다. 개체의 자율성을 담보한 디지털 기계인 컴퓨터 머신이 일상의 도처에서 우리와 상호작용할 날을 눈앞에 두고 있다. 유비쿼터스 컴퓨팅이 바로 그것이다. 이미 도래했고 또 좋든 싫든 도래할 것으로 보이는 이런 환경은 일종의 디지털 생태세계라 부를 만하며, 이것을 디지털 생태학의 입장에서 이해할 수 있을 것이다.

특히 메타버스meta-verse 개념은 디지털 생태학 차원에서 인간과 디지털 시스템 사이의 관계에서 '자기생산기계'라는 관점에 근본적인 관심을 갖게 한다. 메타버스는 현실과 가상이 합쳐진 초월을 의미하는 메타meta와 세계를 뜻하는 버스verse의 합성어다. 메타버스는 디지털 자아라고 할 수 있는 가상 존재인 아바타가 운영하는 가상세계 프로그램이다. 여기서는 일상 활동과 경제생활은 현실과 분리되지 않고, 현실의 연장선상에서 일어나는 행위가 포함된다. 메타버스 세계는 설계자와 참여자에 의해 채워지고 확장되며 발전한다. 지금까지 디지털 세계의 콘텐츠나 서비스는 설계자가 의도한 목적대로 소비되었다. 이제 참여자는 수동적 사용자가 아니라 같이 즐기고 경험할 수 있는 새로운 디지털 가상세계를 공유하며 생산하고 확산시키는 능동적 사용자가 될 수 있다. 공간과 콘텐츠를 무한히 생산함과 동시에 새로운 커뮤니티를 만들어 가는 것이다.

자기생산체계의 복잡성과 그 함의

사실 모든 살아 있는 생물은 아무리 단순하다 할지라도 모든 하나의 세포 속 분자나 유기체 속 세포처럼 상당히 많은 단위를 결합하고 있다. 생명체의 내부에는 수많은 세포가 서로 접하면서 단일한 유기체를 총체적으로 구성한다. 그리고 유기체는 외부와의 지속적인 에너지 교환을 통해 신진대사를 완수한다. 물론 교환 에너지는 단순한 물질일 수도 있고, 또 정신적인 것일 수도 있다. 그리고 이 모든 상호작용은 하위의 각 부분의 행위들로부터 시작해서 상위의 개별 단위에 이르는 지속적인 과정이다. 그 결과 이러한 행위 과정은 전체적으로 쉽게 조망되지 않고, 지극히 복잡한 형태로 남는다.

복잡성이란 무엇인가? 우선 그것은 양적 현상으로, 단위 간의 상호작용과 간섭이 엄청나게 많다는 것을 의미한다. 복잡성은 분리될 수 없도록 연결된 이질적인 요소로 구성된 망, 즉 함께 짜인 복합체 complexus이다. 또한 복잡성은 실제로 우리 현상 세계를 구성하는 사건, 행동, 상호작용, 반작용, 결정, 돌발적인 것 등으로 구성된 하나의 망이다. 그것은 우리의 계산 능력을 벗어나는 상당히 많은 양의 단위와 상호작용을 포함할 뿐만 아니라 불확실성, 미확정성, 우연한 현상까지 포함한다. 복잡성은 어떤 의미에서 항상 우연한 관계가 있다.

상호작용의 복잡성은 체계들 사이의 반복적이고 순환(재귀)적인 상호작용의 결과이다. 이러한 상호작용은 그 시스템(체계)들의 단위에는 영향을 미치지 않는 상호 간의 구조적 변화를 유발한다는 점에 주목할 필요가 있다. 예를 들면 시스템 간의 관계에서는, 마치 A가 B에 연결되고 또 C와 D, E 등에 연결되는 것처럼 수많은 상호작용의 연쇄가 존재할 수는 있지만, 독립적인 인과관계의 양상은 결코 존재할 수가 없다. 이러한 관점에 의하면 체계들의 근본적인 폐쇄성과 자율성에 모순되지 않으면서, 또 필연적으로 어떠한 종류의 환원주의도 받아들이지 않는다. 그러기 때문에 체계 내부가 아니라 그것의 관계들의 영역 안에서 일어나는 현상들을 지각하는 것이 가능해진다. 우리는 반복적이고 순환[재귀]적인 상호작용 속에 있고 그것이 관계들의 영역에서 구조적 연동을 낳는 것이다. 그리고 우리가 구조적 연동에 이르는 역동적 조화 속에서 움직이는 한 그 만남은 계속된다. 이러한 접속의 흐름 속에서 하나의 교감 영역—우리가 함께 행동하고 호혜적인 상응 속에서 행동하는 행위 영역—이 형성된다.

복잡성이라는 아이디어는 자연의 근본, 우주의 내재된 특성과 관련된다. 자연의 어떤 것도 한 가지 일만 하지는 않는다. 서로 연결된 요소 하나하나는 각기 다른 여러 가지 역할을 한다. 상호 연결에는 두 가지 측면이 있다. 자연을 이루는 요소들은 각기 여러 역할을 하는데, 또 한편으로 그 하나하나의 역할에도 많은 수행자가 있다. 예를 들어 자연 속의 여러 해충은 굶주린 포식자 군대에 쫓긴다. 어떤 포식자 벌레나 그중 전체가 해충을 잡는 데 실패하면, 다른 벌레들이 그 일을 대신한다. 이런 다중성은 실패의 위험을 줄인다. 우리는 단순함에서 복잡함으로가 아니라 복잡성에서 언제나 더 많은 복잡성으로 가야 할 필요가 있다. 또 증대하는 복잡화 경향과 방향을 고려해야 한다.

복잡화의 상호작용은 출발점이나 종착점 없이 항상 진행 중이다. 또한 상호작용이라는 개념과 상황이라는 개념은 서로 떼어놓을 수 없다. 상호작용을 배제한 외부적 상황이란 존재하지 않는다. 상황이란 복잡한 관계들의 망이며 그 망 내부에서 상황 발생의 조건들을 능동적으로 바꾸는 상호작용의 생성이 일어난다. 그것은 상호작용 안에서 제약들과 공생하며 그것들을 이용해 오히려 그 제약들을 넘어서는 행위를 가능케 하는 하나의 전략으로서의 상황이다.

개인이 이러한 상황 속에서 살고 있다고 말할 때 그것은 이미 언제나 현재의 시점에서 삶을 영위하기 마련이다. 그리고 현재 각각의 경험으로부터 경험을 하는 그때마다 충분한 의미를 끌어내어 미래를 준비시키는 경험, 즉 생생한 삶의 경험은 언제나 현재의 경험으로부터 출발하여 복잡화하는 현재적인 과정이라고 할 수 있다. 듀이의 경험을 참고할 때 이러한 복잡화에 직면한다는 것은 상호작용이 일어나는 문제 사태에 대해 즉각적이고 직접적인 관심을 기울여야 함을 의미한다. 문제 사태는 우리가 삶을 영위하는 가운데 직면하게 되는 다양한 문제들과 관련된다. 그 문제의 해소를 위해 결국 현재의 경험들 각각을 가치 있고 의미 있는 것으로 만들어 주는 조건들에 세심한 주의를 기울이며 각별히 마음을 써야 한다.

생명의 인지생물학과 현상학적 연관

개체의 자율성과 인지생물학적 현상

생명은 분명히 하나의 물질 현상임에도 불구하고 생명의 진정한 놀라움은 의식이 발생한다는 점에서 발견된다. 특히 의식의 생물학적 바탕을 이루는 신경생리학적 현상에 대한 이해가 깊어짐에 따라 이에 대한 합리적인 이해의 실마리가 잡혀 가고 있다. 이러한 의식은 우리에게 존재론적으로 그리고 인식론적으로 매우 중요한 논의의 소재를 제공한다. 특히 마투라나 이론의 천재적인 점은 바로 생물체계 이론과 인지 이론의 구체적인 결합에 있다. 그들은 이렇게 말한다. "인지는 생물학적 현상이며 그리고 오직 생물학적 현상으로서만 이해될 수 있다. 인식의 영역으로의 그 어떤 인식론적 통찰도 이러한 이해를 전제한다."

생명은 자기생산조직을 바탕으로 개체적 자율성에 따라 인지생물학적 현상을 보여 준다. 즉 앎과 삶과 행위가 생명의 자기생성에 뿌리를 두고 있다. 생물이 살아가면서 자기를 실현하고 구체화하는 자기생성 과정이 생물을 자율적으로 특징짓는 것이면서 동시에 인지 활동이라는 것이다. 인지적 과정은 분명한 출발점이나 종착점 없이 항상 진행 중이다. 생물학적 생명의 자기생산적 혹은 '자가생성적' 조직화는 이미 인지를 함축하며, 이 초기의 마음은 시간의식의 자기운동하는 흐름에서뿐만 아니라 행위, 지각, 정서의 자기조직화하는 동역학에서도 살아 있음의 느낌으로 그 모습을 나타낸다. 인지생물학에 따르면, 생명체계는 인지체계이며, 과정으로서의 생명은 인지의 과정이다.

모든 자율적 체계는 조직상으로 볼 때 폐쇄되어 있다. 조직상으로 폐쇄된 생명은 자신의 유한한 경계를 형성하면서 동시에 그것을 자기생산하기 위해 노력하고 실천하는 것이 기본적인 형태이다. 하지만 만약 이러한 조직상의 폐쇄성이 붕괴하면, 단위는 사라진다. 바로 이것이 자율적 체계의 특징이다.[8] 자기생성체계의 행위를 자율적이라고 언급할 수 있는 이유도 그것이 "자기가 따르는 법칙이나 자기에게 고유한 것을 스스로 결정할 수 있는 체계"이기 때문이다.

인식은 체계가 작동상 폐쇄되어 있기에 가능하며, 오히려 우리는 시스템 내부에 관찰자로서 존재할 수 있게 된다고 말할 수 있다. 체계는 전적으로 그리고 완벽하게 내재적 작동에 기초한다. 자기 자신으로부터 자기 자신을 주는 현상을 "내재적"이라 한다. 내재성은 자기를 주는 한 방식이다. 따라서 관찰자는 항상 어떤 규정을 하는 요소로서 그 단위의 기능 작동과 결부되어 있다. 즉, 관찰자는 작동을 관찰하지만 관찰자 자체가 하나의 작동이다. 관찰자의 인지체계 역

---

8. 일반적으로, 어떠한 체계이든 체계를 특정화하기 위해서는 체계의 조직을 설명할 필요가 있다. 자율적 체계에서 체계를 이루는 과정들은 (i) 이 과정들이 네트워크로서 발생하고 실현되기 위해 서로에게 반복적으로 의존하고, (ii) 이 과정들이 어떤 영역에서 존재하든 간에 체계를 통일체로 구성하고, (iii) 환경과의 가능한 상호작용들의 영역을 결정한다[에반 톰슨 지음, 박인성 옮김(2006), 『생명 속의 마음』, 도서출판b, 77-86쪽 참고].

시 작동상 폐쇄되어 있기 때문이다.

체계는 자신의 인식 작동을 갖고 환경 속으로 전진하는 것이 아니라 작동의 연결과 작동 사이의 추론 관계, 즉 다음번 인식은 무엇이 될 것이며 무엇을 기억할 것인가 등을 항상 체계 내부의 작동에서 찾아야 한다. 그것은 자기 자신을 환경으로부터 구별하게 하는 의식의 독립적인 힘을 보여 준다. 신경생리학적 과정이 완전히 폐쇄적이며 순전히 내재적으로 이루어지듯이 의식 역시 폐쇄적 체계이며, 자기준거와의 연결을 통해 의식 또한 내재적이다. 의식은 자기운동이라는 형태를 취하면서 그것은 자신의 내재적인 영역에 전적으로 일치한다. 생명체계의 조직상의 폐쇄성, 즉 닫혀 있음은 의식이 내재적이기 때문에 더욱더 자신을 실현하고 자신에게 고유한 구조와 기능을 실현한다. 생명체계들은 환경과 관계하여 일종의 자기준거적 폐쇄성을 획득하려고 하기에 개체의 자율성을 확보하기 위한 의식은 운동을 멈출 수 없다. 그리하여 의식의 자기운동은 환경에 대한 체계의 자율성을 규정한다.

의식의 흐름과 세계의 열림

어른이 되어서 읽는 그림책은 어떤 의미일까? 아마 그림책이 속절없이 지나가는 세월 속에서 자기 자신의 이야기를 다시 만나고 내면을 들여다보게 하기 때문일 것이다. 그렇다면 무엇이 우리에게 그림과 어우러진 짧은 글에서 주마등 같은 움직임을 체험하게 할까? 즉, 무엇이 우리에게 주어지는 모든 실재 안에 이미 운동이 들어 있음을 말해 주는가? 그 모든 움직임보다 더 앞선 움직임이 있어, 그 모든 움직임을 싸고 움직여 그것을 하나의 움직이는 것으로, 유동적인 것으로, 흘러오고 흘러가는 시간적인 것으로 현상화하는 것이 있으니, 그것이 바로 의식의 흐름이다.

의식의 흐름은 1인칭 관점에서 어떻게 자기 자신을 주면서 내재성의 영역에서 자기 자신을 펼치는지를 보여 준다. 의식의 흐름은 자기운동 안에서 발생하는데, 그것의 작동은 현상학의 창시자인 후설이 보여 준 그의 통찰을 통해서 이해할 수 있다. 그런데 1인칭 관점을 지지한다고 해서 주체가 세계에 대해 우위성을 갖는 것은 아니며 진리가 인간의 내면성 속에서 발견되는 것도 아니다. 현상학적 탐구로 드러난 주체성은 감춰진 내면성이 아니고 세계와의 관계를 여는 것이다. 후설의 말을 들어 보면, 의식의 흐름은 자기운동에 따른 내재적 현상을 통해 이 세계에 있는 사물에 대한 우리 경험을 가능하게 한다.

후설은 "사태 자체로 돌아가자"고 외치면서 의식에 나타난 현상의 유동에 주목하기 시작한다. 의식의 작동은 현상과 관련을 맺을 때, 즉 어떤 사태 자체가 제 스스로 주어지는 하나의 생생한 현실성인 현상을 지향할 때만 성립할 수 있다. 의식은 의식 내재적으로 현상과 관련을 맺으며, 따라서 동시에 자기 자신과 관련을 맺는다. 이때 현상이 외부 세계여야 하는지 그리고 외부 세계가 무엇인지는 별개의 물음이다.

인간이 겪는 구체적인 사건과 경험 영역에 대해 오히려 현상학은 세계를 열어 밝히기 때문에 의식에 관심을 둔다. 현상학적 관점은 후설의 강력한 이론에 힘입어 철학의 새로운 무대를 열었다. 어떻게 세계가 그 모습 그대로 나타날 수 있는지, 그리고 그것이 지닌 타당성과 의미와 더불어 현상학은 지향적 의식의 열어 밝힘의 작용을 탐구하는 데 이른다. 이러한 방식으로 이해한 내재성은 더는 닫힌 상자나 감옥이 절대 아니다. 그런 점에서 후설의 현상학은 주체가 스스로 폐쇄되는 방식과 그 자신의 상태만을 인식하는 방식을 다룬 관념론이 아니라 지향적인 것으로서의 주체가 어떻게 모든 것에 열려 있는지를 다루는 이론이다.

의식의 지향성과 자기조직화

후설이 창안한 의식의 지향성이라는 개념에 따라 우리 앞에 놓인 세계는 나와 독자적으로 대립해 있지 않고 나의 의식이 지향하는 대상으로서 하나의 끈으로 연결되어 있다. 나와 세계는 연결체이다. 그런데 그 연결은 시시각각 변화한다. 그러한 세계 속에서 나는 세계와 연결된 하나의 특이점으로 살아 움직이는 세계를 함께 창조해 나간다.

후설의 의식 개념에서 흥미로운 것은 의식 존재의 핵심 자체에서 세계와 관계를 맺는다는 것이다. 의식의 지향적 구성은 우리가 세계 속의 대상으로서가 아니라 현상들로서의 대상들에 접근하는 일을 보증한다. 대상은 일거에 의식에 주어지지 않고 언제나 다양한 나타남의 방식을 취하는데, 그 과정을 거치면서 의식은 이를 연속적으로 연관 짓고 지향적으로 통일해 간다.

현상학자들은 의식을 우리가 세계로 들어갈 수 있는 유일한 길로 여기기 때문에 의식에 관심을 갖는 것이다. 그리하여 의식 자체가 지향적인 구조를 지니고 있다고 한다. 지향성은 의식 그 자체로 나타난다. 그것은 우리가 체험들을 지향적 체험들로 인식하고, 이 체험들에 관해 이것들은 어떤 것에 대한 의식이라고 말할 수 있게 된다. 즉 체험 속에 어떤 것이 들어 있고 그 어떤 것을 의식하는 의식의 작동이 있다는 것이다. 따라서 지향성은 의식의 핵심에 존재한다. 지향성은 더 이상 어떤 다른 대상의 자격을 갖는 것이 아닌 의식의 처음이자 마지막 요소이다. 그것은 의식이 의식 자체를 스스로 초월한다는 것, 한 의미를 갖는 의식 자체와는 다른 어떤 것을 향한다는 것을 말한다.

의식의 지향성은 인지생물학과 관련하여 볼 때, 자기조직화하고 자율적인 동역학적 체계와 상관관계적 구조를 갖는다. 자율적 체계는 관찰자의 작동에 의해 자기 결정하는 체계이다. 조직상의 폐쇄성은 관찰자로서 다시금 어떤 현상 영역을 확장하는 단위를 생성한다. 그뿐만 아니라 한 단위가 폐쇄성에 의해서 수립되는 즉시, 단위는 명백하게 그 단위가 자신의 정체성을 잃지 않으면서도 상호작용할 수 있는 영역을 규정한다. 바로 그 영역은 관찰자에 의해서 고찰되는 것과 같은—주변 환경에 관하여 기술할 수 있는 상호작용의 영역으로서— 예를 들면, 그 단위에 대한 인지적 영역이다. 관찰자의 인지적 영역을 현상학에서 바라보면 지향성을 통한 체험의 영역에서 주어지는 현실적이고 실제적인 사태 그 자체로서의 세계이다. 그 덕분에 우리는 길을 잃지 않고 의식의 흐름을 항해할 수 있기에, 우리는 일관성 있고 의미 있는 세계를 살게 된 것이다.

체계의 정체성 메커니즘, 현상 영역의 생성 및 인지 영역은 모두 폐쇄성을 통한 조직의 구체화라는 테두리에서 하나의 주어진 영역에 통괄된 개념이다. 그런 체계는 환경과 계속적인 호혜적 상호작용 속에서 의미를 산출하거나 창출한다. 그런 점에서 보면 후설의 현상학에서 의식작용은 더욱더 자기를 생산하기 위해 체험의 존재 자체를 형성한다. 삶의 흐름에서 지향성은 의식을 적확한 의미에서 특징짓는 것, 동시에 전체의 체험 흐름을 의식 흐름으로 그리고 하나의 의식의 통일체로 부르는 것을 정당화한다.

의식의 시간적인 자기전개, 이야기행위

무한히 열려 있으면서도 자신 속에 닫혀 있는 존재 영역인 체험의 전반적인 존재 영역이야말로 후설의 현상학이 확보하고자 한 경험의 장이다. 인간의 삶을 파악하고자 한다면 바로 이 의식의 지향성이 역동적으로 작동할 수 있다는 점을 놓쳐서는 안 된다. 의식의 지향성은 사물화되고 화석화된 삶의 기반을 흔들어 놓는다.

후설에게 체험의 흐름은 의식의 내재적인 영역 속으로 집어넣는 것인데, 그것은 다른 표현으로 시간성 속에 집어넣는다는 것을 말한다. 요컨대 체험의 전반적인 존재가 이미 늘 내재적인 시간성이라는 의식의 근본 형식들 속에서 존재 타당성을 확보하게 된다. 우리가 잊지 말아야 할 것은 현상학이 문제 삼고 있는 체험의 세계가 근본적으로 시간성을 통해 '무섭게' 전개되고 있는 전체라는 사실이다. 즉 지금 뭔가를 체험한다는 것이 시간 속에서 이루어질 수밖에 없는 것임을 염두에 두어야 한다. "자라 보고 놀란 가슴 솥뚜껑 보고도 놀란다"라는 속담은 과거의 체험과 현재 행위 사이의 그런 관계를 유머러스하게 표현한 것이다.

체험은 이야기됨으로써 경험으로 성숙할 수 있다. 경험을 이야기하는 것은 과거의 체험을 정확하게 재생 또는 재현하는 것이 아니다. 그것은 있는 그대로의 묘사나 기술이 아니라 '해석학적 변형' 또는 '해석학적 재구성'의 조작이다. 이야기행위는 하나의 해석학적 행위이며, 과거의 사건을 재구성함으로써 현재의 모습을 생각할 수 있게 해 준다. 과거의 경험은 현재 우리의 행위에 지침을 부여하고, 그것을 규제하는 작용을 한다. 이야기행위는 과거를 현재의 시점에서 재구성하며 구성된 과거에 의해 현재의 의미가 부여된다는 현재의 자기이해를 변용시키는 왕복운동을 작동시킨다.

일회적인 개인적 체험은 경험의 네트워크 안에 들어가서 다른 경험과 조합됨으로써 '구조화'되고 '공동화'되어 기억할 만한 가치를 지니게 된다. 그런 점에서 보면, '이야기하다'라는 행위는 사람과 사람 사이에 놓인 언어 네트워크를 매개로 '경험'을 모방하고, 그것을 공공의 경험이 되도록 공동화하는 운동이다. 우리가 문제 삼고 있는 체험이 근본적으로 시간성을 통해 기실은 '체험류'라는 것, 그리하여 후설은 의식이 갖는 시간적 의미도 명확히 감지하고 있었다. 모든 의식의 작동은 기억과 함께, 즉 금방 무슨 일이 일어났는지를 곁눈질하면서 이루어지고, 또한 예상과 함께, 즉 다음의 두 개, 세 개의 의식 과정에서는 무엇이 올지를 예견하면서 이루어지고, 그 때문에 경험과 이론으로부터 영감을 얻는 예상, 즉 장기적인 기억을 발전시킨다.

살아 있음의 실천인 직관 체험

사람은 단순히 사랑, 두려움, 봄, 판단만 하는 것이 아니라 사랑하는 사람을 사랑하고, 두려운 것을 두려워하고, 대상을 보고, 사태를 판단한다. 이런 다양한 형태의 의식은 지향하는 대상들에 의해 특징지어진다. 현상학의 과제는 사유 작용cogito과 사유 대상cogitatum의 상관관계에 대해 주의를 환기하고 그것을 탐구하기 시작하는 데서 비롯되었다. 후설에 따르면, 의식이 지향적이라는 것은 의식이란 본래 항상 어떤 대상을 겨냥한 상태에서 작동함을 말한다.

우리가 어떤 태도를 취하는가에 따라 주어지는 의미와 그 존재 방식은 당연히 달라질 수밖에 없다. 태도에 따라 의식에 주어지는 것들 혹은 삶의 무대에 주어지는 것들의 의미가 달라진다. 현상학적 태도를 채택함으로써 우리는 대상들의 주어짐을 주제로 삼는다. 그런데 어디에 주어진단 말인가? 그것은 추리의 문제가 아니라 직관의 문제이다. 여기서 우리는 다시 묻게 된다. 이러한 종류의 직관이란 도대체 어떤 직관인가? '그 생생한 현실성에서' 주어지는 직관이라고 말할 수 있다. '주어져 있는 바로 그대로' 그러한 것을 주는 직관이 있다고 후설은 주장한다. 즉 사태 자체가 제 스스로 주어지는 직관이 그 생생한 현실성 속에서 본래의 모습으로 주어져야 할 것이다. 이 점은 직관을 매개로 최대한 사태에 가까이 접근해 이를 직접적으로 통찰(체험)하는 것임을 강조한다.

체험이란 '살아 있음'의 실천으로 의식작용뿐만 아니라 의식 내용 및 의식 대상 모두를 지칭한다. 그러나 우리는 단순히 주어진 대상들에만 정확히 초점을 맞추지 않고, 각각의 대상 경험의 구조에 초점을 맞추어 우리의 주관적인 성취와 대상들이 그 대상들로 나타나게 하도록 작용하는 지향성을 인식하게 된다. 요컨대 대상 쪽에서 말한다면 대상이 의식에 적합하고자 의식 곁에 스스로 거기에 있는 것, 의식 쪽에서 말한다면 대상 곁에 '거하는 것', '임하는 것'이고, 대상을 그 자체에 있어서 파악하는 것이다. 중요한 점은 그것이 남김없이 전면적으로 주어진다는 의미를 지닐 수 있고, 다르게 있을 수 없는 방식으로 주어진다는 의미를 지닐 수도 있으며, 남김없이 주어지면서 다르게 있을 수 없는 방식으로 주어질 수도 있다는 것이다. 물론 그것을 가장 강력하게 담보하는 것은 바로 지각에 의한 의식 자신이 아닐 수 없다.

후설은 이렇게 말한다. "여러 가지 방식으로 나타나는 지각 대상은 그 자체 지각되는 매 순간 나타나는 핵심을 갖는 지시체계로서 존재한다. (…) 이러한 지시 속에서 지각 대상은 마치 우리를 부르는 것 같다: 여기 더 볼 것이 있다. 나를 모든 면으로 둘러보고, 나를 둘러보고, 나를 열어 보고 나누어 보라." 그리하여 지각은 정적으로 대상을 응시하는 것이 아니라 동적이며 체계적으로 전개되는 의식 과정이다. 다시 말해서 다양하게 나타나는 지각 대상은 이미 주관적인 지시체계를 함축하고 있다. 이로써 인간의 내면적 지각과 성찰 능력, 그리고 해석 능력을 통해 다양한 경험의 본질을 이해하게 된다.

직관의 기초 능력, 공통감각과 지각

직관을 수행하는 데 동원되는 기초 능력은 감각들과 이 감각들을 통합하는 공통감각이다. 공통감각은 인간과 세계를 근원적으로 이어 주는 통로와 같은 감각 수용 능력이다. 대개 공통감각은 각기 다른 감각을 지닌 인간 간의 이 소통 불가능한 지점을 해결하는 곳이다. 이를 위해 우리는 다른 사람의 마음속에 자기 자신을 놓아 보는 일, 우리 안에서 다른 이들의 상황과 맥락을 헤아리는 일, 현재 일어나고 있지 않아 감각적으로 수용할 수 없는 일 등을 상상함으로써 아름답고 추함, 옳고 그름, 선과 악 등에 관한 공통감각을 지닐 수 있게 된다.

우리는 공감에 너무 익숙해져 그것을 당연하게 여기지만 오늘날의 인간 사회를 만드는 데 공감은 필수적인 특성이다. 다른 사람의 감정을 받아들일 능력이 없다면 오늘날의 인간 사회는 만들어질 수 없었을 것이다. 타인과의 협력이 우리 조상의 생존에 크게 도움이 되었기 때문에 다른 사람의 마음을 이해하고 공유하는 능력이 진화했을 것이다. 공통감각은 이렇게 항상 다른 사람을 염두에 두는 것이고 다른 사람의 입장에서 생각해 보는 것이다. 이러한 정신 능력을 지닐 때 인간은 자신의 안과 밖, 주관과 객관, 보편과 특수 사이에서 정당한 기준을 마련할 수 있다.

불편부당성을 근거로 어떤 사적 욕망에 사로잡힘 없이 세계에서 일어나는 일을 판단하고 해결할 때 우리는 훼손 없이 주체적으로 모두를 위한 삶을 희구할 수 있다. 그것은 어린 시절 아직 세상과 본격적으로 만나기 전에 지금 여기에서 온전하게 자기 자신으로 존재해 본 경험으로 가능하다. 미래의 과제와 목표에 휘둘려서 내몰리기 전에 현재 여유를 갖고 주변을 돌아볼 수 있어야 하고, 그 주변과 자연과 세상의 아름다움을 발견하고 기뻐하고 즐거워할 수 있어야 한다.

쾌/불쾌의 판단력은 대상의 현존에서 얻은 직관임과 더불어 반성이다. 즉 판단력이 사고보다는 먼저 감정과 직접적인 감각에 달려 있다. 어린 시절 과도한 지적 공부의 무게로 인해 또래들과의 감정 발휘나 순화가 자주 억눌리거나 왜곡된다면 판단력의 발달을 기대할 수 없다. 판단력이 공통감각이라는 사실은 우리의 판단은 반드시 다른 사람들과 이웃의 존재를 전제한다는 것이고, 그들의 존재가 아니고서는 우리의 판단력은 기능하지 않으며, 따라서 판단력은 공동생활을 통해서 길러지고 나 홀로 얻을 수 없다는 사실을 밝혀준다.

그러한 공통감각은 특별한 감각기관을 가지지 않는다. 공통감각의 수용기관은 몸 내부와 외부 공간 전체이며, 그곳으로부터 지각신경이 뇌와 척수로 이어질 뿐이다. 공통감각은 감각들을 결합하여 시공간적으로 배치하고 그리하여 확장성과 연속성을 지닌 감각적인 패턴으로 만들어 낸다. 이러한 패턴들이 선회하는 그 중심을 찾아내서 자성自性을 지닌 각각의 사물을 파악하는 인식 능력이 지각이다. 지각의 문제는 무엇보다 '대상'을 인식하는 것이다. 따라서 대상은 인간이 관찰할 수 있는 형태를 띠어야 한다. 무엇을 보는지, 무엇을 찾으려 하는지가 중요하다.

그렇다면 관찰은 감각작용을 이해하는 일이다. 관찰하는 것과 관찰한 것을 일정한 형식으로 표현하는 것은 마음이 하는 일이다. 이런 관점에 서면, 모든 인간적 활동의 바탕에 하나의 감각 수용 능력이 있음을 인정하지 않을 수 없다. 결국 공통감각은 나와 너에게 새로운 생명력을 불어넣을 수 있는 활력소임이 분명하다. 그것을 시한 수로 읊어 보자. "내게서 잠자던 나를 깨우고, 너에게 감춰진 너를 깨우고, 그리고 그 만남을 노래하리."

현상학의 체험과 듀이의 경험

메를로퐁티의 신체적 지향성

현상학적 탐구의 주된 소재는 사람들과 환경이 어떻게 상호작용하고 상호침투하며 섞여 드는지를 밝히는 현상적 장에서의 체험이다. 체험된 세계란 우리 앞에 펼쳐진 현상적 장에 의해 가능한 세계다. 현상적 장은 우리가 세계에 참여하고 세계를 체험하게 할 뿐 아니라, 객관 세계를 가능하게 하는 지평으로 주어진다. 메를로퐁티에 의하면 외적 세계와 내적 세계는 현상적 장에서 하나가 된다. 달리 말하면 현상적 장은 외적 세계도 아니고 내적 세계도 아니다. 현상적 장은 의식과 세계의 관계를 하나로 섞어 놓음으로써 세계와의 의사소통을 가능하게 한다.

메를로퐁티는 현상적 장이 지각의 토대가 된다고 말하면서 지향적 분석을 시도한다. 그는 특히 지각과 운동적 신체를 수반하는 신체적 지향성을 강조한다. 이것은 오로지 목적론적이고 의도적이거나 의지적인 지향과는 거리가 멀다. 신체적 지향성은 공간성을 통해서 이해될 수 있다. 공간성은 운동성을 가지는데. 이 운동성은 우리에게 지향성으로 알려진다. 신체적 지향성은 사유가 아닌 행위로 드러나며, 우리를 언제나 상황에 처하게 한다. 세계와의 만남이나 타자와의 만남과 크게 구분되지 않는 지향성, 그리하여 만남 자체가 움직임을 유발하는 지향성, 이것이 메를로퐁티가 말하는 "작동하고 있는 지향성"이다. 메를로퐁티의 신체적 지향성 개념은 듀이의 경험과 밀접한 관련이 있고, 궁극적으로 인간의 경험은 세계와 떨어질 수 없다. 듀이의 경험론과 메를로퐁티의 현상학은 똑같이 의식하는 경험이 지향하는 구조를 지니고 있다고 볼 수 있다.

메를로퐁티는 기념비적인 저작 『지각의 현상학』에서 이렇게 공언한다. "나는 내 신체적, 심리적 기질을 결정하는 숱하게 많은 인과관계가 낳은 결과물이나 접점이 아니다. … 세상에 대한 내 모든 지식은 심지어 내 과학적 지식까지도 내 나름의 특정한 관점에서 얻은 것이다. … 나 자신이 절대적인 출처이고, 내 존재는 나의 과거사나 내가 처한 물리적·사회적 환경에서 비롯되지 않는다. 대신, 내 존재는 그것들로부터 움직여 나와 그것들을 유지시켜 나간다. 나 홀로 스스로 존재하기 때문이다." 그렇게 움직임은 자기로부터 자기를 촉발한다. 움직이면서, 내 움직임을 느끼면서 나는 오직 나 자신으로부터만, 나 자신의 운동성으로부터만 나를 촉발할 뿐이다. 내 모든 감정에서도, 내 삶의 감정적이고 충동적인 기반에서도 상황은 마찬가지다.

움직임은 스스로 자기 자신을 촉발하고, 자기 자신을 느끼고 깨닫는 것으로서의 삶은 자신의 고유한 존재에 관해 근본적으로 수동적이다. 삶은 그 존재의 모든 지점에서 자기 자신에게 주어지고, 그 자기 촉발 속에서 그러기를 멈추지 않는다. 삶의 본질은 자기 자신을 느끼거나 깨닫는 사실 그 자체에 있으며, 그 외에 아무것도 아니다. 그것은 어떤 방식에선 자기에게 기대고 자기를 느끼는 일 속에서 그 존재를 얻으면서 있기를, 또 삶이기를 멈추지 않는 덕분이다. 우리의 의식적인 감시(느낌으로서)는 상황을 가늠하고 어떤 행위 전략이 문제적 상황이 안고 있는 긴장을 해소하는 최선인지를 더 잘 결정할 수 있게 해 준다. 삶은 자신의 것이며 자기생성의 과정이 완성되는 방식과 다르지 않다.

의식의 지향성과 듀이의 운동감각적 경험

후설의 현상학에 따르면, 의식의 흐름은 그 자체를 넘어서 있는 무엇인가를 '겨냥한다aims toward'거나 '지향한다intend'는 의미에서 지향적이다. 지향적이란 의미는 우리가 행위를 할 때 마음속에 목적을 품고 있다는 좀 더 친숙한 의미와 혼동되어서는 안 되는데, 왜냐하면 그것은 현상학적 의미에서 지향성의 한 종류에 지나지 않기 때문이다. 또한 지향성은 한 대상에 대한 단순한 표상이 아닐뿐더러 지향이라는 용어는 우리가 사용하는 '좋은 의도'나 '이 또는 저 행위의 의도를 가짐'과 같은 표현보다 더 넓은 의미로 받아들여져야 한다.

지향성은 의식에 고유한 그 자체를 넘어서기-가리키기를 의미하는 포괄적인 용어다. 후설에 따르면 "의식은 항상 다른 의식을 일깨운다"는 의식의 본질적인 원칙이다. 일깨우는 의식과 일깨워지는 의식이 짝을 이루는 것은 당연하다. 그러므로 의식 지향성은 하나의 깨우침에 이르면서 동시에 이 세계의 만 가지 움직임과 함께 있어야 한다. 의식의 흐름과 자기운동은 우리가 마음의 삶을 고갈시키지 않게 한다.

만일 우리가 실질적으로 어떤 것이 지각된 대상, 기억된 사건, 판단된 사태가 되는 것이 무엇인지를 철학적으로 이해한다면, 우리는 이러한 대상들이 우리에게 드러나는 지향적 상태—지각함, 기억함, 그리고 판단함—를 무시할 수 없다. 예를 들어 거실에 오래된 탁자가 있다고 할 때 그것은 글을 쓰는 탁자이고, 식탁이고, 바느질하는 탁자이다. 그 탁자는 또한 거기에 앉았던 다른 사람들과 우리를 연결해 주고, 그들과 인사를 나누고 유쾌한 시간을 보냈던 흔적이 깃들여 있다. 부모인 그와 그의 아내가 죽고 나서 오랜 후에 자녀들이 이 탁자와 우연히 마주친다면, 그들에게는 유년 시절의 전 세계가 밀려들 것이다.

의식의 주된 기능은 대상을 하나의 통일체로 이르게 하는 구성의 기능이다. 구성이란 외부에서 주어진 감각적 질료를 토대로 의식의 사유 및 판단 작용을 통해 하나의 유의미한 대상을 형성하는 것이다. 그러려면 우리가 원리적으로 어떤 것을 마주할 수 있어야만 한다. 물론 그 마주함의 방식은 다양해질 수 있다. 지각적 지식, 실천적 참여, 그리고 과학적 탐구는 단지 그 가능한 형태의 일부일 뿐이다. 구성은 기본적으로 주어진 것보다 더 많은 것을 의식하고 생각함이라는 것을 함축한다. 직접적으로 주어진 감각적 질료에 의식작용이 가미된 것이므로 당연히 더 많은 것을 생각한다는 것은 당연하다.

듀이에게서도 의식하는 경험은 역시 항상 이미 의식하는 대상을 향하고 있고, 그 대상과 밀접한 관련이 있으며, 궁극적으로 그 대상과 떨어질 수 없다. 궁극적으로 우리의 경험이 대상으로 하는 것은 사물들, 관계들, 대상들 간의 '역동적인 연속성'이다. 인간의 경험은 언어적 의미상 겪는 것undergoing뿐만 아니라 하는 것doing, 단지 감각 인상을 수동적으로 받고 수동적으로 등록하는 것보다는 행위하고 반응하는 연속적인 과정, 환경을 통합하고 변형하는 것으로 가장 적절하게 표현된다.

후설의 체험에 관여하는 의식의 지향성은 주체가 그 배후에 존재하는 대상과의 접근을 이루어 내려고 하는 그런 방식으로 존재하지 않는다. 후설의 의식 개념에서 흥미로운 것은 의식 존재의 핵심 자체에서 세계와 관계를 맺는다는 점이다. 지향성은 통일된 형태의 체험이 성립함과 동시에 의식이 세계와 관계를 맺는 방식이다. 후설에게서 의식은 의식 그 자체의 지향적 구성을 통해 체험의 존재 자체를 형성한다. 즉 체험은 의식이 세계를 개시하는 것이다.

우리는 신체적이고 운동감각에 근거한 지향성 개념에서 출발한다. 즉 우리에게 운동감각적 지향이 가능하다면, 신체가 딛고 서 있는 대지, 더 나아가 타인과 신체적으로 접촉할 수 있는 근거가 마련될 수 있을 것이다. 그것은 개체적 생존을 위한 신체적 삶으로서의 진정한 체험의 근간이다. 그리하여 몸의 유기체성과 그것에 기반한 운동감각적 지향은 세계의 의미를 새롭게 이해하게 만든다.

듀이의 경험론을 참고할 때, 지각의 의식 과정은 유기체인 인간과 그 세계 간의 상호작용, 생물학적이면서도 사회적인 모형에서 인간의 삶이 그 자체를 지탱하고, 환경과 삶의 방식을 협상하는 과정의 일부에 내재한다. 의식의 흐름과 지향성 모두 궁극적으로 유기체의 삶을 돕는 의식작용이다. 아니, 실제로 이것은 유기체의 삶 그 자체이다. 이러한 의미에서 경험은 삶 그 자체이며, 세계적인 주체성의 성장 또는 그것의 움직이는 존재이다. 일시적이면서도 적응성이 있는 것, 자기 자신을 세계 속의 대상들에 맞추지만 동시에 그 대상들을 자기 자신의 목적에 맞게 변형시키는 것, 지속적으로 성장하고 확장하는 것이 경험이다. 경험은 '살아 있는 존재가 물리적이고 사회적인 환경과 교류하는 일'이다.

듀이의 관심과 하이데거의 마음 씀

사람은 누구나 태어나서 죽을 때까지 자신만의 독특한 경험을 마주한다. 그 경험은 사람으로서 어떤 관심을 지니느냐에 따라 달라진다. 관심은 자아표현 활동이자 성장의 형식이기 때문이다. 사람은 스스로 경험한 세계를 어떻게 자기화할까? 요컨대 어린이는 실제로 '자기들의 것'을 느끼며 생각하는 능력이 있다. 자기화 경험은 자기 자신을 자발적으로 표현할 수 있는 모든 인간에 해당한다.

인간의 삶을 구성하는 사물이나 사건들은 상호 결합되어 있다. 이러한 결합을 가능하게 하는 것은 개인적 삶의 관심사이다. 『표준국어대사전』에 의하면, 관심은 "어떤 것에 마음이 끌려 주의를 기울임. 또는 그런 마음이나 주의"를 말한다. 자아가 대상과 맞물려 있을 때 관심이 존재한다. 관심에 담겨 있는 근본적 사고는, 어떤 목적을 달성하는 것이 자신에게 중요하고 가치 있기 때문에, 그 목적을 실현시키는 활동에 참여하고 몰두하는 사태를 나타낸다. 그렇게 자기화 경험이 일어난다.

그 사람의 마음을 끄는 것은 무엇이든지 그 사람에게는 삶의 세계이다. 어떤 사람이 활동한다는 것은 그 활동과 관련된 결과가 자신에게 중요하고, 그 결과가 어떻게 나오느냐에 따라 자신이 영향을 받는다는 것을 알기 때문이다. 듀이에 의하면, 사람이 무엇을 하고 있고, 전적으로 어떤 것에 빠져 있으면서 관심이 있는 것은, 그 관심만큼이나 목적이 있다. 이 목적은 단순히 현재의 활동을 종결짓는 것만이 아니라 삶의 이상을 반영한다. 한 인간의 활동을 보면 그의 관심을 이해할 수 있는데, 관심은 목적을 실현하기 위해 어떤 활동을 하고 대상에 몰두하고 있음을 나타낸다. 듀이가 분석하고 규정하는 관심은 단순히 무엇을 좋아하거나 호기심을 갖는 일과는 차원이 다르다.

정신분석학자 에리히 프롬은 관심과 호기심을 구별한다. 관심은 나 자신을 초월하여 다른 인간들이나 사물들을 향하여 마음의 문을 활짝 열고 그의 아픔과 기쁨을 함께하려는 능동적인 자세다. 이에 대해서 호기심은 상대방이나 사물들의 피상적인 사태에만 관심이 있으며 상대방이나 사물들에 관심이 있는 것처럼 보이지만 사실은 자신의 내면적인 공허와 불만을 그것들에 대한 잡담을 통해서 메우려는 데만 관심이 있을 뿐이다.

일반적으로 경험은 겪음의 지속, 즉 지나간 것과 뒤따르는 것 간의 연결에 계속 마음을 쓰는 일을 말한다. 아울러 무엇을 받아들이고 무엇을 제거하거나 거부할 것인지를 선택하고 구분하는 일에 대한 마음 쏨이기도 하다. 관심은 마음의 문제와 직결된다. 여기서 마음은 그 자체로서 온전한 실체를 가진 어떤 것을 가리키는 명칭이 아니다. 관심은 유목적적 경험 내에서 사물이 우리의 마음을 움직이는 힘이다. 관심은 자아가 상황에 참여할 때 그 사이의 문과 같다. 반면, 관심이 없는 곳에서는 아무리 깊이 생각하더라도 순간적이고 피상적으로 스쳐 지나가고 만다.

인간은 매 순간 이렇게 저렇게 든 마음을 쓰고 있다. 달리 말하면 세계가 마음과 얽혀 있다고 본다. 마음과 세계의 관계는 하나의 내적 관계, 즉 그 관계항들을 구성하는 한 관계이지 인과성을 지닌 외적 관계가 아니다. 인간은 살아 있는 존재이기에 마음을 쓸 수밖에 없는 존재이며 자신의 존재적 상황을 돌아보고 이를 진지하게 받아들이게 된다. 현상학의 초점은 마음과 세계의 교차점에 맞춰져 있는데, 그 둘 중 어느 것도 서로 분리되어 이해될 수는 없다. 우리는 세계-연관의 함수로서 우리로 존재하는 것이며, 의미의 근본적 맥락으로 이해되는 세계 또한 오직 그것과 우리의 연관 때문에 존재하는 것이다. 사람들이 타자 없이 존재하는 것이 무엇이냐고 묻는 것은 전경foreground과 무관하게 배경background이 그 자체로 무엇이냐고 묻는 것과 같다.

하이데거에 따르면 인간 현존재는 '마음 쓰는 존재'로서 자신, 타인, 다른 존재자들이 복합적으로 형성하는 상황적 경험에 대한 염려이다. 하이데거는 불안한 마음이야말로 두려움이나 공포 등 부정적 의미를 지닌다기보다는 자신의 존재적 상황을 이해함으로써 주어지는 마음 쓰임의 형태라고 한다.[9] 마음을 쓴다는 것은 마음을 쓰는 대상으로 자기 존재를 채운다는 것과 다른 것이 아니다. 그리하여 우리는 마음을 쏟아부어 낸다. 이를테면 무언가를 불안해하는 마음으로 걱정한다기보단 나와 연관 지어서 무언가에 대해 신경을 쓰거나 생각하는, 나와 관련된 어떤 것에 마음이 가 있는 현상을 의미한다. 이렇듯 마음은 존재를 수용하는 시공간이다. 후설의 '의식의 흐름'이 시간적 구조인 것과 마찬가지로 인간은 과거와 미래 그리고 현재에 마음을 쓰며 살고 있다. 시간의 지평에 놓인 인간은 자신의 존재적 상황을 이해함으로써 마음을 쓸 수밖에 없다.

1인칭 마음의 지향성과 신경생물학적 뿌리

사람의 마음에 대응하는 물질세계와 사회세계는 거대하고 복잡하고 끊임없이 유동적인 상태에 있다. 마음은 통일된 형태의 체험들을 일구어 냄과 동시에 그 체험들을 지향하는 의식으로 일구어 내지 않으면 안 된다. 마음은 대상들을 구성한다. 여기서 구성은 제작 혹은 창조를 의미하지 않는다. 마음은 세계를 제작하지 않는다. 마음은 사물을 알아차림으로 가져온다. 마음은 세계를 개시하고 현시한다. 이와 같은 내용을 고전적인 현상학적 방식으로 진술하면, 의식의 지향적 활동 덕분에 대상들이 개시되거나 혹은 대상들이 존재

---

9. 하이데거는 인식론적 차원이 아니라 정서적인 차원에서, 이른바 기분 (stimmung) 속에서 세계가 주제화되는 방식을 택한다. 갑자기 불안이나 경악, 권태와 같은 기분이 엄습할 때, 우리는 평소의 친숙한 삶의 틀이 교란되면서, 이제껏 의식하지 못했던 세계성을 의식하게 된다. 그것은 사건과 같은 것으로서 우리의 의지에 의해 능동적으로 만들어 낼 수 있는 것이 아니다. 따라서 하이데거가 합리적, 능동적으로가 아닌 수동적 기분에서 세계의 의미가 드러난다고 본 것은 현상학적으로 적절하다고 본다. 세계는 근본적으로 우리의 의지에 의해 재단되는 성질이 아니기 때문이다. 기분 속에서 우리는 주변 환경과 묘한 일체감을 이루며, 이는 단지 주관적인 느낌 이상의 의미를 지닌다. 오히려 주변 환경이 우리를 휘감고 있다는 의미가 강하다. 하이데거가 비의지적인 수동적 기분 속에서 세계의 존재성을 규정하려고 한 점은 후설이 의식의 지향적 구조에 의존하는 한 대상화의 시선으로부터 자유롭지 못한 한계를 현상학적으로 극복한다는 점에서 의미가 있다[박인철 지음(2015), 『현상학과 상호문화성』, 97-100쪽 참고].

하는 방식으로 경험에 접할 수 있게 된다는 것이다.

우리 마음의 지향적 활동성에 의해 개시되고 알아차림에 가져와지는 방식 때문에 사물은 그 자체의 특질들을 갖고서, 말하자면 드러내 보인다. 무언가가 나타나는 방식에 우리의 주의를 다시 향하게 할 수 있는 것은 주의의 유연성을 의미한다. 즉, 사물이 무엇인가가 아니라 사물이 주어지는 방식에 초점을 맞춘다. 그것은 경험의 '무엇'에서 경험의 '어떻게'로 되돌리는 작업의 절차로서 우리의 주의가 1인칭에서 수행되어야 한다.

후설의 독창적인 영감 속에서 현상학은 우리가 우리 자신의 1인칭 격으로 세계, 생명, 경험에 대한 상이한 심적 태도 혹은 자세를 채택할 수 있다는 인식에서부터 성장해 간다. 이를테면 이것은 '어떤 것을 알아차림', '주의함'이라는, 의식이 깨어 있는 양태를 말하는 것으로 나중에 후설에 따르면 이른바 '코기토'라고 불리는 대상화 작업의 의식이다. 마음의 의식 지향성은 코기토의 의심할 수 없는 성격을 표현할 뿐만 아니라 의식이라는 존재 자체의 적극적 규정으로, 의심할 수 없는 코기토의 가능성을 발견한다.

상황에 처해 있는 1인칭의 관점에서 볼 때, 우리의 주의를 무언가가 나타나거나 경험에 주어지는 방식에 돌릴 수 있는 유연하고 훈련 가능한 마음의 자세를 취할 수 있다. 쇼나 샤피로와 린다 칼슨은 『예술과 과학이 융합된 마음챙김』에서 마음챙김이란 "직접적인 체험에서 일어나는 일에 대해 신중하고 의식적으로 주의를 기울여야 함을 수시로 기억해 내는 것"이라고 썼다. 마음챙김 수행을 함으로써 우리는 자신이 어떤 성격과 사고방식을 지녔는지 잘 이해하게 되고 그에 대해 거리를 둘 줄 알게 된다. 명상가의 경우에는 순간순간 마음에 일어나는 것들을 꿰뚫을 강력하고 안정적인 통찰력과 호기심을 개발하려 할 것이다.

따라서 자아가 어떻게 나타나는가 하는 문제를 탐구하는 것은 '마음은 무엇이며 어디에 존재하는가?' 하는 물음을 더 직접적이고 개인적으로 묻는 한 가지 방식이다. 인간의 실존에 관계하여 다양한 유형의 구성 작용이 일어나는 마음의 움직임을 상정해 볼 수 있다. 알아차림, 신중함, 의식함, 깨어 있음, 마음챙김 등등. 마음은 고정된 실체로 잡을 수 있는 것이 아니며, 유동적인 물처럼 부단히 움직이는 것이다.

그것을 다른 말로 주체화라고 할 수 있다. "나는 무엇을 해야 할지 모르겠어"라고 말할 수 있는 것은 매 순간에 힘이 거기 있음을, 그 힘의 움직임을 스스로 의식하는 것이다. 이 힘에 대한 의식을 주제화하는 경우 주체의 활동을 견인할 수 있게 된다. 주체는 할 수 있음과 해야만 함의 열린 체계 안에 위치하게 된다. 주체의 활동은 마음속에서 살아가고 소멸하는 삶의 부분들과 같이 만들어지고 해체하면서 생성 중인 총체의 복합적 구조라고 할 수 있다.

이와 같은 마음과 의식의 지향적 활동성은 마투라나와 바렐라의 신경생물학에서 일종의 자기조직화와 상응한다는 것에 주목해야 한다. 주체는 특히 자기조직을 통해 출현한다. 이 자기조직에서 자율성, 개별성, 복잡성, 불확실성, 모호함은 대상의 고유한 특성이 된다. 그리고 자기조직에서 특히 '자기auto'라는 용어에 주체성의 뿌리가 있다. 즉 '대단히 높은 자기조직 능력을 갖추었기에 자기의식이라는 신비한 특질을 생산해 내는 시스템'이 나타난다는 점을 이해할 수 있다. 주체는 자기 스스로 결정할 수 없는 '개방된' 존재이면서 언제나 자기에게서 고리가 채워져야 하는 회귀적 존재이다. 하이데거가 말한바 "나로부터 나와 나를 넘어 나에게로 온다"는 말은 되새겨 볼 만하다. 주체의 이러한 특징이 의미하는 바는 우리가 우리 자신과 완전히 동일한 경우란 절대로 없다는 점이다. 다른 말로 표현한다면, 우리는 분열된 주체이다.

주체는 그 무엇으로도 환원될 수 없는 실존적인 특성에서 출현한다. 자아는 이전에 겪었던 그의 모든 생동성들은 침전되어 계속적으로 여파를 남긴다. 그리하여 의식은 다가올 것을 막연히 기다리는 것이 아니라 이미 다가왔던 경험에 비추어 다가올 것을 예기하는 방식으로 존재한다. 자아는 자아 내에 자폐적으로 머무를 때 구체적 인간으로 세계화될 수 없다. 자아는 세계 구성의 중심으로서 주체의 유일성에 머무르지 않고 자기와 대등한 또 다른 구성의 중심인 다른 자아를 인정하는 탈중심화를 통해 비로소 세계 안에 존재하는 인간으로서의 세계성과 구체성을 획득할 수 있다. 따라서 인간 주체는 항상 어느 정도 자기 자신에게 낯선 자, 자신이 완전히 소유할 수 없는 힘들에 의해 구성된 자이다. 그러므로 우리에게 부과되는 외적 상황을 부정하거나 피해 갈 수 없다.

우리의 삶은 부단한 생성 과정 속에 놓여 있다. 우리 자신과 타인과 세계는 시간 속에서 함께 자리를 잡고, 함께 흐르고 있다는 진실을 확실하게 알 수 있다. 현실적으로 한 개인이 자신의 뜻대로 세계를 고정시킬 수는 없다. 세계의 부단한 생성 과정을 염두에 두면 세계를 헤라클레이토스적인 흐름 속에 놓인 것으로 간주할 수 있다. 이런 삶은 개인에 따라 그 모습을 달리하는 개별적인 세계이지, 결코 모든 인간에게 공통적인 그 무엇이 아니다. 이러한 삶의 특성으로 인해 우리 인간의 운명은 복잡하며 심지어 비정하고 기구하다고 하지 않을 수 없다.

5.

몸의 인지과학과
경험의 문화적 전환

체화된 마음의 지도 만들기

체화된 마음의 인지

사실 마음은 거의 있는지 없는지 모르는 존재이기에 잊고 살기 쉽다. 마음은 심리학적 차원의 것인가? 모든 살아 있는 것처럼, 마음의 지속 상태는 서로 아무렇게나 흩어져서 분산되어 있지 않다. 마음은 단지 '있는 것'이 아니라 '자신을 형성하는 것'이다. 이 원리 자체가 무엇인지에 대해 우리에게 명확하게 알려진 바는 아무것도 없다.

마음이 존재하는 것은 일단 그 내용을 채울 수 있는 몸이 존재하기 때문이다. 따라서 몸이 없으면 마음도 없다. 마음과 몸은 서로 떨어져 존재하는 것이 아니다. 사람이 하는 모든 일에는 마음이 끼어들기 마련이다. 다른 사람과 소통하고 세상을 인식하는 데, 설사 의식하고 있지 않더라도 마음의 중개가 작용하고 있다.

바렐라에 따르면 우리의 지각은 본래적으로 행위지향적이다. 그는 순수 시각이 아니라 살아 있는 시각을 강조하면서도 살아 있는 시각 행위는 생명체와 환경과의 진화적 결합으로 이해되어야 한다고 주장한다. 바렐라는 체화된 마음the embodied mind이라는 용어를 사용함으로써 문자 그대로 인지 과정에서 몸의 중요성을 강조한다. 즉 인지 과정이 신체적 구조에 강하게 의존한다는 것이다.

화가가 어떤 장면을 볼 때는 텅 빈 마음으로 보는 것이 아니다. 화가는 이전 경험의 결과로 갖게 된 마음의 총체를 배경으로 하여 당면한 사태를 본다. 마음의 총체에는 오래전부터 형성된 능력이나 취향이 있으며, 최근의 경험을 통해서 갖게 된 마음의 동요도 들어 있다. 그가 어떤 장면을 대할 때는 빈 마음이 아니라 무엇인가를 기대하며 간절히 원하는 마음으로 본다. 화가의 작품은 그렇게 체화된 마음의 인지 과정에 의해서 만들어진 것이다.

바렐라에 따르면 인지는 마음으로 하여금 세계를 구성하는 여행을 떠나도록 하는 체화된 마음에 이르렀을 때 가능할 것이다. 체화된 마음은 유기체의 감각 능력이 자신의 환경과 상호작용을 하는 몸을 통해 유기체의 적응도를 높이게 한다. 요컨대 몸과 마음은 분리될 수 없으며, 인지·정서·지능 등은 환경적 복잡성에 적절히 대처하게 한다. 우리는 인지가 작용하려면 물리적 기반이 필요하다는 것을 부정할 수 없다. 환경과 고립된 인지는 진화의 기제가 될 수 없기 때문이다. 유기체와 환경적 자원은 하나의 인과적 결합체계를 구성하고 능동적으로 인과적 역할을 한다.

바렐라의 체화된 마음 이론은 듀이가 주장한 유기체가 언제나 능동적이란 사실과 부합한다. 유기체가 언제나 능동적이란 사실은 자아가 스스로 자아 형성에 기여한다는 것이다. 행위는 어떤 결과를 낳고, 그 결과는 자아에 재차 영향을 미친다. 이른바 자아는 어떤 선택을 통해 미래의 자아를 형성한다. 자아는 스스로 어떤 유형의 사람이기를 원하는가를 탐색하면서 선택한 길은 다른 기회를 봉쇄하고 다른 기회를 열어 놓는다. 듀이에 따르면, 그것은 관심을 통해서 드러난다. 관심은 어떤 대상에 대한 존중이며, 그 대상과 관계 맺음이며, 그 대상을 향한 열망이다. 관심은 자아를 포함하고, 자아는 행동으로 드러나며, 그 행동은 어떤 대상을 향한다.

창출행위로서의 인지

체화된 마음 이론에서 인지는 다양한 감각 운동 능력들을 지닌 몸을 갖는 것으로부터 유래하는 경험의 종류에 의존한다고 주장한다. 게다가 이러한 개별 감각 운동 능력과 지각과 행위는 근본적으로 살아 있는 인지와 분리할 수 없다는 점을 강조한다. 이것은 인지가 주어진 세계에 대한 이미 완성된 마음의 표상이 아니라, 세계 내에서 한 존재가 수행하는 다양한 행위의 역사적 기반을 두고 마음과 세계가 함께 만들어 내는 것이다. 간단히 말하면 이 세계는 우리에게 주어진 그 어떤 것이 아니고 우리가 움직이고 만지고 숨 쉬고 먹으면서 만들어 가고 있는 그 어떤 것이다.

바렐라는 이것을 "창출행위로서의 인지cognition as enaction"라고 한다. 창출행위란 실제적인 행함에 의하여 만들어진다는 뜻이 담겨 있기 때문이다. 따라서 인지는 표상과 계산이 아니라 지각과 행동이 주어진 환경 내에서 반복적인 감각 운동을 통해 자기구성적 패턴을 만들어 냄으로써 나타나는 것이다. 그것은 경험을 바탕으로 축적된 기량으로 나타난다. 마치 자전거를 타는 능력처럼 그 기량은 실천에 의해서만 획득될 수 있다. 여기서 경험은 경험이 나아가는 실제 과정에 의해 때로는 확증되고 때로는 좌절되는 예상들의 복합체이다.

창출행위enaction는 법률을 제정하는 행위를 의미하지만, 또한 좀 더 일반적으로 행위를 수행할 혹은 이행함을 의미하기도 한다. 바렐라는 시인 안토니오 마카도의 말을 빌려서, '창출행위'라는 개념을 "걸어가면서 길을 놓는" 행위로 기술했다. 그것은 생명 시스템이 살아가기 위해서는 환경 속에서 처음으로 경험하는 미지의 변화에 적절히 대응해 갈 필요가 있다는 것을 의미한다. "길을 걷는 것은 너의 발길이다. 너는 걸어가며 길을 놓는다." 길을 놓으며 걷는 것과 같은 창출행위는 자신의 행동과 여정을 살피고, 그들을 무대에 올려 그들이 어떻게 움직이는지 유심히 뜯어보는 것이다. 그것은 이런저런 방식으로, 의식하건 못 하건, 우리의 성찰과 지적 탐구, 인지 과정 전체를 길을 놓는 자신의 발길에 비유하고 있다.

그런데 다른 무언가가 걷기를 지탱하고 있다는 점에 주의해야 한다. 세상을 대하는, 땅 위를 나아가는 몸의 움직임을 대하는 우리의 태도 속에 절대적으로 간직해야 할 뿌리내림이 있다. 걷기가 중요한 것은 그것이 우리가 풍경과 더불어 움직이는 '한 몸이 되게' 해 주고, 우리 존재 방식의 척도 자체가 되기 때문이다.

에반 톰슨에 의하면 창출행위는 하나의 법칙을 창출하는 행위이지만, 그와 동시에 하나의 행위의 실연performance 혹은 실행을 함축하고 있다. 행위action는 행위자가 동작을 취함으로써 새로운 결과를 만들어 내는 것이라면, 창출행위는 행위를 통해 행위자와 행위 결과물들이 드러나고 규정되는 것이다. 즉 창출행위의 과정이란 일자와 타자가 미리 존재하고 그 사이에서 상호관계가 성립하는 것이 아니라 일정한 사건(행위, 지각, 감각)을 통해 일자와 타자가 동시에 상호 구성되어 나오는 과정을 말한다. 그리하여 그 자체로 독특한 것, 반복될 수 없는 상황이나 유일무이한 개별자를 의미하며 하나의 사례가 되는 것이다. 사례들은 규칙들의 적용이 아니다. 그것들이 규칙들을 생산적으로 결정하고 개발한다. 사례는 그저 규칙에 복종하지 않는다. 사례가 규칙에 말대꾸하는 것이다.

에반 톰슨은 생명체의 자기목적적인 자율성은 철학적으로 칸트의 판단력 비판에서 찾을 수 있다고 말한다. 칸트에 의하면 생명체는 자연의 산물이지만, 인공물과는 달리 자연적인 목적을 갖는다. 칸트는 유기체를 '자기 스스로를 유지하고 (재)생산하는 자연목적'으로 봐야 한다고 제안한다. 칸트는 내재적 목적과 상대적 목적을 구별하는데, 후자가 어떤 목표를 수단으로서의 효과가 갖는 유용성이나 이득이라면 전자는 직접 목적 그 자체로 간주되는 효과에 속한다. 칸트는 생명을 지닌 유기체를 인간에 대한 상대적 목적을 갖는 것으로 간주하는 데 반대하면서 내재적인 목적을 지닌 존재로 본다. 인간의 생명활동에는 칸트의 예에서 보았듯이 설명할 수 없는 장점이 있다. 그런 장점으로 감각기관을 통해서 전달된 자극을 사용하는 능력, 정신의 강력한 작용, 실용적이지 않은 만족도 사심 없이 추구하는 인간만의 경향을 들 수 있다. 어린아이에게서도 볼 수 있는 이 지각의 완전성이 인간이 이 세상에서 유일하게 말을 하는 존재가 된 이유 가운데 하나다.

자기관찰자의 창출행위적 접근

살아 있는 존재들의 생명활동은 창출행위적 접근과 동떨어져 있는 것이 아니라, 생명활동 자체가 창출행위적 인지 활동을 동반하고 있다. 인지의 창출행위적 접근법은 자율적 체계에 기반한다. 살아 있는 존재와 인지적 행위자는 자율적 체계로 이해할 필요가 있다. 생명체는 능동적으로 스스로를 발생시키며 유지하는 자율적인 행위자들이고, 그에 의해서 자신에게 고유한 인지 영역을 창출 혹은 산출한다. 자율성 역시 자기생성체계 이전에 따로 존재하는 것이 아니라 자기생성체계의 창출행위적 인지 활동을 통해서, 그 활동에 참여함으로써 비로소 존재하게 된다.

생명활동은 자기생산의 역동성과 작업적 폐쇄성의 테두리에서 이루어지는데, 대부분의 과정은 생성자와 생성물의 일치 과정이라고 할 수 있다. 목적이나 결과물 혹은 동기나 존재 등이 이분법적으로 분리되지 않는다. 유기체의 자기생성체계는 자기 자신을 생성하는 데만 관심을 가지며 환경과의 구조 짝짓기 및 변화를 통해 자기를 실현하고 정의한다. 그러한 자기생성체계는 관찰자를 시스템 내부로 위치시킴으로써 닫힌 체계로서의 재귀적 작업 방식을 잘 서술할 수 있다. 즉 자신이 이유이자 동기이면서 동시에 과정이고 목적인 것이 생명활동의 전모인 셈이다. 그 관찰자는 닫힌 체계의 재귀적 작업을 돌아가게 하는 자기관찰자다. 자기관찰자는 '관찰자-참여자-행위자'의 존재 위치를 취함으로써 자기생성체계의 창출행위적 인지 활동을 수행한다. 그것은 거리를 둔 관찰자의 외부적/이질적 관점과는 다른 차원에서 내재적 관점과 해석으로 바라보게 한다.

환경과 직접적인 상관관계가 있는 신경계에서 작동하는 창출행위로서의 인지는 새로운 현상들이 생겨나고 접할 수 있는데 그때의 의식의 흐름과 작동은 현상학과 공명한다. 창출행위로서의 인지는 의식을 마주하고, 의식에 나타나는 특정한 방식인 세계의 존재 의미를 인식 가능한 것이 되게 할 수 있다. 자연의 특징에 뿌리를 두고 있는 인간의 자율성은 현상학적 장에서 결코 철저하고 완전하게 그렇게 할 수는 없지만, 삶은 스스로를 주제화하고 개시할 수 있게 된 것이다. 그러한 의식의 흐름과 작동은 조직상으로 폐쇄되어 있는 생명이 자신의 유한한 경계를 형성하면서 개체의 자율성을 확보하게끔 한다. 이것은 우리가 자기정체성을 더욱 공고히 하고 또 스스로를 재생산해 가도록 한다. 그리하여 삶에 관한 우리의 이해에 또 다른 깊이를 더해 주고 있다.

그것은 사회과학적 실천으로 환원될 수 없는, 각 개인이 스스로의 힘으로 사고하고 판단하고 성찰하는 사유의 실천 가능성에 주목하게 한다. 그리하여 주체적인 것의 내부로부터 주체적인 것을 해명하려는 시도가 가능해진다. 무엇보다도 사고의 깊은 곳에서 벌어지고 있는 내밀한 작용에 대한 어느 정도의 성찰이 필요하다. 듀이의 경험에는 지각과 의식에서 반성에 이르기까지 사유 실천의 길고 복잡한 경로가 있다. 사유의 실천 경험은 불안정하고 불확실한 측면도 분명히 있다. 그럼에도 예상치 못한 새로운 사건에 반응하여 더 나은 경험의 재구성을 위해 개방적일 필요가 있다.

우리의 삶 속에서 사유의 실천이 가능해지려면 각자가 자기관찰자여야 한다. 생명활동에서 창출행위의 인지는 자연 속의 문화를 통해 자신을 확인하는 자기관찰자적 맥락에 이미 참여하고 있음을 늘 내포하고 있다. 자연과 문화의 이러한 이중적 관계는 우리가 하는 모든 관찰, 참여, 행위에 스며든다. 우리는 문화 속에서 참여하고 실천하면서 자연을 관찰할 수 있다. 이는 우리가 세계에 반응하는 습관뿐만 아니라 특정 관습, 규칙, 전통, 제도, 관심 등의 실천과도 관련되어 있다.

자기관찰자에게서 사고의 실천 가능성은 '관찰자-참여자-행위자'[10]의 도식에 기반한다. 관찰자로서 우리는 세계를 보고 듣고 느끼고 인지하고 해석한다. 그리고 모든 종류의 사회적 집단, 공동체, 네트워크 그리고 제도에 참여한다. 참여자로서 우리는 문화세계에서 기본적인 이해를 제공하는 다양하면서도 종종 이질적인 해석자의 공동체라는 더욱 큰 맥락에 참여한다. 행위자로서 우리는 행동하고 경험한다. 타인과 의사소통하고 협력하기도 하지만 싸우기도 한다. 우리는 의도한 바를 행하기 위한 계획과 프로젝트를 고안한다. 또 자기 자신을 표현하기도 하고, 다른 사람들의 표현에 반응하기도 한다.

---

10. 구체적인 상황 속에서 문제를 해결하고 의미를 창조하기 위해서 우리는 삶의 경험에서 관찰자이자 행위자이고, 그리고 참여자이다. 그것은 구성-재구성-해체를 위해 늘 열려 있어야 한다. 삶의 변화에 조응하는 문화적 실천, 일상생활, 그리고 제도는 관찰자-참여자-행위자에 의해 사회적으로 구성되는 실재라고 할 수 있다. 듀이는 말하기를 "관찰자로서 우리는 세계를 보고 듣고 느끼고 인지하고 해석한다. 우리는 신념과 기대, 관심사, 습관 그리고 반성에 기초해 우리만의 실재를 구성한다. 참여자로서 우리는 문화세계에서 기본적인 이해를 제공하는 다양하면서도 종종 이질적인 해석자의 공동체라는 보다 큰 맥락에 참여한다. 우리는 모든 종류의 사회적 집단, 공동체, 네트워크 그리고 제도에 참여한다. 우리의 참여는 없어서는 안 되는 문화적 자원이지만 동시에 헌신, 책임감, 충성 그리고 특정 대안의 배제를 의미하기도 한다. 행위자로서 우리는 행동하고 경험한다. 우리는 의도한 바를 행하기 위한 계획과 프로젝트를 고안한다. 우리는 우리 자신을 표현하기도 하고, 다른 사람들의 표현에 반응하기도 한다"[짐 개리슨·슈테판 노이베르트·게르스텐 라이히 지음, 김세희 외 옮김(2021), 『존 듀이와 교육』, 살림터, 229-240쪽 참고].

지도 만들기

앞에서 살펴보았듯이 생명의 본질은 자기가 자기를 창출하는 것에 있다. 창출이란 넓은 의미에서 자기 지도 만들기이다. 다른 말로 하면 자기 자신을 표현하는 것, 즉 새로운 자기 상태를 '서술하는 것'이다. 지도 만들기는 자기 자신 내부에 비축한 지식을 기반으로 일정한 법칙성에 따라 일어나는 그 내부적인 동역학에 의해 만들어 내면서 밖으로 표현해 가는 것이다. 정보이론적으로 보면 환경은 매 순간 변화하므로 미리 준비한 정보만으로 새로운 변화에 대응하는 것은 불가능하다. 그래서 창출이 생명 시스템의 중요한 성질이다. 자기 지도 만들기는 생물이 하나의 독립된 자기를 가지고 외계에 적절히 대응해 가는 데 필요하다는 것을 말해 준다.

하버드대학교 심리학 교수인 루돌프 아른하임Rudolf Arnheim은 『시각적 사고Visual Thinking』1969에서 "사고라고 부르는 인지작용은 지각 너머의, 지각보다 상위에 있는 정신적 과정이 아니라 지각 자체를 이루는 본질적 요소다"라고 말했다. 노벨상 수상자이자 신경과학자인 제럴드 에델먼Gerald Edelman은 우리의 지각 경험이 '지도'처럼 코드화된 형태로 뇌 속에 흩어져 있다고 설명한다. 이런 지도들은 정적이지 않고 끊임없이 움직이고 변화하며, 정서적인 의미를 함축하고 있다. 이러한 과정은 놀이를 통해 가장 완전하게 일어나는 듯 보인다. 예를 들어 상상 놀이는 여러 가지 지각들이 뒤섞인 걸쭉한 스튜 같다. 상상 놀이는 서로 연결된 역동적인 지도들을 새로 만들어 내고 확장하는 데 매우 효과적이다. 놀이는 신경계의 진화 과정을 한 단계 더 끌어올린다.

지도의 효력은 무수한 디테일이 끊임없이 조정되고 편성되는 양상에 따라 다양하게 나타난다. 우리는 유기적으로 증가하는 방대한 삶의 지도들을 검색하면서 세상에서 우리가 갈 길을 찾아낸다. 그런데 어디로 가기 위해서인가? 그걸 당장 아는 것은 불가능하다. 단지 자기 주변을 살피는 것만이 아니라 행동과 걸음에서, 걸으며 생각하는 방식에서 신중함과 경계심, 조심성을 보여 준다.

여기서 지도 만들기는 최근 용어로 '실재를 구성하는 것'으로 설명될 수 있다. 부아베르Boisvert는 듀이의 핵심적인 생각은 '지도 만들기'나 '지도 구성하기'의 은유라고 주장한다. 듀이는 이렇게 말한다. "뭔가 발견하려는 항해는 활동의 외적·내적 한계를 보여 주는 지도에 이미 요약되어 있다." 지도의 경우와 마찬가지로, 우리는 행동의 맥락 속에 구성을 시도하고 적용해야 한다. 듀이로부터 배울 수 있듯이, 우리의 구성물들은 작업에서 만들어지는 가설이다. 그 가설은 몇 번이고 적용가능성을 보여 줘야 하며, 우리는 변화, 재구성, 수정할 수 있고 그렇게 될 가능성이 있는 모든 단계에서 준비되어야 한다.

지도 만들기와 같은 창출행위는 지각자의 감각-운동 기술과 환경에 의해 유도되는 가능성에 의존한다. 원칙적으로 지각은 신체화된 환경에의 대응이다. 지각 주체는 '사유하는 의식'이 아니라 지향의도를 지닌 '행동하는 신체'다. 이 신체야말로 세계와 관계를 맺고 활동하는 데 중심축이자 매개자가 된다. 하이데거의 개념인 '손안에 있는 것(용재자)ready-to-hand'[11]과 환경의 기능적 중요성을 강조하는 깁슨의 개념인 행동유동성affordance[12]이 보여 주듯이, 세계에 대한 우리의 지각은, 우리에게 영향을 미치고 또 우리의 행위를 이끌어 내는 환경에 대한 지각이다. 그것은 우리가 행할 준비가 되어 있는 것에 의해 결정된다. 내가 정확하게 하려고 하는 방식으로 우리는 지각적 경험을 창출행위화한다. 메를로퐁티는 시각과 지각은 좀 더 일반적으로는 행위의 형태들이라고 주장하는데, 이것은 바로 창출행위의 지각을 지지하는 견해로 받아들일 수 있다. 우리가 지각하는 것은 우리가 행하는 것에 (또는 어떻게 행할지 아는 것에) 의해 결정된다. 이를테면 시각은 한 네트워크의 뉴런들 속에서 출현하는 표상이 아니다. 오히려 환경을 탐색하는, 전체로서의 유기체의 행위이다.

---

11. 하이데거에 따르면 인간은 특정 세계에 내던져져 그 세계의 문법에 따라 살아가는 세계 의존적 존재이다. 우리는 주위 세계에 빙 둘러싸여 있다. 우리가 주위 세계 안에서 만나는 도구적 존재자들을 다루고 사용한다. 손안의 것의 '있음'은 이미 도구 안에 어떻게 사용되어 왔음이 전제되어 있다는 것을 말한다. 그래서 도구와 그것을 통해 제작된 물건과 같은 손안의 것은 '지시'의 성격을 갖는다. 이를테면 망치가 못질을 하는 작업에서 쓰이듯이 도구는 자신을 특정의 사용사태에 속해 있는 '도구'로 지시된다. 손안의 것은 그것이 쓰여질 목적을 지시하며, 그것이 만들어진 재료를 지시하고, 그것을 만든 사람과 이용할 사람을 지시하며, 그러한 사람들이 살아가고 있는 세계를 지시한다. 도구는 그 자체에서 '지시되어 있음'의 성격을 갖고 있다[이기상 지음(2013), 『존재와 시간』, 살림, 231-243쪽 참고].

12. 깁슨은 개인과 환경의 관계에 대한 연구에 '생태심리학'이라는 새로운 지평을 연다. 그의 '행동유도성' 이론은 지각과 인지의 동시 발생 프로세스라는 급진적인 관점을 제시하면서 지각과 인지과정을 별개의 것으로 구분하는 전통적 이론에 반하는 이론으로 등장한다. 깁슨은 행위자와 환경의 관계에서 "무한한 기회를 가진 수많은 관찰자를 수용한 딱 하나의 환경"이라는 새로운 관점을 열었다. 그것은 그 물체를 가지고 할 수 있는 일을 행위자가 자연스럽게 지각하게 된다는 것이다. 그렇기 때문에 깁슨의 이론에 따르면, 무엇인가에 대한 행동유도성은 관찰자의 필요가 변한다고 해서 변하지 않는다는 것이다. 그것은 "늘 그곳에서 인식되기를 기다리고 있으면서" 내재하는 의미와 가치를 가진 채로 "그것이 존재하는 이유에 따라 일을 하기" 때문이다. 그의 입장에서 "관찰자가 보는 사물의 행동유도성은 관찰자가 지각하는 자극들 안에서 특정"된다. 깁슨에 따르면, 아이는 자신의 몸과 직접 관련된 사물의 행동유도성을 지각하는 법을 배워야 한다. 설령 그 아이가 동일한 형태를 다른 관점으로 바라보고 다른 가치를 발견하게 될 가능성이 있을지라도 말이다[이선영 지음(2022), 윤철희 옮김, 『학교·장소·기억』, 연암서가, 45-50쪽 참고].

듀이의 문화 지도 만들기, 실험학교

실행의 과정으로서 듀이의 경험, '살아진 문화'

언어는 개인에 의해 만들어지거나 개인이 자연과 상호작용하는 가운데 발견한 것도 아니며 그렇다고 본능이나 무조건적 반사에 따라 유전된 것도 아니다. 그렇지만 언어의 사용은 개인이 사회문화적 환경의 일부가 됨으로써 가능하다. 언어는 본질적으로 개인적인 것이 아니고 사회적이다. 언어를 가지려면 말하는 이들의 공동체가 있어야 한다. 언어는 사회적 사실로서가 아니라면 한순간에도 존재하지 않았다.

언어를 사용하는 것은 특정한 실재를 구성하는 사회적 과정에 참여하는 것이다. 언어는 서로 연결시키고 만들고 영향을 미치는 과정의 핵심이다. 우리는 경험 속에서 세계를 창조적으로 만들기 위해 사고하고 행동하는 데 사용할 수 있는 많은 문화적 도구와 자원을 발견하게 된다. 모든 사회는 의미를 만들어 내는 장치이다. 의미는 기본적으로 언어를 통해 표현된다. 언어를 통한 상호의사소통을 통해 의미는 끊임없이 생산되고, 재생산된다. 넓은 의미에서 문화적인 모든 것은 사회적이라고 할 수 있다. 문화는 사회적 삶과 인간의 공적 활동의 산물이다. 레이먼드 윌리엄스가 지향했던 것처럼 문화가 경제적·사회적 조건들을 단순히 반영한다고 보기보다는, 문화 그 자체가 사회적 관계, 예를 들어 남성과 여성, 자녀와 부모 사이의 관계들뿐만 아니라 경제적 관계들—비즈니스와 예술, 산업과 환경주의 사이의 관계 등—을 창조하고 구성하고 합법화시키는 방식이다.

문화의 의미는 끊임없는 재구성 과정을 통해 확장하고 발전할 수 있다. 이런 관념 저변에는 인간이 의미와 가치의 세계에 거주한다는 사실이 깔려 있다. 비록 우리들의 삶의 모습이란 것이 우리가 늘 해 오던 방식대로 '관행적인' 행동양식을 계속해 나가도록 강요하기도 하지만 삶은 우리들의 실재를 존재하도록 만들기 위해 우리에게 다양한 해석체계를 적용하여 끊임없이 상황을 재구성해 가는, 참으로 능동적인 역할을 하도록 요구한다. 이를테면 외국 여행을 하게 되는 경우 우리는 그 나라의 행동 규칙이나 규범, 관습을 따름으로써 그 문화에 적합한 사회적 실재를 구성하게 된다.

조직심리학자 칼 와이크는 우리가 실재를 형성하고 구조화해 가는 과정을 실행의 과정a process of enactment으로 묘사했다. 앞에서 언급한 바렐라의 창출행위 'enactive'와 그것에 대한 에반 톰슨의 이해 방식 등을 참고할 때, 와이크의 이 '실행' 개념은 세계를 창조해 가면서 우리가 무의식적으로 수행하게 되는 능동적이고 적극적인 역할을 강조하고 있다. 우리가 하나의 지속적이고 능동적인 실재의 구성 과정으로서 문화 지도 만들기를 이해하게 된다면 문화의 전반적인 양상은 더욱 생동감 있게 나타나게 될 것이다.

문화는 사람들이 세계를 창조하고 또 재구성해 가는 능동적이고 생동적인 현상이다. 우리는 모두 자기 자신의 삶의 양식과 실재를 스스로 구성하고 실행해 간다. 따라서 의미의 공유와 협상이 사회적 삶이나 조직적 삶의 근본이다. 우리는 언어를 단순히 객관적으로 실재하는 것들을 반영하는 거울, 즉 불변의 변경 불가능한 '그물망'으로 보는 것은 아니다. 오히려 언어가 사회적 실재를 창조하기도 하고 반영하기도 한다는 뜻이다.

세계에 의미를 부여하는 사람이 없다면, 거기에는 어떤 의미도 남아 있지 않을 것이다. 인간은 존재 자체의 경험으로부터 자신의 의미를 구성해 간다. 개인은 생물학적으로 특히 유전적으로 독창적이고 각자 자신의 독특한 경험이 있다. 어느 정도까지는 개인이 배워 가는 활동 속에서 문화적인 의미를 재구성해야 한다. 듀이의 경험에 따르면 확실히 의도된 결과를 수행함으로써 밝혀지는 의미들이 진정한 수행을 정의하는 의미이다.

경험에 대한 듀이 이론은 철학에서 중요한 문화적 전환을 보여준다. 우리는 경험에서 세계를 창조적으로 만들기 위해 사고하고 행동하는 데 사용할 수 있는 많은 문화적 도구와 자원을 발견하게 된다. 그것은 문화 지도 만들기의 조건이자 환경이다. 듀이가 말하는 경험은 자연과 문화가 혼란스럽게 섞여 있는 혼합물은 아니다. 그런 맥락과 관련해 구체적인 의미와 행동으로 구분될 수 있고, 구분되어야만 하는 매우 특정한 용어이다. 만일 경험을 '살아진 문화lived culture'라고 한다면 경험의 관점을 통해서만 문화를 말할 수 있다. 그것은 사람들의 태도와 관점 속에 내재화된 독특한 능력과 성향들 가운데 자리 잡고 있기 때문이다.

그러므로 문화는 단순히 몇 개의 설문 문항으로 측정될 수 있는 그 어떤 것이라기보다는, 하나의 살아 있는 경험의 결집체이다. 듀이는 실제로 자신의 철학에서 핵심 개념을 '경험'에서 점차 '문화'로 바꾸려고 했다. "실용주의의 목적을 위해, 그동안 내가 사용한 '경험'에 대한 이해를 방해했던 역사적 장애물을 극복하기 어렵다는 것을 점점 깨닫기 때문이다. 그 대신 '문화'라는 용어로 대체하고 싶다. 문화는 오늘날 내가 말한 경험 철학을 완전히 자유롭게 관철시키면서도 그 의미를 확고하게 해 주기 때문이다."

개인은 이미 개별적으로 상징, 언어, 의미, 규율, 관념, 지식 등 문화 자원을 이용하게 된다. 이는 경험된 사건들과의 교호작용으로 실재reality가 구성된다는 오늘날 구성주의자들의 가설과 가깝다. 개인은 구성을 통해 실재를 형성하고, 그 스스로 문화의 강력한 힘이 된다. 일반적으로 학습하기, 파악하기, 혹은 이해하기 등으로 언급되는 의미 만들기는 개인과 공동체 그리고 인류 구성원으로서 삶의 경험을 조직화하려는 우리의 필요에 의해 발전했다. 우리의 이야기, 서사, 이론 등은 인간을 동물과 구별해 주는 것이다. 우리가 갖고 있는 그것을 다른 사람에게 말해 줌으로써 생각의 차이를 해소할 수 있고, 아이들에게 말해 줌으로써 세대의 차이를 극복할 수 있다. 그리고 그것을 바꾸고 재구성하고 폐기함으로써 그와 연결된 행동 노선을 변화시킬 수 있으며, 그럼으로써 새로운 상황과 경험에 대처할 수 있게 된다.

조직과 환경 간의 사회적 실행

오늘날 많은 조직이 자신의 환경을 독자적인 존재를 가진 하나의

'외부 세계'로 이해하는 방식에 집착한다. 많은 조직이 외부 세계에 대처해 가면서 크고 작은 난관에 봉착하게 되는데, 왜냐하면 그들은 스스로 어떻게 그 환경의 일부분인가를 인정하려 들지 않기 때문이다. 그들은 스스로를 흔히 위협과 기회의 영역으로 구성되는 변덕스러운 외부 세계에 대항하여 생존의 문제에 직면하고 있는 독립된 실체로서 인식하는 경향이 있다.

이러한 경향은 스스로가 현재 무엇이며 또 향후 무엇이 될 수 있는지 등 자신의 정체성에 관하여 상당히 고정된 관념을 가지고 있고, 또 그 정체성을 강제하고 유지해 가기 위해서 어떤 희생이라도 감수하려 드는, 소위 자기중심적인 조직들에서 가장 명확히 찾아볼 수가 있다. 좋은 예는 새로운 디지털 기술과 마이크로 프로세싱 기술의 발전을 수용하는 데 실패한 시계와 타자기 제조업체에서 찾아볼 수 있다. 이러한 자기중심주의는 조직을 향해 자기 자신의 중요성은 과도하게 강조하는 반면, 조직이 영위하고 있는 더 넓은 관계들의 시스템의 중요성에 대해서는 과소평가하게 만들도록 유도하게 된다.

실제 조직의 생존을 위해서는 조직과 조직이 직면한 환경 간의 관계 또한 사회적으로 재구성된 것일 수 있다는 점을 환기시킬 필요가 있다. 앞에서 칼 와이크가 지적했듯이, 조직과 환경 간의 관계 또한 '사회적 실행social enactment'의 산물일 수 있다. 조직이 향후 대처해 가야 할 미래의 여러 요소를 스스로 산출해 가는 '실행'의 한 과정이라는 사실을 잘 인지함으로써, 조직은 자신과 무관한 외부 세계에 단순히 적응하거나 혹은 대응해 가야 할 뿐이라고 생각하는 그릇된 인식을 극복할 수 있게 된다.

조직이 경험하는 환경은 수많은 개인과 조직들이 각자 그들 나름의 해석에 근거하여 행동함으로써 사실상 상호적으로 규정되는 과정에 의해 실행된다고 볼 수 있다. 그 때문에 스스로의 정체가 무엇이며, 무엇을 행하려 하고, 또 자신의 환경이 어떠할 것이냐에 관한 조직의 신념과 생각들은, 이처럼 우리가 보통 기대하는 것 이상으로 실제 자기 자신을 그대로 실현해 가는 경향이 있다. 그러므로 조직이, 문제가 되는 상황과 제약, 그리고 장애 요소들을 흔히 그 조직 자신이 만들어 갈 수도 있음을 인식하게 된다. 조직을 '자기준거적인 자기생산 과정'으로 보고, 조직이 처한 상황에 대한 새로운 이해 방식을 통해 '사회적 실행'을 해 나간다면 그 조직은 새로운 변환을 이루어 갈 수 있다.

듀이의 실험학교와 공동 작업 활동[13]

시카고대학교 실험학교에서 듀이가 참여했던 7년간의 실험적 실천은 단위학교에서 이룬 진보주의 교육운동의 선구적 전형이 되었다. 무엇보다 교육과정을 실험적으로 구성하고 학교의 공동체 문화를 형성하는 과정에서 진보적인 교사들의 능동적 참여와 협동적 탐구가 근본 동력이 되었다는 점이 중요한 의미를 지닌다. 듀이 실험학교의 가장 특징적인 차이는 전통적 교과가 아니라 아동의 자발적

---

13. 이 부분은 『교육사상가의 삶과 사상(서양 편 1)』(살림터, 2023)에 실린 양은주의 글 「존 듀이: 삶의 양식과 민주주의, 그리고 실험학교」(149-188쪽)에서 대부분의 내용을 발췌하여 정리하였다.

관심과 흥미를 교육의 본질적 가치의 원천으로 삼았다는 점에 있다. 실험학교에서는 성장하는 아동을 그를 둘러싼 세계와 관련하여 연구함으로써 아동의 흥미가 교육적으로 의미 있게 성장하도록 할 상호작용의 외적 조건이 무엇인가를 실험적으로 탐구했다.

듀이는 흥미의 어원, inter-esse의 '사이에 놓여 있음'이라는 뜻에 주목하면서, 흥미란 자아와 대상 세계가 하나로 되어 나아가는 일련의 통일적 활동이라고 보았다. 흥미는 객관적 대상과 무관한 개인의 특성도 아니고, 자아의 활동과 무관한 객관적 대상의 특성도 아니다. 한편으로 흥미란 지각되었거나 상상 속에 떠올려진 대상들이 어떤 사람의 경험 안에서 그를 움직이는 힘이다. 다른 한편으로 흥미란 자아가 어떤 객관적 대상들을 포함하는 일련의 활동과 자신을 일체화하고 그것에 온 마음을 다하여 몰입되어 있음을 뜻한다. 이같이 진정한 흥미란 자아와 대상이 일체가 되는 활동으로서 일련의 연속적인 과정으로 나타난다. 그 과정에서 대상 세계의 에너지와 조화로운 통합을 이루기 위해 줄곧 온 마음을 기울여 사고하고 탐구하는 지적 노력이 자연적으로 일어난다.

듀이 실험학교에서는 전통적으로 가르쳐 온 교과 중심 교육과정에서 벗어나 협동과 지성적 의사소통이 필요한 공동 작업을 중심으로 학교교육과정을 구성했다. 공동 작업 활동을 통한 교육의 궁극적인 의미와 가치는 어떤 지적, 정서적, 도덕적 성향이 형성되는가에 달려 있다고 보았다. 즉, 아이들이 충분히 오랜 시간 동안 몰입하여 예견하고, 계획하고, 반성적으로 성찰하고, 더 많은 정보에 대한 필요를 느끼고, 관계의 원리에 대한 통찰력을 얻는 등의 지적인 성향형성으로 인도되는가, 또한 인위적으로 규율을 가르쳐서가 아니라 진정한 내적 성향으로서 인내, 끈기, 책임의식 등이 부수적으로 형성되는가에 달려 있다.

이를 위해 누군가의 강요가 아니라 자발적인 힘을 발휘할 수 있도록 우리에게 요청되는 것은 정책적, 제도적, 법적 강제의 확대가 아니라 주체적인 의식 변화이다. 자율적 의식 변화를 중시하는 경우는 인간이 주체적으로 문제를 파악하고 행위의 오류를 바로잡기 위해 스스로를 개선할 의지가 있는 자율적인 존재임을 상정한다. 이러한 관점에서 인간을 이해하는 것은 개체의 자율성과 체화된 마음의 창출행위로서의 인지 이론에 부합한다고 볼 수 있다.

듀이 실험학교에서의 공동 작업 중심 교육과정은 단순한 활동적 경험으로 전통적 교과 공부를 대신하려는 것이 아니었다. 또한 실제 삶의 관심과 맞닿아 있는 행동을 강조하면서 궁극적으로 목표하는 바는 개개인을 기존의 사회제도에 '적응시키기'가 아니었다. 듀이에게 교육적 변화는 '물리적으로 통제되는' 훈련이 아니라, 공유된 '의미'에 따라 반응하도록 '사회적으로 지도되는socially directed' 과정을 통해 얻어진다. 따라서 공동 활동에 참여하여 다른 이들과 함께 사물과 언어를 사용함으로써 자신의 힘과 주위의 사물과 사건이 지닌 사회적 의미를 깨닫고 그에 대한 자신의 관심과 이해를 변형해 가는 일이라는 의미에서 교육이란 철두철미하게 사회적 과정이다.

듀이 실험학교에서의 교수-학습 방법은 단순 반복과 직접적 주입 위주의 전통적 교수-학습 방법의 대안을 모색했다. 즉 필요한 지식의 학습과 기능적 숙달의 과정을 그 자체가 좋아 목적을 품고 임하는 자기주도적 활동의 자연적인 부산물로 형성되도록 하는 방법을 고안했다. 사회적 측면에서 활동적 공동 작업은 인류의 문화가 역동적으로 발달해 온 과정에 관한 공부의 길을 여는 자연적인 통로를 제공할 뿐 아니라 아이들에게 또래 친구들과 함께 뭔가를 만드는 과정에서 느낄 수 있는 더없는 기쁨의 기회를 제공한다.

이와 같은 점들에 비추어 볼 때, 듀이는 공동 작업 활동을 통해서 아이들 각자가 자신의 성장과 발달의 로드맵을 그려 가도록 하는 창출행위의 인지적 잠재력을 어떤 식으로 자연스럽게 끌어낼 것인가에 초점을 두었던 것으로 보인다. 그것은 듀이 자신의 실험 정신과도 연관되어 있다. 듀이에게 실험 정신의 실천이 바로 창출행위이기 때문이다. 듀이는 "행동이 자유로워지기 위한 관건은 지성에 있다"라고 본다. 그 지성이 바로 기존 습관과 관습을 해체하는 창출행위의 인지 과정으로부터 발생한다. 창출행위의 인지적 활동이 곤란을 겪을 때 숙의는 시작되고, 이 곤란한 상황을 바로잡아 주는 행동이 무엇인지 선택하기까지 숙의의 지성은 사고한다.[14]

모든 이념이 그렇듯이 이념은 주어진 무엇이 아니며 또 이미 만들어진 것도 아니고, 이루어져야 할 그 무엇이다. "여기에 지름길은 없으며, 또 단번에 찾아질 수 있는 단 하나의 예정된 길이 있는 것도 아니며, 그런 길이란 인간이 조금도 벗어나지 않고 계속 걸어간다고

---

14. 숙의는 다양한 행동이 실체로 어떠한 방향으로 전개될지 발견하는 실험이다. 그 실험을 통하여 습관과 충동을 선별하여 다양한 방식으로 결합해 보게 된다. 어떤 습관 혹은 충동과 습관의 구성 요소들 사이의 어떤 결합이 온전히 열리는 길을 찾자마자 선택은 이루어진다. 그 순간 에너지는 방출된다. 여기서 정신이 만들어지고 구성되며 하나가 된다. 그렇게 하여 지성적 선택을 하게 된다. 우리는 더 이상 플라톤이 말하는 초월적인 형상이나 칸트나 칸트 이후에 관념론자들이 제시하는 선험적 범주를 요청할 필요가 없다. 생물학적 구조의 습관은 언어 구조와 협력해 경험을 연결하고 이를 의미 있게 조직하기 위해 모든 노력을 다하고 있기 때문이다[짐 개리슨·슈테판 노이베르트·게르스텐 라이히 지음, 김세희 외 옮김(2021), 『존 듀이와 교육』, 살림터, 136-146쪽 참고].

가정하지 않고서는 도저히 목표로 삼을 수 없는 길이다." 계속 걸어가야 할 길이라는 것은 실험학교 교사들에게도 마찬가지다. 듀이 실험학교의 교사들은 아동의 발달 단계를 이해하고 해석하고 방향을 안내해 주는 방식으로 교육적 성장의 경험에 적극적으로 참여하는 예술적 실천가다.

실험학교에서는 이러한 교사의 역할을 연극 공연에서의 연출가의 역할에 비유했다. 참고로 창출행위의 뜻을 가진 'enactive'의 동사형 'enact'에는 '[연극 등을]상연하다: …의 배역을 연기하다'라는 의미가 있다. "교사는 아동의 삶의 살아 움직이는 드라마를 위한 무대를 마련해 주고, 필요할 때 적절한 소품을 제공해 주고, 아동의 즉각적인 목표를 향한 그리고 더 나아가 교사의 마음에는 분명하지만 아직 아이들에게는 잘 보이지 않는 멀리 있는 목적을 향한 아동의 행위를 방향 잡아 주어야 한다." 최종적으로 완성된 연극을 무대 위에서 펼치며 박수갈채를 받는 배우는 아동 자신이며, 그에 이르는 과정에서 필요한 조건들을 전체적으로 조율하는 연출가로서 교사의 역할이 매우 중요하다. 교사는 아동이 매일매일 자신의 경험을 다시 시도하고 재발견하고 재구성해 가는 '사회적 실행'의 과정에서 지혜로운 해석자이고 안내인이 되어야 한다고 보았다.

듀이 경험의 문화적 전환

사회적 상호작용의 매개체, 제도로서의 문화

한 부족 또는 한 문화, 또는 한 나라의 언어는 서로 다른 제한된 수의 기호로 이루어져 있고, 각각의 기호는 서로 다른 의미 가치를 지니고 있다. 이러한 문화 현상과 문화의 단위를 상징적 '기호'로 파악하고 그 기호들이 형성하는 전체 의미망에 따라 문화를 해석하고 이해하게 된다. 결국 언어는 개인의 커뮤니케이션 생활의 형식적 틀을 이룬다. 거기에는 기호 사용의 여러 가지 규약—문법, 코드 같은 것들이 있고, 그것은 언어생활의 통상적 습관을 통제한다.

의사소통 개념은 문화와 교육에 대한 듀이 이론의 핵심 요소에 속한다. 듀이는 문화적 도구주의 관점에서 언어를 "도구의 도구"로 특정화하고, 개인의 직접 교류와 삶의 관계에서 의사소통을 강조한다. 의사소통은 상호작용의 일부분이고 모든 사회적 상호작용의 매개체이다. 듀이는 의사소통이 정보 전달의 수단만이 아니라는 점을 강조한다. 의사소통은 그 자체가 목적인 경험이 들어 있는 하나의 특질이기도 하고, 경험의 특질이기도 하다. 의사소통은 기호의 사용에 의존한다. 듀이는 기호이론, 즉 기호학을 체계적으로 연구하지는 않았지만, 자신의 스승 퍼스의 연구를 늘 높이 평가했다.

문화는 인간들이 그들의 경험을 조직하고 해석하기 위해서 정신적으로 구사하는 개념들과 모델들로 이루어진다. 이로써 문화를 의미의 체계로 보는 문화 개념이 구상되었다. 기호학적 문화이론은 인간을 자신의 삶과 환경세계와 관계 전체의 의미체계로 이해한다. 문화를 인간이 의미를 만들어 내는 실천의 터전으로 이해할 때, 문화란 언어라는 매개체 없이는 결코 이루어질 수 없을 것이다. 여기서 문화 소통, 언어에 주목하게 된다. 문화는 어떤 형태로든 상징과 기호와 연관된다. 문화를 기호와 상징의 세계로 본다면 언어는 가장 중요한 문화 이해의 열쇠가 된다.

개인이 살아가기 위해서는 무엇보다도 다른 사람들과 의사소통할 수 있어야 하는데, 의사소통의 수단인 언어란 곧 의미이고, 상징이며, 규칙이다. 이때 규칙이나 상징 등이 사회 구성원들에 의해 당연한 것으로 받아들질 때에만 '제도'로서 정의된다. 제도란 공식적·비공식적 규칙뿐만 아니라 인간 행위에 의미를 부여하는 상징과 인지 등을 모두 포함하는 개념이다. 의미의 틀frames of meaning로서의 제도는 물리적인 실체가 아니라 인지적·문화적·상징적 차원에서 존재하는 사회적 질서이다. 이런 점에서 보면, 공동체는 문화의 실현으로 규정되며, 문화의 산물이다. 문화가 우선적으로 상징화symbolization의 시각에서 판단되기 때문에, 문화적 규범과 규칙을 가지는 사회적 질서들은, 개인들이 지식의 형태, 즉 인지 지도cognitive maps로 적용해야 하는 인지적 질서로 간주된다.

레비스트로스에 의하면 규범, 풍속, 규칙 및 제도들은 문화라는 체계에 통합된 고유의 구조를 형성하는 체계들을 형성한다. 인간은 문화적 전통 안에 배태되어 태어나고 그 안에서 교육받아 왔기 때문에, 그들이 행동하는 대로 행동한다. 인간의 행동을 규정하는 것은 그들의 생득적인 본성이 아니라 인간의 문화이다. 문화적 관습, 규범의 권력, 규칙과 법률이 준수 등은 우리의 습관을 조건 지어 줄 뿐 아니라 정신, 자아, 의지와 세계에 대한 예술적 반응마저도 구성한다. 이 사실은 정치, 경제, 학교교육과 같은 문화적 제도를 통제하는 권력들이 너무도 분명하게 증명해 주고 있다.

말리노프스키는 문화의 도구적 장치—지식체계, 신앙체계, 도덕체계, 경제, 교육 등—가 필요하며, 그것들은 인간의 욕구를 만족시키고 인간의 문제를 해결하기 위하여 형성되었다고 주장한다. 그에 의하면 문화적으로 영향 받거나 변형되지 않은 그 어떤 개인적인 그리고 집단적인 행동과 행위도 존재하지 않는다. 말리노프스키는 조직을 문화의 핵심적인 제도로 간주한다. 조직은 언어를 매개로 한 상징적 질서의 존재다. 이러한 형식화된 의미작용의 체계는 조직적 의사소통을 가능하게 하는 동시에, 새로운 조직화 및 형식화를 통한 실재 재생산의 근간을 이룬다. 조직의 상징적 질서로서의 존재는 '사회에서의 기호의 삶'을 가능하게 하여 의미의 생성과 수용을 포괄하는 역동적 과정으로서 의사소통적 실천을 하게 한다. 그래서 우리는 현대 산업사회의 구성원으로서 수많은 조직적 배열과 대면하고 있고, 그 속에 배치된 가운데 특정한 주체로서 삶을 의미 있게 완성해 가고자 노력한다. 우리는 조직의 공식적 배열이 갖는 상징적 의미나 그 공식적 배열 속에 특정하게 위치한 주체의 존재론적 의미에 관심을 가질 필요가 있다.

커머닝의 공통감각과 정동

언어의 일차적인 기능은 의사소통하고 사회적 접촉을 하며 주변 사람들에게 영향을 미치는 것이다. 언어는 인간관계를 형성하고 유지, 파괴하는 기능이 있다. 즉 인간관계를 형성하는 데에도 '언어'가 핵심이 된다. 언어와 의사소통은 인간에게 필수 요소다. 인간은 필연적으로 상호의존적이기 때문이다. 즉 단순히 "함께"가 아니라 "서로를 위해" 행동해야 한다. 우리는 이 세계에서 타자와 실존을 공유하고 창출하는데 그 바탕에 의사소통이라는 활동이 있다. 의사소통은 참여자들 사이의 상호작용이 어떤 목적을 실현하는 사회적 상황에서 참여의 사건으로 시작한다. 듀이는 '의사소통'이라는 어휘에 '공동'의 어원이 포함되어 있다고 한다. '공동common', '공동체community', '의사소통communication'이라는 어휘의 언어적 연관성에는 그 이상의 의미가 있다. 사람은 사물을 공동 소유한 덕분에 공동체에서 살아간다. 그리고 의사소통은 그들이 공동으로 지닌 수단이 된다.

도시와 그 주변의 마을에서 삶의 균형을 되찾고 가능성 있는 미래를 기약하기 위해서는 커머닝commoning에 주목해야 한다. 어떤 공통의 필요가 생기면, 예를 들어 아기 돌보기, 노인 보살피기, 가사노동, 이사 또는 그 밖의 유사한 활동을 통해 다른 사람에게 자신의 시간을 할애한다. 이와 같은 경험이 생기는 어디에서라도 정도는 다르더라도 경험을 공유하는 활동인 커머닝이 존재한다. 공유를 위해서는 사람들끼리 서로 관계를 맺는 게 중요하다. 공유의 기본은 약속이다.

커머닝은 아는 사람들끼리 공유를 해야 갈등이 덜 생기고, 갈등이 생겨도 크게 번지지 않는다. 그것이 공통감각common sense의 효과다. 물론 그 세계는 우리의 주목 범위를 뛰어넘을 수 없지만 다른 사람들의 입장에서 사유해야 하는 넓은 시야의 사고 양식이 요구된다. 타자의 입장에 서면 다르게 보일지도 모른다는 가설적인 사고의 폭이, 우리의 판단에 그만큼의 타당성을 부여한다. 이때 감성이 쓸데없이 흩어지는 것과, 이성이 아무런 결실 없이 형식화되는 것을 피하기 위해서는 타인의 감정에 대해 더불어 느끼는 인간의 능력인 공통감각이 생생하게 작용하도록 하는 것이 큰 도움이 될 것이다.

공통감각은 우리 한 사람 한 사람의 하부 의식에서 통제되고 제어되며, 고도의 지각력이나 판단력도 포함하는 마음의 통합 작용이다. 우리가 함께 살아가는 데 중요한 것은 사물의 상태와 주변의 사정을 고려해서 판단하는 것이며, 이것이야말로 판단의 규준으로서의 공통감각의 본질이다. 그것은 사람들이 공통으로 가지고 있는 직관적인 판단력이며, 무엇이 필요하고 유익한가를 알려 주는 것이다.

어느 곳에서든 커머닝의 기본 조직 원리는 보살핌과 의무, 상호성, 그리고 참여다. 커머닝은 그러한 경험이 생기는 곳 어디에서라도 정도는 다르지만 존재하려고 한다. 이것은 협동과 파트너십을 통해 권력의 과도한 집중을 제한하여 삶을 무능하게 만들고 인간의 자유로운 삶을 가로막는 것에 맞서기 위함이다. 돌봄의 커머닝이 가져다주는 평온과 만족은 주는 사람과 받는 사람 모두에게 이득이 된다. 정동은 몸과 관련되어 있지만, 편안한 느낌, 행복, 흥분, 열정이 그 성취의 효과이며 심지어 결속감이나 귀속감도 유발한다.

커머닝에는 정동의 상호작용이 그 한가운데서 발생한다. 정동의 상호작용은 커머닝에서 주로 돌봄의 형태로 나타난다. 돌봄은 일방향적 서비스가 아니라 관계의 장의 돌봄이다. 돌봄은 삶의 잉여 가치를 창조하는 것으로 귀결된다. 돌봄을 통해 '어떤 일을 시작부터 끝까지 지켜보고 그 성장에 힘을 기울였다는 사실'을 의식하면, 우리의 마음에 큰 울림이 일어나기 때문이다. 그리하여 자신이 "무언가의 원인이 되는 즐거움"을 누리게 된다. 이때 우리는 강렬한 자신감과 자부심을 느낀다.

하지만 커머닝의 결과는 언제나 예측하기 어려운 수많은 변수와 어떻게 상호작용하는가에 달려 있다. 따라서 우리가 할 수 있는 일은 주어진 상황에 따라 분석하고, 상상하고, 추리하고, 문제를 타개할 아이디어를 찾아보고, 우리에게 많은 것을 약속한다고 여겨지는 방향으로 우리를 던져 넣는 것이다. 그것은 또한 관계의 장을 조정할 수 있는 테크닉—각자가 의사 표현을 할 수 있는 테크닉들, 또는 토론이나 협상 같은 것들과는 다르게 생각하고 실천해야 할 관계의 테크닉들—이 존재한다는 것을 함의한다. 그럼에도 불구하고 어떤 일을 일으킨다는 만족감, 사건의 원인이 되는 기쁨뿐만 아니라 누군가를 돌보는 일과 그 일에 대한 정동적 경험은 무언가를 자라게 하는 신비로운 경험마저 들게 한다.

경험을 나누는 의사소통 행위

모든 의미는 인간 활동이라고 부를 수 있는 모든 일과 관계하며 또한 역사적으로 상황 지어진다. 그것은 주체가 타자와 공유하는 세계에 관련된 것이다. 모든 의미는 문화적이며 끊임없이 유동적인 상태에 있다. 우리가 다른 이들의 행동에 영향을 받는 것만큼 우리의 행동도 다른 사람들에게 영향을 미친다. 모든 경험은 상호 간에 연결되어 있고 상호의존적이다. 다시 말해 상호연관과 상호의존이 경험이 존재하는 방식이다. 그러나 이 상호의존의 고리가 어떻게 작동하는지를 늘 한눈에 볼 수 있지는 않다. 그래서 행동의 의도와 결과는 종종 서로 다를 수 있다.

문제는 근본적으로 각기 상이한 목적을 추구하는 다수의 인간이 공간적으로는 동일한 집단 내에서 시간적으로 동일한 시대를 살고 있다는 점에서 출발한다. 요컨대 다수의 가치가 개입되는 상황에서 그들 다수의 가치가 서로 갈등할 때, 그리고 그들 갈등하는 가치 간에 조율의 필요성이 제기된다. 사람들은 집단적으로 혹은 개인적으로, 합의라든가 협동이라든가 의견 조정 같은 문제를 겪게 된다.

우리는 타인과 더불어 살아가야 하기에 말로부터 도망칠 수 없으며, 의사소통하지 않을 수 없다. 공동체의 생활세계는 상호이해에 기초한 의사소통 과정과 동시에 존재한다. 무엇을 하려고 하건 그 과정에서 우리는 어떤 식으로든 다른 사람들에게 늘 의존하고 있다. 의미 만들기는 상호의존적인 과정의 복잡한 종합이라고 할 수 있다. 이러한 상호 의존성은 사람들이 서로 연결되어 있다는 것을 뜻한다.

상호의존이란 인간관계의 불확실성을 전제로 한다. 사회 안에서 일어나는 일들은 대부분 사람의 기대에서 비롯되지만, 결과는 종종 누구도 예상치 못했거나 의도치 않았던 모습으로 드러난다. 즉 그것은 사람과 사람 '사이'에 설정된 거리로 인해 발생할 수 있는 알 수 없는 과정의 산물이다. 거리를 설정한다는 것은 물리적 폭력이나 동물적 충동 따위에 의해 '일체'가 되어 움직이는 것이 아니라 언어적 커뮤니케이션을 매개로 인격적으로 상호작용한다는 뜻이다.

언어에 의해 생겨나는 이 '사이'가 사람들 사이의 사고방식과 가치관의 다양성을 낳는 기초를 이룬다. 하지만 그 사이에 위계질서가 들어서면서 형식화·추상화되고, 엄격한 계급제도에 의해 보강되고 또 이데올로기화될 때, 공동체 의식은 파괴될 수밖에 없다. 엄격한 제도적 기율과 독단적 이데올로기의 정당성이 사람과 사람의 관계를 규정한다면, 사람과 사람 사이의 복잡한 주고받음은 필요가 없는 것이다. 정해진 대로 하면 될 뿐이다. 정당하게 정해진 것을 수행하지 않는 사람은 처벌될 수 있을 뿐이다.

나의 세계 이전에, 인간세계는 공동세계이다. 인간 공동체는 매우 구체적이고 다양한 상호의존에 기초한다. 그러려면 소통과 합의에 의한 공통의 규범적 기초를 만들어 상호이해를 추구해야 한다. 그것의 궁극적인 목적은 다른 사람에게 영향을 미치려는 시도 속에서가 아니라, 세계 속에서 어떤 것에 관해 하나 또는 그 이상의 행위자를 포함하는 일치 또는 상호 이해에 도달하고자 하는 시도 속에서 표현·실현되는 것이다. 하버마스는 의사소통적 합리성을 제안한다. 하버마스의 의사소통적 행위는 한 행위가 목적으로 하는 바가 대화자 상호 간의 이해를 이끌어 내는 것, 그들 간에 공유하고 있는 지식을 토대로 서로 간에 신뢰의 관계를 형성하고 서로를 이해하는 관계를 형성하는 것을 목적으로 할 때를 가리킨다. 이 경우 행위자들은 그들이 처해 있는 상황과 행위 계획에 관하여 상호 간에 이해를 추구하게 되고, 서로에게 동의함으로써 서로의 행위 방식을 조율하게 된다.

하버마스는 기능주의적 이성의 효율성 논리가 일방적으로 대체해 버리는 현대 사회의 문제적 경향을 '생활세계의 식민지화'라고 하며 상호이해에 기초한 의사소통 행위를 강조한다. 특히 관료주의적 합리성은 형식화된 규정이 모든 것을 해결해 줄 것이라고 믿는다. 사람들은 더 이상 각자의 인격과 개성을 표현하며 서로 활발하게 의사소통하는 개별 존재가 아니다. 형식화된 행위 영역들은 의사소통을 통한 합의의 필요성을 결코 인식하지 못한다. 의사소통적 행위는 대화에 참여하는 사람들 간의 이해를 지향하며, 그것의 목적은 "상호이해, 지식의 공유, 상호 신뢰와 조화를 통한 간주관적 공통성의 형성을 기반으로 한 합의를 이끌어 내는 것"이다. 바로 이 점 때문에 의사소통은 단지 '의사소통'이 아니라 '행위' 혹은 '활동'으로 이해되어야 한다.

하버마스의 의사소통적 합리성이란 한마디로 언어 및 행위 능력이 있는 주체들이 어떤 것에 관해 서로 소통과 합의를 시도할 때 성립하는 합리성이다. 의사소통적 행위가 가장 잘 드러나야 할 곳은 교실 상황이다. 교사와 학생 간에 이루어지는 의사소통 활동들이 '교육적인' 방식으로 이루어지고 있는지 그렇지 않은지를 비판적으로 바라볼 수 있게 하는 준거틀이 필요하기 때문이다. 학생은 이 상황에서 특정한 주제에 관하여 교사가 제시하고 있는 관점을 합리적으로 평가하거나 혹은 그럴 기회를 가질 수 있게 된다.

듀이의 마음, 이해관심

인간은 주위 환경과 상호작용하고 생물학적 균형을 유지하면서

살아간다. 인간의 삶이 정상으로 유지되기 위해서는 환경과의 상호
작용을 통한 항상성뿐만 아니라 사회문화적 차원의 균형과 정신적
차원의 안정 및 초월도 필요하다. 마음의 공간은 눈앞에 놓인 사안
으로부터 거리를 유지하면서 자신의 삶을 받아낸 마음은 그 자체를
견디기도 하고 즐기기도 한다. 그런데 마음의 움직임을 밖으로부터
주어지는 것이 아닐뿐더러 그렇다고 마음을 순수한 움직임으로만
이해한다면, 그것은 의미 있는 사건이 될 수가 없다.

우리는 감각작용, 지각작용, 판단작용, 상상작용, 기억작용, 개념적
사유작용, 추측작용, 의심작용, 기뻐함, 슬퍼함, 고통스러워함, 소망
함, 의지함, 충동, 본능, 기분 등 순간순간 변화하면서 상호침투하고
결합하는 생동적인 심리적 사건들의 예를 무수히 제시할 수 있다.
마음의 진행은 어떤 형태로든 마무리를 지향한다. 그것은 어떠한 조
건들에 의해서 가능할까? 듀이의 대답은 이해관심이다. 실제로 이해
관심은 움직이는 것, 성장하는 것, 더 풍부하게 경험하는 것, 더 완
전한 힘이다. 그리고 이해관심은 특정한 방향으로 나아가기 위해 집
중력, 인내, 지적 훈련을 요구하는 탐구의 방식으로 바뀌어야 한다.
특정한 이해관심은 새로운 질문이 만들어지고 탐구가 시도될 때, 그
처음의 맥락을 넘어서 잘 자랄 수 있다. 이러한 성장 또는 성장으로
서의 지적 발달에 대한 관념은 더 넓은 경험의 연속성 원리에 대한
하나의 예시이다. 그 자체를 넘어서 이어지고, 따라오는 것을 향해
방향을 맞추는 것이 바로 듀이가 말한 경험의 본질이다.

그보다도 근본적인 것은 마음의 움직임이 개인적으로나 사회적으
로나 인간의 실존적 필요에 대응할 수 있어야 한다. 그것은 무엇보
다도 활동이다. 주체의 자기활동에서 현실에 맞물려 돌아가는 마음

은 내비게이션과 같은 기능을 할 수도 있다. 길을 가면서는 때로 무수한 시행착오를 겪기도 한다. 우리는 '마음 가는 대로 맡긴다'라는 표현을 쓰곤 한다. 마음의 내비게이션 기능이 있다면 우리는 목적지를 찾아갈 수 있다. 하지만 내비게이션에 표시된 길이 없다면 우리는 어떻게든 길을 찾아 완성하지 않으면 안 된다. 그럴 때 그 새로운 길은 내비게이션에 새롭게 등록될 것이다. 이처럼 마음은 현실과 맞물려 돌아가는 한 원리이다. 마음은 현실과 더불어 돌아가면서 현실을 만들어 주고 또 거꾸로 현실에 의하여 결정된다

마음의 움직임은 그 자체가 어떤 실행을 통하여 어떤 성격의 체험의 질을 산출한다고 할 수 있다. 아무튼 일정한 어떤 것을 향한 것이 아니라면, 그것은 멍청한 것으로 심지어 체험이라고 말할 수조차 없게 된다. 지각을 하든, 상상을 하든, 판단을 하든, 소원을 하든, 가치 평가를 하든, 체험을 한다는 것은 어떤 것을 향해 이루어질 수밖에 없다. 이때 움직임은 일종의 힘이다. 그것은 단순히 삶의 의지로 표현될 수도 있고 권력에의 의지로 강화될 수도 있는 주관적인 의지의 지속성이라고 할 수도 있다. 이 힘은 지금 여기에서의 매 순간에 자신의 성취를 요구하고 있으므로 감각적 세계를 변형시키려는 활동의 의지이다. 다시 말해 마음이 움직인다는 것은 자기가 자기에게 영향을 미쳐서 어떤 것을 하도록 유발하는 힘의 작용이다.

마음의 문화적 구성

마음은 존재라기보다는 그것은 정확히 어떤 작용이자 어떤 성취

이다. 이 성취는 자기 안에 이르는 데 있다. 이를 통해 주관성이 성립한다. 주관성은 자기 자신을 깨닫고 또 그처럼 자기에 관한 계속된 경험 속에서 자기에서 자기를 증대하기를 멈추지 않는다. 삶의 가장 내밀한 존재인 마음은 자기 촉발 속에서 삶의 지속성을 받아낸다. 마음은 끊임없이 의미의 구역을 설정하고 개척해 가는 주체로서 작용한다. 이때 '어떤 것'은 개별적인 대상일 수도 있고 본질적인 보편적 대상일 수도 있다. 그 대상들에 대한 마음이 이룬 성취가 쌓여 이룬 업적의 총체가 한 사회가 가지고 있는 상징체계를 형성한다. 이를테면 상징형식의 하나인 조직에서의 삶은 구성원들에 의해 공유된 의미체계를 통해서 무엇이 좋고 나쁜가, 옳거나 그른가, 그리고 그 그룹의 구성원들이 생각하고 행동하는 적절한 방법이 무엇인지를 정의한다.

듀이가 말한 '습관habit'과 좀 다른 방식으로 프랑스 사회학자 피에르 부르디외는 '아비투스habitus'라는 용어를 사용한다. 부르디외가 제시하는 아비투스란 특정한 사회적 환경에 의해 획득된 성향, 사고, 인지, 판단과 행동의 체계를 의미한다. 예컨대 사람들이 어떤 의견을 갖게 될 때 그 기초가 되는 '인지 및 행위의 틀'인 것이다. 만일 어떤 공통적인 견해 및 활동의 재생산을 규제하는 이러한 '집단적 인지틀'을 확인하는 일이 가능하다면, 아비투스는 사회적으로나 개인적으로 문화가 재생산되는 것을 이해하게 하는 중심적 개념일 수 있다. 습관과 같이 아비투스는 어떤 성향의 체계이며, 오랫동안 습득한 어떤 실천의 장을 지향하는 지각, 사고, 행동의 체계이다. 그것은 사회적 맥락의 변화에 따라 강화되거나 약화될 수 있다.

김우창은 『깊은 마음의 생태학』에서 인간의 실존적 필요에 대응하는 것은 이론적 차원에서만이 아니라 실천적 차원에서 움직이는 마음이라고 말한다. 움직이는 마음을 정위하기 위해 마음을 연마하는 것은 삶의 역정에서 불가피하다. 이러한 마음을 갖는다는 것은, 밖으로부터 오는 것에 대응하여 움직이면서도 그것에 끊임없이 흔들리는 것이 아니라 그것을 하나로 엮어내는 마음을 갖는다는 것이다. 그런데 그 작업은 그리 쉽지 않은 일임이 틀림없다. 마음과 마음의 대상과의 관계의 적절한 유지, 그것에서의 마음의 유연성 유지 그리고 다시 그것으로부터의 삶에의 귀환—이 복잡한 과정을 유지하는 것이 문화의 과제이다. 일반적으로 문화는 제도를 통하여 삶의 방식을 표현한다. 그것은 신화, 법규, 관례, 말하고 생각하는 방식, 심지어 유니폼 등의 복잡한 상징적인 장치에 의해 정당화된다. 모든 문화는 나름의 전형적인 신념, 규범, 가치를 가지고 있지만, 이것들은 끊임없이 변화한다. 스스로의 내부적 역동성으로 인해 변이를 겪기도 한다. 문화란 단순히 '정해진 규칙' 이상의 것일 수 있다. 이러한 사실은 규칙이란 것 자체가 항상 불완전한 것이기 때문에, 규칙을 적용해 가기 위해서는 단순히 규칙 자체에 관한 지식 이상의 것이 요구된다는 사실이다.

이를테면 교통법규는 사회문화적으로 구성된 것이다. 훌륭한 운전이 교통규범을 준수하는 문제라고 해도 훌륭한 운전은 분명 특정한 규범을 준수하는 것 그 이상이다. 설사 제도가 있고 규칙이 있다고 해도 그것을 현실 속에 지킬 마음이 없다면 모두 껍데기에 불과하다. 성심과 성의가 없는 곳에 제도와 법이 기능할 수는 없는 것이다. 사람은 누구나 어떻게 살아야 할 것인가에 관심이 있고 그것은 자신의 마음을 바르게 사용하는 것으로 크게 도움을 받을 수 있다.

마음의 연마는 삶의 역정에서 불가피한 것이다.

　마음은 현실의 일부다. 일찍이 마음 그 자체를 하나의 탐구 대상으로 사고한 사람이 있다. 프랑스 역사학자 토크빌은 '마음의 습관'을 발견한다. 토크빌은 '마음의 습관'의 요체를 다듬어 가는 것에서 근대 산업사회의 극단적 갈등을 관리할 정치적, 사회적 지혜를 찾아냈다. 그에게 '마음의 습관'이란 개인의 욕심, 권리 주장을 제어하는 시민적 양심, 또는 교양이라고 부르는 무형의 자산이었다. 시민적 양심 혹은 교양을 어떻게 배양할 것인가가 제도개혁에 선행하고, 제도개혁은 다시 '마음의 습관'을 새로이 형성할 좋은 환경을 만들기도 한다.

6.

듀이의 문화민주주의

미래 없는 미래가능성,
살아 있는 경험

'사람들의 유적 존재'에 대한 이해

우리는 감각적이며 자연적 존재로서 우리 존재의 보편적 특성으로부터 결코 벗어날 수가 없다. 다른 종과 마찬가지로, 우리는 자신의 유지와 재생산에 유익하게 환경을 수정하는 데 사용하는 특별한 능력과 힘을 가지고 있는 지구상의 한 종이다. 인간은 오직 환경을 상대로 노동함으로써만 생존할 수 있으며, 인간 몸의 독특한 체질이 그 노동을 가능케 한다. 노동은 인간이 자연과 행하는 신진대사로서, 이 과정에서 자연의 재료들은 인간의 욕구에 맞는 형식으로 변형되어, 노동이 스스로 그 주체인 인간과 통합된다. 마르크스의 '유적 존재'는 육체를 가진 자연적 인간이 노동을 통해 대상 안에 실현하고 확인할 수 있는, 동물과는 다른 인간만이 가지고 있는 존재 방식이라 할 수 있다. 그것은 노동을 통해서 세상을 변화시키고 이에 의해 자신을 변화시키는 우리의 능력에 관해 말하는 것이다.

그리하여 마르크스에게 가장 중요한 것은 이른바 "(인간들의) 물질적 조직화", 그리고 "그 조직화의 결과로 인간들이 나머지 자연과 맺는 관계"다. 그것은 노동의 생산과 재생산 과정을 통해 확인되고 실현된다. 마르크스의 주장에 따르면, 역사 서술은 "항상 이 같은 자연적 토대들, 그리고 역사 속에서 인간의 활동을 통해 일어난 그 토대들의 변형을 출발점으로 삼아야 한다". 사람들은 물질적 본성 (마르크스의 표현으로는 "유적 존재")을 표출하며, 그 본성은 자신을 실현하고 재생산하는 능력, 그리고 그 와중에 실존의 조건들을 바꾸는 능력을 포함한다. 이것이 '역사를 가진다'는 말의 의미다.

우리는 우리 주변의 세계와 신진대사적 관계를 맺는 감각적 존재이다. 이 세계는 감각적 세계를 변형시키는 다양한 작업과 활동들이 구체적으로 실행되어 현실적으로 펼쳐지는 것이다. 우리의 활동과 노동을 통해서 우리는 세계를 수정하고, 또한 그렇게 하면서 우리 자신을 변화시킨다. 가장 기초적인 감각 활동조차도 상당량의 물질적 무대장치를 전제한다. 우리의 촉각과 미각의 배후에는 인간과 세계 간 거래의 역사 전체가 놓여 있다.

동물은 자연 조건에 대응하는 능력을 자연 자체로부터 부여받는다. 그래서 동물의 경우는 먹이를 찾고 피신처를 구하는 것이 본능적 기능에 상당 부분 의존한다. 반면에 사람은 이 부분을 해결하려면 본능에 못지않게 지능에 의존해야 한다. 예컨대 거미나 개미도 집을 짓지만 그것은 집은 짓겠다는 목적을 갖고 하는 게 아니라 자신도 생각지 못한 사이에 하는 본능적인 행동이다. 반면 인간은, 그가 아무리 재주가 없고 무능한 사람이라도 어떤 집을 지을 것인지, 그건 뭐에 쓸 것인지를 알고 행동한다. 이런 생각을 훗날 마르크스는 좀 더 명료하게 이렇게 표현한다. "아무리 빈약한 건축가일지라도 인간이 거미나 벌과 다른 것은 시작할 때 이미 끝(목적)을 갖고 시작한다는 점이다."

인간을 포함하여 모든 종은 그들의 행위를 통해서 다음에 올 발전에 영향을 미칠 수 있다. 모든 종은 적극적 선택을 하고, 자신의 행위에 의해서 그 후손이 필적해야 할 자연적 및 사회적 조건을 바꾼다. 또한 그들은 변화된 조건들에 대한 반응으로 그들의 행태를 수정하며, 이동을 통해 진화적 변화를 위해 상이한 가능성을 열어 놓는 새로운 조건들에 그들 자신을 위치 짓는다. 유기체란 "불가피한 것에 묶여서 그들 자신을 변화시키는 자연법칙의 단순한 대상이 아니라 그 법칙들에 따라 자연을 전환시키는 적극적 주체"이다.

이제 우리가 습득한 과학적, 기술적, 문화적 힘에 의해서 유기체의 '유적 잠재성'이라는 개념이 전면에 나오게 된다. 유적 존재라는 개념은 물론 종 중심적이다. 그것은 확고히 인간 중심의 태도를 수반한다. 우리는 우리 종의 정체성을 주장할 수밖에 없고, 우리가 누구인지 우리가 무엇이 될 수 있는지에 대해서 더 잘 표현하고, 우리가 살고 있는 세계에서 작용하는 우리 종의 능력과 힘을 표현할 수밖에 없다. 우리는 진화의 게임에서 활동적인 주체로서 존재해 왔으며 그로 인해 세상을 변혁할 막강한 힘을 축적해 왔다. 우리가 힘을 발휘하는 방식은 한 종으로서 우리가 무엇이 될 것인가를 정의하는 데 기본적이다. 우리는 유기체로서 독특한 '유적 존재'를 가지는가, 그리고 그 유적 존재가 외부 자연에 대한 우리의 미래 관계에 무엇을 가져오는가?

인간 환경의 공생 가능성

인간은 자연 속에서 자연과 더불어 행동하고, 동시에 자연에 저항한다. 듀이는 입맛, 즉 미각을 예로 든다. 그는 미각이 자연적으로 습득되는 게 아니라 문화에 뿌리를 둔 심미적 경험이라는 사실에 주목한다. 미각에는 필요와 먹는 즐거움이 결합되어 있으며, 맛들을 조합하고 새로운 감각을 창안하는 포도주 감정사나 미식가는 필요의 노예가 아니다. 이렇게 인간은 문화적 존재로 태어나 문화적 존재로 살아간다. 물론 오염, 자원 고갈, 종의 멸종, 기후변화, 이 외의 많은 것들을 보면, 인간 문화에 의해 자연에 가해진 외적 작용의 결과를 생각할 때, 문화에 대한 자연의 의존성은 명백하다.

우리는 자신이 생물학적 자아라는 사실을 부정할 수는 없다. 인간을 움직이는 건 본능이다. 어떤 사람이건 공기가 맑고 햇빛이 많은 곳을 좋아한다든지, 먹을 것이 풍부한 곳을 선호한다든지, 부드럽고 온난한 기후를 선호하고 지나치게 건조하거나 추운 곳을 회피한다든지 하는 기본적인 경향은 공통되게 지닌다. 이는 분명 인간이 보편적으로 지닌 생물학적 경향이기도 하고, 또 이것이 몸의 습성과 관련해서는 기본적인 토대를 이루기도 한다.

인간의 몸은 불변적 몸짓들에 상응하는 자극들의 전체로 환원되지 않는다. 몸은 만들어진 것이면서 동시에 만들어야 하는 것이다. 몸이 인간에게 주어지고, 동시에 인간은 몸을 자신에게 준다. 인간의 몸은 기호의 세계로 들어가게 하는데, 기호들의 다의성은 모호성을 만들어 낼 여지가 많다. 따라서 몸의 용법은, 마치 예술작품의 방식처럼, 인간들이 소여를 전유하는 방식, 자신을 주조하고 다듬기 위해, 자신을 제작하고 생산하기 위해 소여를 초월하는 방식이라는 점에서 중요한 의미를 지닌다.

동물은 자신의 환경에 닫혀 있다고 한다면 인간이 관계하는 환경테는 고정적이지 않고 가변적·중층적이라는 점이 다르다고 할 수 있다. 그리고 인간 몸의 문화적 성격은 몸이 폐쇄적이고 고립적인 경향을 지니는 것이 아니라 부단히 타자와 연관을 맺고 결합하려는 경향을 지니고 있다. 인간 환경은 자연환경과 그 속에 거주하는 인간 공동체 간의 생태적 연계를 보여 주는 개념이다. 인간 환경이라는 개념은 자연과 문화 사이에 위치한다.

개별 유기체는 스스로만의 힘으로는 존재할 수 없는 존재이다. 이 관점에서 보면, 생명은 행성의 규모에서만 일어나는 현상이다. 생명의 지속은 생물군(살아 있는 것의 총계)과 지구의 물질적 환경(대기, 바위, 해양)을 포함하는 통합된 과정에 의존한다. 그뿐만 아니라 개체적 유기체는 재생산적으로(=생식적으로) 연결된 개체군의 구성원으로뿐만 아니라 환경과 건설적으로 상호작용해서 그들과 그들의 후손들이 살고 있는 세계를 변화시키는 존재로서 간주된다. 개체화는 문제를 해결하는 생명의 모든 활동에 적용되는 개념이다. 그렇다면 개체는 환경 안에 던져질 때 어떻게 행동하며 환경과 어떠한 방식으로 관계를 맺게 될까?

인간 환경을 이야기할 때 인간 사회의 공동체만을 이야기한다면 역사적으로나 지구에 사는 생물계의 시각에서는 터무니없이 협소한 관점이다. 극지방이나 심해 혹은 땅속 깊이 사는 고세균까지를 고려한 생태계는 아니더라도 우리가 접하는 식물, 동물, 미생물 등과의 공존에 대해 고려하지 않고 공동체를 이야기할 수 없다. 동물의 가축화는 동물과의 공생共生 체계가 이루어지는 과정이라고 볼 수 있으며 좀 더 넓게 보면 동물이 가진 미생물과 인간의 조우, 그리고 양자의 공생 가능성에 관한 탐색 과정이다. 이러한 탐색 시기에는 예측할 수 없는 결과가 생길 수도 있다. 예를 들어 새로운 바이러스 질환이나 혹은 세균에 의한 질환이 나타나 걷잡을 수 없는 결과를 초래할 수 있다. 코로나19 팬데믹은 이러한 교훈을 뼈저리게 느끼도록 했다.

일반적으로 개체는 생명체를 중심으로 사유되어 왔다. 개체는 고정적이고 관계 독립적인 실체가 아니라 다른 개체들과의 유기적 관계 안에 있으면서 비로소 그 자신으로 성립한다. 이런 점에서 개체성은 함께 있는 두 개체가 마치 단 하나의 생물체처럼 보이는 공생의 성질이다. 이러한 상호관계 안의 개체는 고정되어 활동성이 없는 수동적 물질성이 아니라, 끊임없이 자기 자신을 자기 자신이 아닌 다른 것으로부터 이끌어 내는 생동성을 지닌 유기체적 생명력을 그 본질로 한다. 생명체계의 열린 관계로서의 이러한 개방성은 생명 현상의 또 다른 특성인 자유로움을 이루는 근거가 된다. 이와 같은 생명체의 개방성은 자유롭지만 스스로 생로병사라는 숙명을 지니고 영생할 수 없는 개체의 운명을 잘 말해 준다.

바이러스가 생태계에서 공생적 관계가 확립되지 않는다면 사람에게도 감염을 일으키고, 또 사람 간에 전파할 수 있는 형태로 변이가 이루어질 가능성이 있다. 그런데 이러한 공생 가능성에 관한 탐색은 지구 역사의 긴 여정에서 본다면 그리 특별한 일이 아니다. 생태계는 우리와 그냥 더불어 존재하지 않고 우리의 건강, 성장과 노화에 영향을 미치고 심지어는 우리 몸이 가진 세포 대부분을 이루고

있기 때문이다. 오히려 공생은 생물체 생성과 진화의 예외적 현상이
아니라 기본적인 원칙으로 보는 것이 타당하다.

현존재의 개방성, 상황에 던져져 있음

인간은 항상 무언가를 하고자 하며, 어떤 것과 관계를 맺고자 한
다. 따라서 스스로를 자발적으로 내보일 수 있도록 어떻든 열린 채
존재할 수 있어야 한다. 하이데거는 인간의 존재 방식, 그것이 열려
있는 존재라는 의미에서 현존재라고 부른다. 하이데거는 현존재의
열려 있는 상태를 빛에 비유하기도 한다. 현존재는 존재 의미가 드러
나는 터전이기에 존재 의미를 밝히기 위해서는 우선 이러한 현재를
해명해야 한다.

현존재는 현실에 골몰하는 것이 그의 본질이기 때문에 현실에 의
존한다. 하이데거는 인간이 항상 어떤 맥락적 상황에 던져져 있음을
강조하고자 현존재 개념을 제시한다. 현존재는 자신이 속한 세계 안
에서, 자기가 서 있는 자리에서, 세계를 달리 이해하며 자기로 있다.
세계는 현존재에 의존한다. 인간 현존재의 개방성은 행위pragma를
통해 과거·현재·미래로 이어지는 시간성을 현재에서 구현한다.

인간 현존재는 존재가 열린(좀 더 쉽게, 존재가 무엇인가를 이해하
는) 존재자로서 항상 자신의 존재(의미)에 대해 물음을 묻도록 내맡
겨져 있다. 인간 현존재는 그 본성상 다른 존재자와 달리, 자기의 존
재(의미)에 대해 물음을 던지는 상황에 처해진 존재이다. 인간 현존
재는 실로 존재자의 한복판에서 존재자에게 의존한 채 그때마다 자

신의 존재를 선택함으로써 삶을 영위하게 된다. 이렇게 자신의 삶 전체를 문제 삼는 인간만의 독특한 존재 방식을 하이데거는 '실존'이라고 부른다.

실존이라는 용어의 본래 의미도 우리가 알다시피 '바깥에 있다'는 것이다. 인간이란 존재는 자기 자신 바깥으로 스스로를 확장한다. 그것이 그가 자기 자신일 수 있게 한다.[15] 그런 점에서 보면 실존은 자기형성이다. 형성은 계속해서 자기 밖으로 나가는 것이자 자신을 넘어서는 것, 즉 자신의 세계 밖으로 벗어나는 것이기 때문이다. 그리하여 형성은 시작부터 '나' 그리고 내 삶의 세계가 지속적으로 불려 나온다.

실존적 인간은 육체를 가진 인간으로서 언제나 어떤 상황 속에 내던져진 존재이다. 그는 스스로 원해서 그러한 상황 속에 존재하게 된 것도 아니지만 선택의 여지 없이 내던져진 그곳에서 자신의 상황을 떠맡아 거기에서 자신의 존재 가능성을 길어 내올 수 있다. 그렇게 인간은 자신의 실존세계를 구축해 간다. 이렇듯 인간의 '있음'에는 '세계 형성'이 본질적으로 속한다. 그리하여 어떻게 세계가 매일 매일 우리에게 나타나는가와 함께 시작하려 하며, 그것은 현존재가 자신의 존재로서 갖고 있는 개시성 가운데서 적극적으로 열려 있음

---

15. 알아듣기 쉽게 일상적 어법으로 말하면, 인간은 자신의 존재가 무엇이며 어떤 삶을 살아야 하는지 물을 수밖에 없도록 태어난 존재인 것이다. 실존의 전개는 신체들의 기하학적 규정을 항상 넘어선다. 실존은 그 이상으로 펼쳐져 있는 객관적인 현실이다. 하이데거가 '실존'이라는 주제 아래 이야기하려는 것은, 자기 자신으로 존재하는가, 그렇지 않으면 '그들' 혹은 '세상 사람들'이 하는 대로 따라 하면서 자기 자신이기를 포기하는가 하는 것이다. 이러한 문제제기는 하나의 세계와 대면하고 있는 정신에 대한 거짓된 그림에서 떠나는 데 있다. 우리는 이미 현실적 상황에 대한 불가능하리만치 추상적이고 왜곡된 이미지들에 둘러싸여 있기에 실존의 개념에 기대어 비켜설 수 있어야 한다.

을 의미한다. 이것이 곧 하이데거의 기투인 것이다. 여기서 기투라는 의미는 의식적으로 숙련된 계획에 따라 어떤 태도를 취하는 것이 아니라 '지금의 상태로부터 벗어나도록 던져 버리는 것'이다. 이렇게 현존재의 자기 이해 자체는 기투라는 실존론적 구조를 갖는다. 그리하여 하이데거는 현존재 개방성의 근본 구조를 어떤 "상황에 처해 있음", "던져져 있음"이라 말한다.

하이데거는 무엇보다도 현존재의 세계가 지닌 개별성을 강조한다. 하이데거의 현존재는 구체적인 개별자이고 가능성이 충만한 실존이며 동시에 특정한 세계 속에서 살아가는 존재다. 그러기에 인간에게 문제가 되는 존재는 나 자신의 존재이다. 부단한 생성 과정 속에 있는 하이데거의 세계는 개인에 따라 그 모습을 달리하는 개별적인 세계이지, 결코 모든 인간에게 공통적인 그 무엇이 아니다. 현존재가 자신과 만나는 그것, 즉 존재 성격은 앞서 계산될 수 없고, 보편 인류를 위해서도, 공중을 위해서도 아무것도 할 수 없다.

마음의 존재 방식과 기능

우리는 일상생활에서 어떤 기분 상태에 있는 자신을 발견한다. 살아가고 있다는 것은 언제나 특정한 정서 또는 기분의 상태에 있다는 것을 의미한다. 우리는 유쾌한 마음가짐 혹은 울적한 마음가짐을 가진 상태에서 무언가를 지향하고 있는 자신을 발견한다. 이와 같은 마음가짐, 기분, 심사 등은 단지 심적 상태만을 보여 주는 것이 아니라 우리의 존재 방식이다. 중요한 것은 무엇을 성취하느냐가 아니라 어떤 '마음가짐'으로 그 일을 수행하느냐다. 그것은 출근길만 봐도 알 수 있다. 어떤 때는 출근길이 기쁨 자체다. 햇살을 받으며 평온하게 걷거나 차를 타고 달리면서 유쾌한 기분을 만끽한다. 또 어떤 때는 똑같은 그 길이 시간을 앗아 가는 장애물 경주로만 여겨질 때 우울한 생각을 떨치지 못할 수도 있다.

인간의 마음에 관한 유일하고도 간단한 정의란 없다. 철학사 속에서나마 인간의 본성과 관련하여 복잡하게 뒤얽혀 있는 사상들에서 마음에 관한 이해에 도움을 받을 수 있다. 이미 고대로부터 플라톤과 아리스토텔레스는 인간을 영혼을 가진 존재로 보았으며, 자급자족이 가능한 공동체적 삶의 기능과 관련하여 개개인에게 속한 고유한 기능이 잘 실현된 마음의 상태인 '아레테arete', 즉 '탁월함'을 강조했다.

마음은 단지 있는 것이 아니라 스스로를 형성한다. 모든 살아 있는 것처럼, 마음의 지속 상태는 서로 아무렇게나 흩어져서 분산되어 있지 않다. 마음은 방향성 있는 흐름을 지니며, 마음 안의 어떤 것은 그 흐름을 마음에 가두지 않고 잠재적 총체 안에 투사한다. 이때 중요한 것은 동기라기보다는 집중이다. 그 순간은 우리가 사물에 각별히 관심을 가지고 주의를 기울이는 시간이자 공간으로서, 그 무언가에 집중한다. 무언가 다가와 우리를 움직인다. 세계를 향해 주의를 집중할 수 있도록 마음은 자신의 욕구와 감정에 따라 취사선택하고 이에 따라 행동한다. 이때 선택을 수행하는 것은 바로 마음의 핵심적 기능이다. 마음은 이 선택을 통해 실천해 가는 것이기도 하다. 그렇게 이것은 우리 자신을 넘어서게 한다.

마음의 상태를 일컬어 '마음의 결'이라는 표현을 쓸 때가 있다. 마음의 결은 마음의 움직임을 나타낸다. 마음은 외물에 감응되면 쉽게 물결을 일으키는 속성이 있다. 그 물결을 일으키는 상태가 '마음의 결'이다. 마음의 결은 정조情調라는 표현과 유사하다. 정조는 칸트의 용어 'stimmung'의 번역어다. 이 용어는 '감정 상태', '정서', '분위기' 등을 뜻하지만, 악기의 음이 완전히 '조율된 상태'를 뜻하기도 한다. 칸트는 이 용어를 사용하여, 이념 또는 자연의 합목적성을 지각할 때 우리의 인식 능력들(상상력, 이해, 오성)은 그것을 인식하는 데 최적의 상태로 '조율된다'는 의미를 전달하고자 했다. 이 용어는 이념을 지향할 때의 마음의 상태를 설명하는 용어라는 것이다. 이것은 자신의 능력을 최대한 발휘한 때의 모습을 기술하고 있다. 그때의 의식 속에서 희미하고 막연하게 지각되는 그 무엇, 그러나 언설로 형언할 수 없는 그 무엇을 자연의 합목적성이라고 한다.[16]

여기서 이념은 개념들의 인과적 논리가 아닌 형상이라는 것이다. 형상이 의식에 포착된 상태에서 무엇인가가 판단된다면 그때의 판

---

16. 벤야민이 괴테에게서 빌려온 원현상이라는 개념이 있다. 원현상은 드러나는 바로 그것이다. 우리는 나뭇잎에서 풍부하고 다양한 식물 세계가 펼쳐지는 것을 경험한다. 이때 원현상은 "다양한 현상들의 밑바탕이 되는 가장 간단하고 근본적인 현상"으로 괴테 자연철학의 출발점이 되었다. 괴테는 이러한 구조의 원형적 원형식이 생물학적 생명의 본질을 드러낸다고 믿었다. 괴테가 생각하는 자연은 뉴턴과 데카르트처럼 인간과 구분되어 대상으로서 존재하는 것이 아니라 인간의 인식이 그 한 부분을 이루고 있는 것이었다. 원현상은 이데아의 세계에 머물러 있는 것이 아니라 현상을 통해 드러난다. 하늘의 푸른빛은 우리에게 색채론의 근본 법칙을 밝혀 준다. 현상의 이면에서는 아무것도 찾을 수 없다. 현상 자체가 이론이기 때문이다. 감각적이기도 한 원현상은 마음속의 광경일 뿐인 것 같지만 때때로 현실로 주의 깊은 관찰자의 눈앞에 노출된다. 원현상은 시간 속에서 관찰된 무시간적 법칙 바로 그것이다. 그런 것이 존재하기에 원현상은 특수한 형식 속에서 무매개적으로 드러나는 일반이다. 그런 면에서 생물학적 생명의 본질을 드러내는 원현상은 경험적으로 존재하는 것이라고 할 수 있다. 이처럼 원현상과 같은 이념적인 것들이 인간 실존에 가장 내밀한 본질적인 속성을 뜻한다고 전제함으로써 구체적이고 개별적인 사태 하나하나를 제대로 사유할 것을 주장할 수 있다.

단은 결코 개념에 의한 판단이 될 수 없다. 그것은 오히려 판단이라 기보다는 차라리 느낌이나 감각의 형태로 드러나는 마음의 심층적 정서 또는 정조를 가리킨다. 이처럼 마음의 결 또는 정조라는 마음 의 상태는 우리의 인식 이면에 깔려 있는 의미와 가치를 파악하기 위해 부단히 경주하는 '마음의 이념 지향성'을 의미한다고 볼 수 있 다. 마음의 이념적 지향성이라는 말에서 마음의 정서적 상태로서 세계와의 화음을 조정하는 마음의 결이 존재한다는 것을 의미한다. 물론 거기에는 조화로운 화음도 있고 불협화음 또한 있을 수 있다.

정동 경험의 강도적 발생

몸은 상호 정동한다. 이것은 동시에 신체의 변용을 동반한다. 감 각과 정동은 서로에게 흘러간다. 그것은 이미 항해 중인 어떤 경험 속으로 침잠하는 것이다. 정동은 몸체들 사이에서 일어나는 효과, 그것은 무언가를 할 수 있는 몸의 능력으로 정의할 수 있으며, 이 능력들은 증감을 통해 끊임없이 변한다.

여기서 말하는 몸의 능력이란 두뇌를 필요로 하는 의식적 계산과 무관한 기능으로서의 몸의 실행적 능력을 말한다. 이러한 정동은 어 떤 한 개인의 심리적 상황을 의미하는 느낌이나 주체의 감정이 아니 며, 한 존재의 삶을 지속시키는 서사에 포획될 수는 없다. 따라서 정 동은 한 개인의 인지 수준 이전의 상태에서 일어나는 변화이자 재 현적일 수 없는 강도적 차원에서 신체를 설명하는 것이다. 강도는 자신의 몸을 두드리고 있는 차이적인 음조로 느낀다. 그러기에 강도적 느낌은 의식으로는 감각되지 않으면서 신체에 의해서만 감각될 수밖에 없다.

어떤 경우에든 마주침의 사건에서는 정동하고 정동되는 힘이 이행을 지배한다. 축구 경기는 두 팀을 대치시킴으로써 즉시 생생한 긴장감을 불러일으킨다. 운동장에 있는 골대와 지면과 인간 육체의 존재가 경기를 이끄는 것이라며, 공은 그것을 촉진한다. 공은 모든 선수의 포커스이며, 모든 움직임의 대상이다. 경기의 주체는 공이다. 경기 중의 지향적 운동은 집단적이며, 그것은 팀의 운동이다. 축구 경기에서 볼 수 있듯이 정동은 순간적인, 그러나 때로는 좀 더 지속적인 관계의 충돌이나 분출일 뿐 아니라 힘들과 강도들의 이행(혹은 이행의 지속)이다.

신체의 정동작용은 이행들과 다름없다. 각각의 이행은 능력의 변주를 수반한다. 그것은 아이들의 노는 모습을 보면 된다. 아이들에게 한 시간을 주면 놀이를 열 번도 더 바꾸면서 논다. 하나의 놀이가 실패하거나 재미없어지면 좌절하지 않고 곧바로 다른 놀이로 이동한다. 이때의 정동은 생체에너지인 욕망의 리듬과 화음으로 가득한 이행의 느낌이라고 할 수 있는데 그것은 놀이의 국면들 사이에 걸쳐 있다. 정동이 강렬해질수록 더 크고 넓은 생명의 장 속에 접속해 있다는 감각이 강해지기 마련이다.

신체적 감각이 유발하는 달아오름, 창자의 움찔거림, 목 뒤의 머리칼 곤두서기 등 정동은 알아챌 수 없는 것들의 극히 미세하고 분자적인 사건들. 소소한 것과 그보다 더 소소한―. 만일 사랑하는 사람 앞에서 창피를 당할 때 내 가슴에 멍이 드는 것은 은유적인 표현이기도 하고 문자 그대로이기도 하다. 그러한 신체적 반응은 거의 통제할 수 없다. 그렇게 하여 우리가 취하는 것은 신체에 각인된 만남의 흔적, 지울 수 없는 흔적이다. 그것은 내밀하면서도 비인격적이다.

예를 들어 어떤 사람이 화가 날 때 누군가의 코에 펀치를 날리지 말라고 배울 수 있지만, 경기 중에 그의 맥박이나 그가 인지조차 못하는 많은 내부 조절기능을 멈출 수는 없다. 이러한 일들은 미세하게 항상 일어난다. 주의를 딴 데로 돌린다든가, 심지어 눈을 깜빡이는 등의 단순한 것들이 일종의 미세충격으로, 이로 인해 우리는 초점을 재설정해야 하고 잠재적 행위들을 재현해야 하며, 우리의 관계의 장을 갱신하지 않으면 안 된다. 그 장은 아직 주체와 객체 같은 범주들로 안착된 수준이 아니다. 우리는 이러한 크고 작은 중단들 속에서 경험을 끊임없이 재생성한다.

브라이언 마수미는 정동을 신체적 반응, 자율적 반응으로 정의하는데, 이는 곧 의식적 지각의 상태를 넘어서서 지각에 앞서는 "내장의 지각"을 말한다. 정동은 강력한 위협의 선두적인 지표, 내장까지 건드리는 지표로서도 기능한다. 작가 이사벨 아옌데Isabell Allende의 말을 들어 보자. "책은 내 마음에서 생겨나는 게 아니라 뱃속 어딘가에서 떠오른다. 그것은 내가 접근하지 못한 대단히 어둡고 비밀스러운 장소에 숨겨져 있으며 내가 그저 모호한 느낌으로만 짐작하는 것, 아직 형체도 이름도 색깔도 목소리도 없는 그런 것이다." 해부학자인 실비아 벤슬리는 우리의 감정이 크게는 얼굴 근육에 의해 나타나지만, 발생학적으로 보자면 모든 얼굴 근육은 제1, 제2 장궁臟弓에서 나온 장 근육이며, 장 신경에 의해 활성화된다고 주장한다. 그녀는 "그렇기 때문에 우리의 감정과 내장의 해부학적인 연계성이 직접적이며, 이 연계성은 우리가 생각하는 것보다 훨씬 밀접하다"라고 말한다.

정동은 관계의 장에서 느껴지는 질이다. 그 장은 불확실성의 상황 속에 있고, 전체를 볼 수가 없다. 왜냐하면 모든 것을 장악할 수 있는 위치는 존재하지 않으며, 완전히 파악할 수 없는 장 안에는 복잡성과 다양성이 있으며, 그와 아울러 우리는 끊임없이 변하기 때문이다. 정동 경험들은 대상이 아니라 그 상황을 통과해 가는 우리 자신의 움직임이다. 그것은 경험의 열린 방식으로 다사다난과 모든 상황의 독특함으로 경험하기는 활력이나 생기의 감각, 더욱더 살아 있다는 것 같은 느낌이 동반되는 것이다. 오히려 몸의 변용 능력을 풍부하게 할 때 마음 상태에 변화를 가져올 수 있다. 정동은 만남과 접촉을 통한 신체적, 정신적 변화 또는 그 에너지이며 감정이나 정서, 나아가 이성의 영역보다 먼저 발생하는 마음의 움직임이다. 정동을 힘으로 파악할 때 우리가 감정이라는 말로 사유하는 것보다 그 중심이 훨씬 더 신체 쪽으로 이동하며 급기야 몸과 정신의 경계는 흐릿해진다.

매체와 인지의 확장 효과

나는 세계와 직접 만날 수 없다. 나는 빛을 통해 세계를 보고, 진동하는 공기층을 통해 세계를 들으며, 전자기장을 통해 세계를 느낀다. 나는 타인 및 타인 고유의 세계에 직접 다가갈 수 없다. 그리고 커뮤니케이션하기 위해 나는 빛, 공기, 전자기장 등 일차적인 지각 매체뿐 아니라 그것들과 의미가 결합된 이차적인 매체, 즉 말, 글, 책, 라디오, TV, 인터넷, 컴퓨터 등의 커뮤니케이션 매체를 필요로 한다. 매체의 발전 혹은 새로운 매체의 등장은 내가 세계와 만나는 방식 혹은 타인과 교류하는 방식을 변화시킨다.

지금 우리 일상은 코로나19를 겪으면서 불가항력적 속도로 일상의 디지털화가 이루어지고 있다. 우리 일상이 급속도로 탈아날로그화되는 동시에 초디지털화되어 감으로써 초연결된hyper-connected 사회로 진입하고 있다. 현대 문명의 특징 중 하나는 컴퓨터, 인터넷, 스마트폰 등으로 대표되는 매체들의 급속한 발전이다. 매체의 발전이 인지의 확장을 가져온다는 것은 부정할 수 없는 사실이다. 예를 들어 마셜 매클루언은 매체를 인간의 신체와 감각을 확장하는 모든 기술을 망라한 것으로 보인다. 매체는 인간과 세계와의 소통을 매개하는 것으로 폭넓게 이해되기도 한다. 디지털 기술의 발전이 인간의 지각 세계와 커뮤니케이션 방식을 크게 바꾸어 놓으면서 전자매체에 대한 관심이 커지고 있다. 매체는 인지를 구성하는 요소가 될 수 있으며, 인지는 매체와의 인과적 통합을 이룸으로써 뇌와 몸의 경계를 벗어나 매체와 환경적 요소로 확장한다.

우리는 항상 기술 매체를 통해 의미화된 몸과 마주한다. 임산부는 자신의 몸속 태아를 의료기기가 스캔한 화면상의 영상으로 마주한다. 인간은 디지털 기술과의 접속을 통해 존재하게 되는 것이다. 여기서 태아는 '물질-기호'이다. 임산부도 마찬가지로 여성의 몸이 디지털 의료 기술의 측정 방식을 통해 경험되는 '물질-기호'임이 분명하다. 우리는 기술 매체, 몸, 기호의 복잡한 상호작용을 통해 우리의 몸을 마주하게 되며, 심리적·생물학적·사회학적 관계망 속에서 '몸'을 물질-기호적으로 생산한다. 우리는 항상 역사적·공간적으로 특정한 맥락에 처해 있으며 특정한 기술 매체를 통해 물질과 접속한다는 점에서 부분적이고 상황적으로 지각한다.

오늘날 우리는 트랜스 휴먼 시대를 경험하고 있다. 트랜스 휴먼은 글자가 나타나듯 인간의 모습을 변화시키는 것으로서, 자연적인 존재를 초월한 슈퍼 인간을 구현하는 것을 말한다. 자연적인 진화의 방식을 거부하고 기술적이고 의학적인 방법을 이용하여 지금의 인간보다 더욱 뛰어난 신체적 능력을 향상하는 것을 뜻한다. 트랜스 휴먼의 변화 가운데 눈여겨봐야 할 것은 스마트폰의 등장이다. 스마트폰은 우리 마음의 일부로, 과거 머리(두뇌)에 저장되어 있을 법한 전화번호와 일정이 이젠 스마트폰에 내장되어 신체의 일부로 기억 저장소 역할을 하고 있다. 이는 '확장된 마음'으로서 기계화된 신체를 비유한다.

우리에게 일어나는 기술 매체에 의한 인지의 확장은 마음의 확장뿐만 아니라 몸을 통해 세계와 조우한다는 몸-주체를 동반한다. 기술로서의 매체의 발달이 인지 확장에 결정적인 영향을 미치지만 그 효과는 몸을 매체로 나타나는 재귀적 과정이다. 그 과정은 다시 외부 대상물들과의 결합을 통한 자아 개념의 변화와 확장을 동반한다는 점에서 인간과 기계의 공진화적 과정의 특징을 띤다.

모든 사물이 인터넷에 연결되는 사물인터넷 시대에는 일상생활의 거의 모든 영역에서 디지털 테크놀로지의 발전과 함께 정보 환경에 대응할 인지 능력의 증강이 요구된다. 사물인터넷의 접속 환경은 공기나 중력처럼 지구 어디에나 편재하는 제2의 자연으로 확장될 것이기 때문이다. 이러한 추세에 따라 코딩어 능력을 비롯해 디지털 리터러시 학습의 필요성이 대두하고 있다. 지금 우리 사회는 어린 세대에게 미래의 일자리를 미끼로 디지털 리터러시 학습을 강요하고 있다. 이렇게 배우고 익힌 디지털 리터러시는 정보통신 산업에 회수될 인적 자원 수준으로 제한될 가능성이 다분하다.

디지털 리터러시의 의미를 성찰하면서 '테크놀로지'의 그리스 어원인 '테크네'를 상기하는 일은 작금의 사태에 대한 근본적 질문에 닿으려는 시도이다. 기술에 입각한 인간의 제작 활동 일반을 일컫는 테크네는 예술art, 숙련기술skill, 공예craft를 포괄할 뿐만 아니라 테크놀로지와 예술의 관계를 근대 자본주의의 도구적 테크놀로지 너머로 이끈다. 하이데거는 테크네의 본질이 세계를 비도구적 측면에 풀어놓고, 탈은폐하는 것이며, 밖으로 내어놓는 것이라고 해석했다. 우리는 자본과 테크놀로지 그리고 삶의 관계를 면밀히 이해하고 대안적 삶의 실천을 이끌어 낼 기술 리터러시와 이를 교육할 페다고지를 창안해야 한다.

커뮤니티 생활의 중심, 교육

현재 일어나고 있는 디지털 전환의 사회적 격변은 과거 산업혁명만큼이나 크기 때문에, 커뮤니티 생활의 중심을 이루는 공동체 교육의 필요성이 그만큼 크다. 지역 사회에서 학교가 중심이 되어야 한다는 개념은 한 세기 전으로 거슬러 올라가 존 듀이라는 교육철학자로부터 시작됐다. 미국 버몬트주의 작은 마을에서 자란 듀이는 지역 사회생활이 지역의 거리와 주민들을 연결하는 개인 네트워크들로 구성되어 있다고 믿었다. 듀이의 관심은 언제나 일상에서 무수한 삶의 문제 상황에 직면하고 이를 풀어내며 살아가는 보통 사람들과 그런 대다수 보통 사람들의 삶에 영향을 미치는 사회적 조건을 향해 있었다. "진정으로 사회적인 삶genuine social life"이 곧 교육이요, 교육은 사회적 기능이란 견해는 듀이 교육철학을 특징짓는 가장 중요한 한 가지다. 그 바탕에 놓인 기본 전제로, 무수한 사람과 사물로 둘러싸인 환경에서 상호작용하며 살아가는 생명체인 인간의 삶은 사회문화적 환경 조건과 떼려야 뗄 수 없이 연결되어 있다.

학교는 경제적 이해관계에 의해 전유되거나 사유화되지 않은 공간으로서 세상을 이해하고 같이 살아가는 방식을 배우고 실천하는 곳이어야 한다. 듀이의 교육철학은 가르침과 배움의 실천에 외적으로 부과되는 것을 모두 거부하고, 학습과정 자체와 그것이 요구하는 조건들보다 더 높은 권위의 존재를 인정하지 않는다. 교육 그 자체에 내재적인 목표 및 조건들을 확인하도록 설득했던 사람이 듀이였다. 교육은 그 자신의 논리에 따라 펼쳐지고, 학습과정과 관련 없는 목표들이 외부에서 부과되었을 때 왜곡된다. 교육은 '나는 이것을 할 수 있다/나는 가능하다'와 같이 '할 수 있음'의 경험을 가능하게 만든다. 그 경험이 독특한 잠재력으로 세계를 열어 보이고 흥미를 유발하여 집중하게 만듦으로써 인간에 영향을 끼쳐 인간이 형성되게 한다.

듀이는 학교가 학생들을 교육하는 동시에 커뮤니티 생활의 중심이 되어야 한다고 생각했다. 교육은 사회의 가장 시급한 문제, 특히 민주적 공동체를 만드는 데 중점을 두어야 하며, 학생들을 지역 사회봉사에 참여시키고 민주 사회를 만들어 가기 위한 참여와 헌신을 준비시키는 역할을 한다고 믿었다. 그러나 유념할 점으로, 듀이도 사회 현실에 만연한 해악으로부터 자라나는 아이들을 지키고 성장의 길을 이끌기 위해 교육 공간인 학교에 모종의 울타리는 필요하다고 본다. '진정으로' 사회적이라는 뜻을 되새겨 보면 학교에서든 학교 밖에서든, 경험의 의미를 함께 나누는 사회적 상호작용 과정 자체가 교육의 본질임이 분명하다.

오늘날 교육이 성공적으로 이루어지지 않는 이유는 지식과 기술을 제대로 전달하지 못해서가 아니라 공동체 구성원들이 가져야 할 가치관과 역할에 대해서 충분한 교육과 훈련을 하지 못한 결과라고 할 수 있다. 교육을 통해 낯설고 다른 것들을 향해 열린 창조적, 지성적, 사회적 성향이 어릴 적부터 마음의 습관으로 발달하지 않으면, 함께 경험의 의미를 나누는 공동 삶의 양식으로서의 민주주의 실현은 요원하다.

듀이에게 넓은 의미의 교육은 모든 사회에서 의식적, 무의식적으로 사회적 삶에 참여하여 상호작용하는 가운데 이루어진다. 개개인의 삶은 물론이고 사회공동체의 지속가능성은 새로운 구성원들이 그 사회에 축적된 의미를 이어받아 문화적 정체성을 발전시키는 정도에 달려 있다. 듀이는 "교육이란 사회적 목적을 향한 진보적 성장 과정에서 개인적 능력을 자유롭게 하는 일"이요, 그 실현 가능성은 학교교육 문화의 질적 혁신에 있다고 본다.

특히 자라나는 아이들에게 함께하는 삶과 배움의 성향을 형성하고자 한 듀이에게 학교는 지구 공동체와 더불어 살아가기 위해 생태계와 사람의 상호관계를 이해하고, 다른 사람과의 협력을 통해 지속가능한 사회를 형성하기 위한 교육이 이루어지는 곳이어야 한다. 이렇게 볼 때, 듀이가 마음에 품은 것은 일상 삶의 민주화를 위한 교육혁신이요, 사람과 사람 사이의 관계와 소통 방식에 영향을 미치는 사회적 배치social arrangement의 근본적인 변화를 지향하는 일이다.

교육은 학습자의 문제해결력을 강화시키는 의도적인 과정이다. 이는 듀이의 교육사상과 우리를 연결시켜 준다. 현재 상황에서는 과거에 유용했던 지식, 즉 예전에 효력이 있었던 문제해결 방법으로는 불충분하다. 그렇다면 신세대에 의해서 새로운 지식, 태도, 기법 등이 개발되어야 할 것이다. 그런데 문제는 결코 단번에 해결할 수가 없다. 그래서 진정한 문제해결은 진화적일 수밖에 없다.

상황은 거기에서 무엇인가 잘못된 점이 발견된 후에야 비로소 문제가 된다. 문제가 야기하는 불완전한 상황에 더욱 잘 대처하려면 문제해결 전략은 합리적이어야 한다. 합리성에 대해서도 언급할 필요가 있다. 합리성이란 '명확한 사고, 즉 사물과 행동에 대한 이해를 향상시켜 주는 사고'라고 정의한다. 어떤 사람이 명확한 사고의 특징을 갖고 있으며 그에 따라 더 나은 사고를 갖고 행동을 하게 된다면 그 사람을 가리켜 합리적이라고 말할 수 있을 것이다. 그것은 사태에 대한 반성적 태도나 관조적 분석이 아니며, 미래에 대한 예측이나 결정을 의미하지도 않는다. 그것은 원인에 대한 명석 판명한 관념에 기반한 합리적 인식에 따라 스스로 하나의 원인이 되는 실천을 수행하는 것이다. 그리하여 앎과 함이 일치함으로써 문제해결이 가능한 새로운 인과관계를 만들어 낸다.

우리는 우리 자신의 태도를 포함해서 사태를 변화시킬 수 있다. 하지만 새로운 문제를 해결하기 위해 새롭게 순응하는 등 또 다른 변화도 일어날 것이다. 그리고 그것을 바꾸고 재구성하고 폐기함으로써 그와 연결된 행동 노선을 변화시킬 수 있으며, 그럼으로써 새로운 상황과 경험에 대처할 수 있게 된다. 이 모든 것은 변화를 포함한다. 그러나 하나씩 차례로 변하는 것은 아니다. 서로 얽혀 있는 것들이 전체적으로 변화할 필요가 있다. 대략적이지만 이런 것이 진화적 문제해결이다. 이는 새로운 삶의 방식으로 진화하는 것을 의미한다.

유기체적 인간의 문화화

유기체적 인간의 '나'라는 정체성 구성

삶을 영위하는 사람은 정확히 말해서 자연적 개인 흔히 일인칭 대명사인 "나(I)"로서 표현된다. "나는 지각한다", "나는 판단한다", "나는 느낀다", "나는 의지한다" 등은 유기체적 인간의 의식 행위와 의식 상태를 나타낸다. "나는 그런 종류의 사람이다"라고 말할 경우, 유기체적 인간의 자질, 선험적 또는 생득적 성품과 능력의 특성 또는 그의 일시적이거나 지속적인 성향—예컨대 그 자연적 개인의 지적 특성과 성향, 기질적 특성, 실천적 특성, 정신적 능력과 소질, 수학적 재능, 논리적 날카로움, 아량, 상냥함, 극기심 등—을 나타낸다. 유기체적 인간 또는 자연적 개인을 지칭하는 "나"라는 용어가 신체와 영혼 모두를 포함한 "전체적 인간the whole man"에 대한 인칭대명사임을 강조한다. 즉 사람은 "정신의 표현인 몸과 몸의 표현인 정신 간의 통일적 결합체"이다.

인간이 나와 너로 구분되며 개체성을 띠게 되는 것은 사람에게 주어진 가능성이다. 개체적 존재가 된다는 것은 인간의 개별적 실존을 강조하는 것이다. 이것은 일반성과 군중성에 앞서는 인간 각자의 고유성과 개체성의 강조 즉 실존의 강조라고 말할 수 있다. 그러나 동시에 그것은 의식적으로 선택된 행동으로 스스로 창조하는 것이다. 그래서 '개인화'의 개념은 주어진, 물려받은, 태생적인 사회적 특성으로부터 개인이 해방된다는 뜻을 내포한다. 근대에 가장 두드러지고 중요한 특징이자 변화로 여겨진다. 자유주의 이념에서 '개인화'는 우리 모두에게 인간의 정체성을 구축하는 것을 당연한 과제로 받아들이게 한다. 그리고 그 과제를 수용하고 수행의 결과(부작용)에 대해서 행위자인 개인이 책임을 지게 한다.

그렇다면 하나의 인간 개체가 주체로 구성된다는 것은 무엇인가? 생존과 쾌락의 충동을 지닌 인간이라는 생물적 개체는 성장과 발달의 어느 단계에서 '나'라는 정체성을 가진 주체로 만들어진다. 즉, 나는 누구이며, 나는 무엇이 되고 싶으며, 내가 들어와 살고 있는 이 세상은 어떠한 모습을 하고 있으며, 나를 이미 둘러싸고 있는 다른 사람과의 관계, 외부 세계와의 관계는 무엇이며, 나는 그것들과 어떠한 방식으로 안정되고 익숙한 관계를 맺고 있는가에 대한 의식과 느낌을 지니게 되면서 나는 비로소 '나'라는 이름으로 이 세상에 존재하게 된다. 즉, '나'라는 주체는 집단의 신념, 가치관 등을 내재화하면서 구성된다.

'살'의 상호세계

그렇다면 나와 타자의 몸이 섞여 상호 소통할 때 공통 토대란 존재하는가? 메를로퐁티는 주체와 대상 사이를 감각적으로 횡단하는

'교직교차'에 주목한다. 메를로퐁티는 나-타자 사이를 횡단하는 교직교차를, 만지는 오른손과 만져진 왼손이 감각적으로 연결된 내 몸에서 발견한다. 몸은 완전히 포개지지 않는 틈을 통해 스스로 펼치는 능동적인 운동을 하면서 사물로 연장하고, 사물은 수동적으로 접히는 운동을 하면서 몸에 감겨 서로 연결된 살 존재가 된다. 즉 보고·만지고, 만지고·만져지는 교직교차의 횡단 운동 덕분에 나는 세계, 타자와 하나의 직물처럼 짜인다. 원심적 펼침과 구심적 접힘 운동은 보는 것, 감각하는 것이 스스로 감기는 운동 속에서 보임과 감각됨으로 나타나는 살의 주름 운동이다.

살을 매개로 원칙적으로 모든 존재자가 서로 연관성을 지니고 있다고 할 때, 나와 타자 간에도 분리와 차이보다는 유기적 연관성이 더 강조될 수밖에 없다. 서로 교차하고, 서로 부르고, 서로 응답하는 그 모든 흐름 사이에 살이 있음으로써 나의 몸에 의한 지각과 타자의 지각 사이의 경계가 불분명하기도 하지만, 이는 한편으로 나의 지각에 타자의 지각이 공동으로 참여한다는 의미도 지님으로써 그만큼 주관적이라고만 여겨 온 개별적 지각의 한계를 넘어서 보편성을 지닐 수 있게 하는 긍정적인 계기를 마련해 준다. 여러 경험은 일치와 불일치, 얽힘, 차이로 된 점점 더 폭넓은 울림의 상호세계를 이루고자 결합한다. 살은 이처럼 서로 다른 "몸들 간의 관계를 얽어서 짜 맞추는" 역할을 함으로써 상호주관성의 중요한 토대 역할을 한다.

내 시선이 타인의 시선과 마주치는 데 나와 타인의 상호성에 대한 근본 경험이 놓여 있다. 내가 타인의 눈을 본다면 그도 나를 볼 것이고 더욱이 우리는 서로 마주 보고 서 있다. 이때 얼굴은 상대방이 읽을 수 있도록 의도되어 있다. 자신은 거울 없이는 자기 얼굴을 볼 수 없기 때문에 타자가 나 자신의 거울, 아니 사회적인 것으로서의 거울이 된다. 메를로퐁티는 얼굴 또는 얼굴의 표현을 상호주관성·상호개인적 관계로 정의한다. "내가 타자의 얼굴 표현 안에서 산다는 것은 명확한 사실이다. 마찬가지로 타자도 나의 표현 안에서 산다고 나는 느낀다. 이것은 이른바 '나-그리고-타자'라는 체계의 명사이다." 또한 타인과 마주치는 시선 속에 신체 도식의 상호성이 포착된다. 물론 그러기 위해서는 시선이 이러한 의미에서 체험되어야 한다. 즉, 타인의 신체와 움직임이 시선의 도움으로 자신의 신체 도식에 관련되고 모방될 수 있어야 한다.

마르틴 부버는 저서 『나와 너』에서 비대면 시대에 인간과의 만남에서 얻을 수 있는 존재론적 희망을 제시한다. 그는 마주 서 있는 존재의 체험, 다시 말해 마주 서 있는 사람과 함께하는 삶에서 발생하는 관계의 상태, 그리고 타자와 만나 인사하는 과정에서 건네는 '안녕'이란 인사말이 갖는 존재론적 힘의 원천을 강조한다. 그는 서로의 직접적인 만남을 통해서만 참된 자아를 발견할 수 있다고 말한다. 코로나 시대 SNS 소통에서 이뤄지는 만남, 즉 얼굴 없는 타자와의 만남은 존재의 근원에서 멀어지고 있는 것이다. 부버는 '나와 너'의 관계를 추상적인 것으로 해석하지 않고, '지금 이 순간' 서로 만나는 것이야말로 '실제적 삶'이라고 보았다. '나와 너' 관계의 완성은 상호적인 관계에서 시작되고, 나와 너는 마주 봄에서 가능하다.

살을 매개로 이제 나의 몸은 타자의 몸의 겉면뿐 아니라 내면까지 관통해 들어가고, 또 반대로 타자 또한 그러함으로써 양자 간에는 단지 피상적인 만남이 아닌 열려 있는 내적인 만남과 상호주관성이 가능해진다. 개별적인 주체의 닫힌 감각이 아닌 공통된 감각이 가능하기 때문이다. 나의 세계와 타인의 세계는 보편적 에고의 동일한 투사로서의 세계가 아니기 때문에 공존 불가능하지만, 바로 그러한 공존 불가능을 통과하면서 통일성을 이룬다. 그 세계는 신체를 매개로 하는 감각적 살의 세계, 가장 원초적인 상호주관성이 발견되는 세계라고 할 수 있다.

정동체로서의 신체 능력과 힘

나의 신체의 움직임을 통해서 실현되는 활동에서 항상 생생한 현재가 체험된다. 이 신체성의 경험이 타 자아의 경험을 향한 계기를 마련하는 전환점이다. 우리는 '너와의 접촉'을 통해 관계성을 맺는다. 우리는 타인과의 접촉에 의해 타자의 숨결, 타자의 입김이 우리를 스치면서 사람-사람의 관계가 형성된다. 우리가 타인에 대해 가지는 인상과 타인에게 주는 인상 사이의 간극을 고려해 보면 상황들은 정동적이며, 그 모두가 생생히 움직이는 것이다. 정동은 사이의 한가운데서, 행위를 하는 능력과 행위를 받는 능력의 한가운데서 발생한다. 그것은 반드시 개별적 몸체가 아니라, 관계들을 맺는 몸체들, 복합되어 있는 몸체들에 의한 정동적 지대이다. 우리가 상황들 속으로 그리고 상황들을 통해 움직이게 되면 그 과정에서 우리가 취하는 것은 관계의 복합체 혹은 결합체이다. 삶의 실험이 이루어지는 이곳은 무한히 연결될 수 있고 전염성이 있는 이 세계의 소속물들과 운명을 같이한다.

감정과는 구분되는 정동을 잘 보여 주는 것이 패닉이다. 패닉은 전염된 것으로, 즉 전염의 운동 안에서 존재하는 것으로 기술된다. 다시 말해 그것은 사람을 열띠게 하지만 '이유 없이 엄습하는 공포'라는 뜻을 담고 있다. 이러한 '이유 없는' 공포나 불안에서의 '이유 없음'은 바로 의미화에 저항하는 것이면서 동시에 심리적인 개인적 주체에 선행하는 것으로서의 정동 전염 현상을 밝혀 준다. 즉 특정한 정동들이 이 신체에서 저 신체로 전달되는 생명신경학적 수단이 작동한다. 정동을 전염성이 있는 것으로 생각하는 것은 정동이 몸의 표면에 영향을 미치면서 어떻게 여러 몸 사이를 오가는지를 보여 줌으로써, 심지어 어떻게 몸의 표면이 형성되는지에 주목하게 된다. 이로부터 정동의 전염 현상을 통해서 변이를 드러내는 신체의 즉각적 반응 상태가 힘들의 상태라는 점에서 정동체로서의 신체라고 명명할 수 있다.

정동체는 연결하면서 연속적으로 작용하는 힘들과의 관계에 따른 변용의 극한을 감당하고 수용하는 바를 드러내는 정동의 용적이다. 정동체인 신체는 정동을 통해서 다른 존재들과의 마주침으로 일어나는 신체적 변화, 그 마주침에 의한 결합과 해체로 인해 변화하는 신체의 새로운 조성을 하게 된다. 예를 들면 행복의 정동 경험은 우리 곁에, 즉 우리 주변에 형성된 세계를 친숙한 것들의 세계로 만드는 데 중대한 역할을 한다. 특정 대상이라기보다는 어떤 사태가 우리에게 행복을 가져다준다. 행복은 그 대상 주변의 '모든 것'으로 향해 있다는 말이다. 그때 행복은 단순히 대상에 대한 것이거나 의식에 주어진 대상들을 향해서만 나아가지 않는다.

행복은 정동적 마주침의 강렬도를 지칭한다. 한 예로 아마도 우리는 모두 내가 "이유를 알 수 없는 행복"으로 부르고자 하는 그런 행복을 경험해 보았을 것이다. 당신은 딱히 이유를 모른 채 행복을 느끼는데, 그 느낌은 마치 당신이 마주친 것을 넘어 감정에 겨워하는 것처럼 우리를 홀린다. 행복의 정동적 경험은 마주침의 강렬도를 통해 존재력—느끼기, 행하고, 지각하는 능력—의 증강을 지칭한다. 그렇게 정동은 세상 밖을 느낀다.

스피노자의 관점에서 볼 때, 윤리의 길은 미리 주어진 판단체계에 준하여 행위들을 규정하고 분류하여 거기에 긍정이나 부정의 가치를 부여하는 것이 아니다. 윤리학은 행위들이 건드리고 표현하는 가능성이 어떤 유형인지를 파악하는 것을 의미한다. 어떤 사람이 궁지에 빠졌을 때 농담을 할지 화를 낼지, 그 불확실성은 그 상황에서 정동의 변화를 생산한다. 그러한 정동의 적재와 적재된 정동을 펼치는 방식이 하나의 윤리적 행위이다. 왜냐하면 불확실성은 사람들이 어디로 갈지 또는 그 결과 무엇을 할지에 영향을 주기 때문이다. 그것은 영향을 미친다.

정동은 많은 점에서 힘force 또는 힘들의 마주침(조우)forces of encounter과 동의어다. 몸은 정교하게 짜인 힘의 영역들의 결합물이다. 묶임과 풀림, 되어 감과 되어 가지 못함, 삐걱대는 불협화음과 조율이 잘된 리듬 그것들은 몸이 마주침의 세계에 속함을 표시하거나, 또는 세계가 마주침들로 이뤄진 몸에 속함을 표시한다. 이런 식으로 정동체로서의 신체라는 개념은 정동을 힘들의 마주침으로 바라봄으로써 다양성의 매트릭스라는 육화된, 관계의 생성에 대한 무제한의 구성적 사유로 초대한다.

정동은 다양한 마주침의 리듬과 양태를 따라 일어나고 사라지는 신체적인 능력과 힘들의 긴장과 이완이다. 그것은 흐름을 따르면서, 정동적 운동 안에서 기회들에 몸을 맞추는 것이다. 정동적 운동에서 정동하고 정동되는 신체의 능력은 상황을 지배하거나 기획하는 것이 아니라, 상황을 파도타기 하거나 비틀기에 가깝다. 그것은 바로 ―종종 자유를 뜻하는― 자신의 활력을 지각하는 것, 살아 있음의 감각, 변화 가능성을 지각하는 것과 다름없기 때문이다. 그것은 특정한 해법으로 완결되기보다는 어떠한 문제적 장을 연다. 마치 오지에 던져졌을 때, 그곳에 대해 아무것도 알지 못하는 상태, 하지만 실패를 거듭하면서라도 하나하나 알아 가야만 하는 상태, 따라서 그 오지를 해독하고 해석해서 길을 만들고 지도를 만들어 가야 하는 상태라고 할 수 있다. 이것은 이미 있는 인식의 내용을 습득하는 것이 아니라, 아직 있지 않은 인식을 찾는 참된 배움 활동의 예시라고 할 수 있다.

초연결성의 온라이프, 디지털 생태계

이제 사물인터넷의 시대를 사는 우리는 기계의 조작자로서, 도구의 사용자로서 참여와 개입을 통해 우리 몸이 느끼게 되는 감각적 즐거움을 더욱 증폭되고 더욱 정교해진 방식으로 체험하고 있을 것이다. 스마트시계, 스마트반지, 스마트팔찌 등 우리 신체에 직접 접촉해 심장박동, 칼로리 소모, 근육 상태 같은 건강 정보를 수집하고 분석하는 각종 착용형 기기들, 또는 신체의 움직임을 활용한 인터페이스를 기반으로 오감을 통해 즐기는 가상 및 증강 현실을 떠올려 보자.

　기술사회에서 인간은 수많은 기계와 무수하게 연결되어 있다. '연결'이라는 단어를 인터넷 포털 사이트 국어사전에서 검색하면 "사물과 사물을 서로 잇거나 현상과 현상이 관계를 맺게 함"을 의미한다고 나온다. 그 활용 사례로 주로 '무선연결', 'PC연결' 등이 뒤따른다. '인터넷이 연결되었습니다'라는 문구는 개인이 인터넷이라는 거대한 세상 속으로 진입함을 의미한다. 인터넷은 그냥 무수히 많은 컴퓨터가 통신망으로 촘촘하게 연결된 상태, 그 이상도 그 이하도 아니다. 하지만 인터넷이야말로 인류가 처음으로 발견한 대륙이라는 거창한 수식어가 어울리는 곳이다.

　컴퓨터가 발명되기 전, 통신망이 생기기 전에 그 세계는 존재조차 하지 않았다. 인터넷이 넓디넓은 세계를 손만 뻗으면 닿을 수 있는 세상으로 만들어 준 것은 사실이다. 누군가가 인터넷에 연결되는 순간, 그는 새로운 세상을 만날 수 있다. 인터넷과 연결된 사람은 연결의 홍수 속에서 수많은 문자나 이미지 또는 영상을 통해 다양한 체험도 할 수 있다. 스마트폰 시대의 인터넷은 더 이상 호기심을 자극하는 신대륙이 아니다. 공기나 전기처럼 일상 속의 요소에 지나지 않는다.

　온라인 커뮤니티의 등장으로 인터넷을 보는 관점이 획기적으로 바뀌었다. 인터넷이 단순하게 전자 정보를 공급하는 도구가 아니라 사람들이 서로 부대끼고 소통하는 사회와 비슷하다는 점을 깨달았다. 우선 소셜 네트워크는 사람이 얽혀서 함께 사는 사회 그 자체를 말한다. 일상 속에서는 소셜 네트워크, 소셜 미디어, SNS라는 단어가 혼용되지만 엄밀하게는 의미가 다르다. 우선 소셜 네트워크는 사람 사이의 연결망을 뜻하며, 이는 사회가 돌아가기 위해 꼭 필요한 요소다. 동네 사람, 학교 동문, 회사 동료 등이 이런 소셜 네트워크의 대표 격인데, 이런 사람 사이의 연결망이 없이 우리 사회는 기능할 수 있다.

소셜 미디어나 SNS는 소셜 네트워크의 틀을 인터넷에서 구현한 플랫폼이다. SNS는 트위터나 인스타그램처럼 개인의 프로필을 중심으로 지인의 정보를 수시로 업데이트하는 형태의 온라인 서비스를 뜻한다. 이런 서비스가 세계적으로 인기를 끌면서 SNS가 소셜 미디어의 대명사인 듯 받아들여졌다. 하지만 원래 소셜 미디어는 카카오톡이나 라인 등 채팅 서비스, 위키피디아, 블로그 등을 포괄하는 더 넓은 개념이다.

2013년 유럽연합의 '통신 연결망, 콘텐츠, 기술집행위원회에서 〈온라이프 선언〉을 발표했다. 디지털 전환의 시대를 맞이하여 스마트폰과 인터넷에 연결되지 않은, 즉 온라인이 아닌 삶을 상상하기 힘든 시대다. "온라이프"는 "온라인과 오프라인의 구분이 무감각해진 초연결된 실재가 가져온 새로운 경험"을 가리킨다. 〈온라이프 선언〉에서 특히 주목할 것은 새로운 정보통신 기술의 핵심으로 "초연결성hyperconnectivity"을 제시한 점이다.

미디어아트의 선구자인 백남준은 전자미디어와 통신케이블로 촘촘히 연결된 세상을 상징하는 '일렉트로닉 슈퍼하이웨이Electronic Superhighway'라는 개념을 제창했다. 인터넷이 모습을 드러내기 훨씬 전인 1970년대의 일이다. 이후 수백 대의 TV와 통신케이블로 미국 지도를 재현한 같은 제목의 설치 예술작품도 발표했다. 인터넷이 모습을 드러내기 훨씬 전에 컴퓨터 네트워크로 뒤덮인 지구를 상상한

이 예술가의 상상력은 놀랍다.

온라이프를 선도하는 메타버스에는 세계를 바라보는 새로운 시각이 담겨 있다. 메타버스는 현실의 나를 대리하는 아바타를 통해 일상 활동과 경제생활을 영위하는 3D 기반의 가상세계다. 현실 세계가 가상공간과 결합하여 마치 현실이 가상공간으로 확장된 것을 의미하는 것이다. 메타버스에서 참여자들은 자발적으로 새로운 세계를 구축하는 창작자이자 이용자가 된다. 이때 나의 주체적 의사결정을 지원하기 위한 목적으로 메타버스가 신체적, 정신적, 사회적 기능과 역할에서 새로운 지평을 열 것으로 기대된다.

오늘날에는 디지털 연결망 없이는 대부분의 사람들과 대화할 수 없고, 내가 얻고 있는 정보의 대다수를 얻을 수 없다. 이런 점에서 현대 사회는 디지털 생태계로서 특별히 디지털 기술을 매개로 유기적으로 연결된 구성원들이 서로 영향을 주고받는 하나의 세계를 형성한다. 디지털 채널들은 이제 세상을 향한 나의 눈과 귀가 되었다. 신체적 조건 속에 갇혀 있던 자아가 제한된 조건을 벗어나 확장되고 강화되는 것이다. 이제까지 인류가 신경세포의 네트워크로 이루어진 뇌의 사고와 신체 활동을 통해 자아를 실현해 왔다면 이제는 그 네트워크가 신체적 한계를 넘어 디지털 자아를 통해 무한히 확장되는 것이다.

디지털 생태계는 기존에 있던 자리를 재배치한다. 디지털 기술로 인해서 사람의 자리, 너의 자리와 나의 자리 그리고 너와 나의 자리는 새롭게 배치된다. 이러한 사회에서 우리의 삶의 양식은 크게 변화하고 있다. 디지털 자아의 형성은 디지털 세계를 현실 세계와 통합시킴으로써 우리 자신과 세계를 이해하는 방식에 큰 영향을 미친다. 더 나아가 인간 사회가 앞으로 어떻게 펼쳐져 나갈지를 좌우하게 될 것이다. 컴퓨터 공학과 디지털 통신 기술의 역할은 '인간을 대체'하거나 불확실한 '인공지능'에 접근하는 것이라기보다는 각각의 사회적·인지적 잠재력들이 상호 간에 발전하고 증폭될 수 있는 지적 공동체의 건설을 용이하게 하는 것이다. 그것은 사이버 공간이라는 유동적이고 쌍방향적인 대화 공간을 상상하고 건설하고 조성하는 것이다.

상호주관성의 구조와 인정관계

모든 면에서 우리는 끊임없는 경험에 의해서 모양을 잡아 가는 역동적 존재이다. 인간 본성이라고 불리는 것은 이 역동성의 산물이다. 인간 본성은 우연성에 의해 정의되지만 가능성에 대한 믿음 없이 모두가 함께 나누는 의미 있는 삶은 불가능하다. 상호주관성은 주체들 사이의 관계이자 주체와 세계 사이의 관계에 대하여 동시다발적이다. 그래서 '자기'와 '타자', 그리고 '세계'라는 세 차원은 함께 속해 있는 것으로 이들은 서로를 조명하고 있다. 이것을 온전히 이해하려면 그 상호연결성을 이해해야만 한다.

사람들은 언어 속의 의미를 공유하고 공유된 의미를 바탕으로 의사소통함으로써 살아간다. 그 과정에서 다른 사람과 의미를 폭넓게 공유하기 위해서는 상상력에 바탕을 둔 경험이 있어야 한다. 언어의 의사소통적 혹은 상호작용적 사용은 사실 상대방에 대한 상상에 많이 의지한다. 서로 모르는 사람들이 협력할 수 있는 것은 그들이 뭔가 공유하는 신화와 같은 상상 속의 질서가 있어야 한다. 한 개인은 누구라도 그 존재를 위협할 수 없다. 이런 상상의 질서는 상호주관적이며, 이를 변화시키려면 사람들의 의식을 동시에 변화시켜야 한다. 이것은 쉬운 일이 아니다.

자아는 항상 앞서 존재하는 상호주관성이라는 구조물에 의해 매개된다. 역사를 움직이는 중요한 동인 중 다수가 상호주관적이다. 상상의 질서는 상호주관적이다. 법, 돈, 신, 국가가 모두 그런 예다. 이것들은 사람들 대다수가 공유하는 상상 속에 존재하는 상호주관적 질서로서 제도이다. 그런데 규칙이나 상징 등이 사회 구성원에 의해 당연한 것으로 받아들여질 때만 제도로서 정의된다. 사회적 질서로서의 제도에 초점을 맞추게 되면, 개인 간 상호작용을 가능케 하는 사회적 패턴이 형성되고 그것이 지속되는 과정에 주목하게 된다.[17]

상호주관이란 많은 개인의 주관적 의식을 연결하는 의사소통 망 내에 존재하는 무엇이다. 듀이는 "모든 일 중에서 의사소통은 가장 경이롭다"라고 말했다. 의사소통하는 일은 사람들에게 그들 자신을 드러내기 위해서 그리고 자신의 편에 서게 하기 위해서 외부의 밀고 당기는 과정을 거쳐야 한다. 그 과정에서 의사소통의 결실이 참여와

---

17. 제도란 공식적·비공식적 규칙뿐만 아니라 인간 행위에 의미를 부여하는 상징과 인지 등을 모두 포함하는 개념이다. 제도는 물리적 실체가 아니라 인지적·문화적·상징적 차원에서 존재하는 사회적 질서이다. 이렇게 인지적·문화적·상징적 차원에서 사회적 질서가 존재하기 때문에, 이러한 사회적 질서는 형성되는 동시에 계속해서 유지되지 않으면 안 된다. 이때 문화적 패턴으로서의 사회적 질서가 특별한 규칙이나 강제성에 의해서가 아니라, 자율적인 방식으로 스스로 재생산되게 되면, 이를 두고 사회적 질서가 제도화되었다라고 표현한다. 다시 말해서 제도화란 특정한 사회적 질서나 문화적 패턴이 당연시되는 과정이다. 이렇게 자율적인 자기 재생산 과정을 갖춘 사회적 질서가 바로 제도인 것이다[하연섭(2004), 『제도분석』, 다산출판사, 108-112쪽 참고].

공유여야 한다는 것은 하나의 경이로운 경험이다.

수많은 타자와 함께 살아가는 삶의 현실에서 상호주관성은 상대방에 대한 인정의 욕망을 충족하는 과정에서 성립한다. 코로나19가 시작된 이후, 대학에서 온라인 수업이 이어지면서 2020년과 2021년 입학생들은 동기의 얼굴도 모른 채 학창 시절을 보냈다. 코로나로 인해 비대면 시스템이 점점 고착화하는 상황에서 얼굴을 마주 대하면서 타자와의 만남의 가치를 추구하고 그 속에서 소중한 인간미와 형이상학적 가치를 생각해 보는 경험이 상당히 위축되었다. 인간이라면 누구나 자신이 속한 공동체에서 자신만의 가치와 개성을 드러냄으로써 사람들에게 '인정'받고 그것이 사회적으로도 기여한다는 사실을 통해 스스로에 대한 존중감을 지니게 된다. 하지만 현실적으로 한 개인의 개성과 가치 그리고 능력을 사회 안에서 오롯이 드러내 보이기는 쉽지 않다.

인간은 모든 동물에게 공통된 자기보존의 욕구를 극복하고 이 인간적인 욕구를 따를 때, 즉 타자의 인정을 위해 생명을 걸 때 비로소 자신을 인간으로 확증한다. 호네트의 인정 이론의 출발점은 다양한 사회적 관계의 제도를 사람들 사이의 상호주관적 인정관계와 연결 지어 이해하자는 데 있다. 호네트는 왜곡되지 않은 인정의 경험을 가능하게 하는 상호주관적 조건들을 개인의 자유롭고 좋은 삶을 가능하게 하는 조건으로 보았다. 그러면서 호네트는 인간의 자유롭고 평화로운 삶의 문화 정착과 그 안에서 인간이 자신감, 자존감, 자부심을 획득하며 다른 이들과 공생할 수 있는 연대적 힘의 중요성을 강조한다. 모든 인간에게 타인과의 상호주관적 관계는 매우 중요한 의미를 지닌다. 인간의 자기이해는 상호주관적 관계를 통해서만 가능하다. 또한 인정은 인간이 자신의 삶을 성공적으로 실현시킬 수 있는 사회적 조건이자 각 개인이 자신에 대한 긍정적인 관계, 즉 긍정적인 자기의식을 지니게 하는 심리적 조건이다.

문화에서의 지식과 권력

상호주관성은 삶의 전반에서 의미를 만든다. 의미를 만든다는 것은 다양한 맥락과 행동규범 속에서 다른 사람들을 이해하는 지식을 쌓는 것이다. 그래서 문화를 넓은 의미의 인지적 현상으로 정의할 수 있다. 문화는 그것의 의미가 구성원에 의해 해석되고 재교섭되면서 끊임없이 재창조되고 있는 과정 속에 있다.

가정, 학교와 교실, 마을과 일터, 종교기관, 또한 사이버 공간 등도 상호주관적 질서이며 이곳에 사람들이 함께 모이면 사회적 집단을 이룬다. 우리는 사회의 구성원일 뿐 아니라 무수히 크고 작은 사회적 집단의 일원으로 살아간다. 그곳에서 사람들의 활동은 조정될 필요가 있다. 어떤 관심사에 참여한 개인들이 널리 확대되어 각자 자신의 행위를 다른 이들의 행위와 관련짓고 다른 이들의 행동을 고려하여 자기 행동의 초점과 방향을 잡아 나가게 된다. 이러한 사회적 과정들에 대한 탐구는 의미가 어떻게 해서 정당한 것으로 여겨지는가, 그리고 그것이 어떤 식으로 행위에 정보를 제공하게 되는가에 대한 검토를 수반한다.

이를테면 우리는 기존의 제약, 심지어 우리에게 아주 정당한 것으로 보이는 제약까지도 확인해 볼 수 있고, 또 이런 제약이 제거된 상황도 상상할 수 있다. 우리는 실천적으로 그런 제약을 실제로 제거하기 위해 행동할 수 있고 그 결과도 확인할 수 있다. 만일 권력과 이데올로기가 수행하는 역할을 의식한다면 거기에는 당연히 사회적 실재의 구성에 대한 비판적 숙고가 포함될 것이다.

이 세계는 문화적으로 전수되고 언어적으로 조직된 일련의 지식으로 구성된다. 세계의 방대한 정보 가운데 불필요한 것은 버리고 상징화함으로써, 우리들은 하나의 상징을 다른 상징과 조합시키고 새로운 상징, 요컨대 지식을 만들 수 있게 된다. 이러한 과정을 통해서, 문화적 지식은 검증과 교정을 거치게 되는 것이다. 문화적 지식은 인지적 측면뿐만 아니라—필연적으로— 규범적이며 정서적인 성분들과 그것의 장악 및 그것과 사회적으로 결합된 동기 및 행위목표들을 포괄한다. 문화는 사람들이 특별한 상황에 특별한 행동을 이끌어 내는 것에서 일련의 서로 연결된 규칙들이다. 사회에 질서를 부여하는 행위들은 의미화 체계 없이는 불가능하다.

인간이 자신의 상징적인 세계에서 암묵적으로 합의하고 공유하는 그러한 행위를 하는 거대한 장치가 바로 사회이다. 사회란 합의하고 공유하는 행위의 또 다른 이름일 뿐 아니라 합의되고 공유된 것을 존중하도록 만드는 권력이기도 하다. 그렇지만 권력은 모든 구성원에게 공평하게 분배되지 않는다. 권력관계에서는 행사하는 쪽보다는 권력의 지배를 받는 사람들의 인정과 동의를 통해 이루어진다. 영향력을 미칠 수 있는 한 개인의 행위는 여러 사람의 생각을 모은 것, 다시 말해 사회연결망의 행위라는 사실이다.

아렌트는 『전체주의의 기원』에서 이렇게 말한다. "권력이란 단순히 행동에 옮길 수 있는 능력이 아니라 다른 이와 더불어서 행동에 옮길 수 있는 능력을 말한다. 권력은 결코 개인의 속성이 아니다. 그 것은 공동체의 속성이며 그 공동체가 유지되는 한에서 존재하는 것이다. 누군가를 가리켜 그에게 '권력이 있다'라고 할 때 우리가 의미하는 바는, 그가 다수의 이름으로 행동할 수 있는 권한을 그 다수의 사람으로부터 부여받았다는 것이다."

기존에는 권력이 곧 강압이자 지배력이었다면, 이제 권력은 모든 관계와 상호작용 안에 존재한다. 권력은 자유와 대립적인 개념이 아니다. 권력을 행사하고 또 이것의 의미가 있으려면, 권력을 받아들이는 쪽의 동의와 지지, 말하자면, 이들의 자유로운 선택을 전제하기 때문이다. 권력에 대한 새로운 정의는 비대칭적 힘이 개입된 관계와 상호작용뿐만 아니라 다른 모든 종류의 관계와 상호작용에도 적용된다. 모든 관계는 서로 영향을 주고받는 관계이다. 다른 사람에게 영향을 미칠 수 있는 능력은 사람들이 얽히고설킨 연결망에 좌우된다. 푸코도 권력이란 "그물망 같은 조직 내에서 채택되어 사용되는 것"이라고 한다.

푸코는 모든 관행, 상투적인 일, 그리고 기관들이 그들의 문화적, 역사적 표현이 다양할지라도 권력의 측면을 내포하고 있음을 보여주고 있다. 권력은 상황에 따라 변하기 때문에 우리가 다른 사람에게 미치는 온갖 방식의 영향력을 조명할 수 있어야 한다. 우리가 푸코의 권력 이론을 받아들인다면 어느 정도로 실재에 대한 문화적 맥락에서의 해석 및 설명이 권력에 물들어 있고, 얼마나 권력에 대한 우리 자신의 요구를 구체화시킬 수 있는지를 가늠할 수 있을 것이다.

권력의 상호주관적 성격은 개개인의 상호관계에서 타자에 대한 치

열한 자기 의지의 관철 속에서 모습을 드러낸다. 푸코는 권력을 "타인의 행위에 대한 행위"로 정의한다. 즉, 권력은 행위자로서의 타인의 능력을 전제하며, 일련의 개방된 실천적·윤리적 가능성에 근거해 혹은 이를 통해 작동한다. 이를테면 제대로 된 질문을 던지고, 사람들의 용기를 북돋고, 낯가리는 사람들을 이어 주고, 신선한 아이디어를 제시하는 이런 일상적 행위에 달렸다.

권력은 사람들의 상태를 바꾼다. 한병철의 권력 개념에서 특히 주목할 점은, 주관성의 강조이다. 그에 따르면 "권력은 자유로운 주체들에게만 행사된다. 주체들이 자유로워야만 권력관계가 존속"한다. 즉, 권력을 주관성의 확장과 자신의 재발견으로 이해하는 것이다. 따라서 권력의 핵심은 궁극적으로 개인의 주관적 의지에 있다고 할 수 있다. 그러므로 단순히 의사소통하고 대화를 한다고 해서 권력이 자동으로 생성되는 것은 아니다. 이러한 권력에 대한 주관성의 강조는 자기보존과 자기 의지의 관철이라는, 인간의 자연적 본성에 근거한 인간관에 놓여 있음을 보여 준다.

듀이의 민주주의, 문화정치

듀이의 정치적 견해를 논의할 때 특히 염두에 두어야 할 점은 그에게 민주주의는 특별한 정치적 제도가 아니라는 것이다. 그래서 듀이의 민주주의에 대해 논의할 때 다른 정치철학자들의 민주주의 논의와 같은 차원에서 접근하면 자칫 핵심을 놓칠 수 있다. 듀이에게 "민주주의란 통치 형태 그 이상을 뜻하며, 일차적으로 함께 어울리는 삶의 방식이요, 공동으로 의미를 나누는 경험의 한 방식"이다. 민주주의는 상호작용하는 유기체들의 공존 방식이며 의미 있는 성장을 최적화하기 위해서 삶을 정렬한다.

민주주의 통치의 작동 방식을 알고 싶다면, 중요한 질문은 누가 권력을 쥐고 있는가, 누가 권력이 없는가 하는 것이 아니라 권력이 어떻게 작동하는가 하는 것이다. 예를 들면 통치양식으로서 복지와 관료, 행정은 순종과 의존, 침묵을 촉진하지만 오히려 통치양식은 시민들이 자신의 이익에 따라 행동하도록 그들의 역량을 증진시킨다. 푸코는 자유민주주의 체제 아래에서의 권력의 행사 방식을 '생명권력'이라고 불렀다. 생명권력은 "삶과 그 메커니즘을 명시적인 계산의 영역으로 끌어들였으며, 지식-권력을 인간의 삶을 변형하는 동력으로 만들었다". 푸코는 인구의 구성 요소로서 생명이 야기하는 통치의 문제들에 주목한다. 이를테면 보건, 위생, 출생률, 사망률, 기대수명, 인종 같은 인구 문제들의 생명정치적 합리화 속에서 정치권력이 개인의 삶에 작용하는 방식을 추적한다. 생명권력은 오늘날 우리 자신을 하나의 생명존재이자 개별적 주체로 정치적 대상화하는 권력 행사 방식의 변화를 가장 잘 보여 준다.

인간은 자연, 사물, 사건, 타자와 끊임없이 상응하는 가운데 살아간다. 그것이 경제와 성장이라는 이름으로 우리의 삶을 장악하는 자본이든, 또는 특권화되어 오직 절차적으로 작동하는 민주주의든 그러한 체제에 대해서 해방과 구원을 향해 가는 민주주의는 하나의 사회적 실행 과정이고, 그 규칙은 계속적인 탐구와 수정, 그리고 창조 아래 두어야 한다. 민주주의를 통치 형태 그 이상으로 본 듀이는 민주주의 문제를 단순히 정치의 형태나 제도만의 문제로 보지 않고,

더욱 근본적으로 공동생활의 형식이며, 경험을 전달하고 공유하는 방식으로 본다. 「민주주의와 윤리」에서 듀이는 민주주의를 "자유로운 의사소통의 여건 아래 그리고 끊임없이 변화하는 사회질서 속에서 모든 사회 구성원이 각자의 위치를 형성하는 자기조직적인 결과"로 해석한다.

인간은 부단한 노력에 의해서 사람들이 공유된 의미를 경험하고 표현하는 제도의 문화적·인지적 요소와 그것의 제도적 관행을 만들어 갈 수 있다. 요컨대 공동체는 공동의 의례 관행에 참여하고 상호 교환함으로써 창출된다. 민주주의 공동체에서의 이 의례와 관행들은 개인을 억누르지 않는 질서와 안정성을 제공한다. 문화적 제도들은 인간의 경험을 풍부하게 성장시키는 방식으로 재구성될 것을 요청한다. 그런 점에서 보면 듀이의 민주주의는 문화정치라고 할 수 있다.

듀이의 민주주의를 문화정치의 맥락에서 보게 될 때, 우리는 삶의 방식과 관련된 거의 모든 측면을 새로운 시각에서 볼 수 있게 된다. 듀이는 문화를 인간 유기체와 환경 사이를 중재하는 매개항으로 규정한다. 그런데 이제 문화가 인간의 지각세계를 창출하는 도구로서의 인간 행동을 파악한다면, 문화정치의 관점이 성립할 뿐만 아니라 문화 창출이 역사 창조에서 근원적이라고 할 수 있다. 우리는 어떻게 궁극적으로 공유된 의미체계에 근거하여 살아가며, 또한 그러한 의미를 창조하고 또 재생산하는 데 기여하는 각종 행동양식과 공유된 해석체계에 의존하여 삶이 일상적으로 어떻게 살아지는가를 잘 이해하게 된다.

문화 창출 과정은 공동체의 문화를 바꾸는 것을 의미한다. 곧 그것은 기존의 일상과 실재를 떠받쳐 왔던 삶의 방식 전반에서 공유했던 가치와 의미체계를 바꾸는 것이며, 새로운 일상이 도입됨으로써 삶이 정착될 수 있도록 새로운 용어와 행동 방식을 개발해 가는 것이다. 이러한 본질을 이해하는 사람은 기존의 문화를 변화시키는 과제가 얼마나 지난한 과정과 노력을 요구하는 일인지에 대해서도 잘 알고 있다.

듀이의 문화정치는 일상생활 수준에서 인간의 창조적 힘을 발견하는 것에 그 기반을 두고 있다. 듀이가 제시한 민주주의의 열쇠는 가장 직접적이고 친밀한 상호작용의 성질이다. 듀이는 "나는 민주주의의 핵심과 궁극적 보증이 길모퉁이에 사는 이웃들의 자유로운 만남에 있고 … 개인 주택과 아파트 거실에서의 친구들 모임에 있다고 믿는 쪽"이라고 말한다. 권력은 그 자체로 있는 것이 아니라 개인들 사이에서, 가정의 내부에서, 교육 관계에서 그리고 정치적 결사체 안에서 다양하게 작용하고 있는 권력관계의 그물망을 찾아낼 수 있다. 그리고 이러한 그물망에서 찾고자 하는 가능성이 바로 해방이다.

듀이의 문화정치에서 민주주의 이념은 존재하는 제도들에 대한 비판과 개선의 계획에 대한 비판을 위한 기초로 작용한다. 모든 진정한 이념과 마찬가지로, 그것은 주어진 무엇이 아니며, 또 이미 만들어진 무엇도 아니며, 이루어져야 할 그 무엇을 의미한다. 여기에는 지름길이 없으며, 또 단번에 찾아질 수 있는 단 하나의 예정된 길이 있는 것도 아니며, 그런 길이란 인간이 조금도 벗어나지 않고 계속 걸어간다고 가정하지 않고서는 도저히 목표로 삼을 수 없는 길이다.

삶의 방식으로서의 민주주의

자연적 존재와 문화 역사적 존재 사이에서

많은 다른 종처럼 우리는 자신의 생존 조건을—반드시 그 점을 의식함이 없이— 심각하게 위협하도록 우리의 자원을 고갈시키거나 우리의 보금자리를 더럽힐 수 있다. 인간은 어디까지나 교란의 행위자다. 발을 내딛는 곳에서는 자연의 조화가 부조화로 변하게 된다. 온갖 생물의 서식지인 생태계가 인간의 무분별한 개발과 자원 고갈, 남획과 포획, 산업 폐기물과 화학물질에 의한 환경오염, 그리고 이러한 축적된 결과에 따른 기후변화로 인해 스스로 조직화하고 회복하는 능력을 상실하고 있다.

게다가 인간의 영향으로 변화는—예를 들어, 가축화와 작물화가 진행될수록— 생태계는 다양성을 상실하는 쪽으로 변화되고 있다. 토착 식물과 동물의 종은 소멸하고, 다른 외래종에 의해 대체되며, 자생적인 생산은 금지 및 제한된다. 지구의 운명은 그대로 내버려지거나 새롭고 달갑지 않은 식생 형태의 성장, 그리고 외래 동물의 종으로 덮인다. 이러한 의도적인 변화와 대체는 정말로 커다란 도전이다. 문제는 현재 열악한 생태계와 지구 자원에 대한 지식과 생태계에 미치는 인간의 영향에 대한 인식이 부족하다는 점, 또 미래 진화의 방향을 성공적으로 돌리기 위한 정책과 실천이 제대로 이루어지지 않고 있다는 점이다. 우선 인간과 지구의 미래를 위해 인간과 자연의 올바른 관계가 문제로 부각되어야 한다. 그래야만 다양한 방식으로 문제해결을 위한 대안들이 제시될 수 있다.

인간은 수많은 감각기관과 신체기관을 가지고 있다. 엄밀히 말하면 인간은 그러한 기관이 유기적 관계를 맺고 있는 복합체이다. 생물학적 기초—유적 존재와 같은 개념은 우리 자신을 어떤 종으로 이해하고 우리가 살고 있는 세계와 관련하여 우리의 특정한 능력과 힘을 이해하는 어떤 방식을 전제 가정하는 것이다. 인간은 수많은 실제 경험 사태에서 이것들 각각이 따로따로 작용하는 것이 아니라 일정한 유기적 관련을 맺고 작용한다. 이때 특정 기관이 선도적으로 작용하여 전체가 유기적으로 작용함으로써 우리는 사태를 감각하고 파악한다. 그런데 이 엄연한 사실을 강조하는 이유는 무엇인가?

데이비드 하비에 따르면, 우리는 감각적이며 자연적 존재로서 우리 존재의 보편적 특성, 즉 유전학적 부여와 급속하게 축적해 가는 문화 역사적 습득 양자의 측면에서 인간 환경이 우리에게 남기는 종의 특성으로부터 결코 벗어날 수 없다. 사회생물학자들은 우리의 유전학적인 속성의 중요성을 강조한다. 사회생물학은 최근의 문화와 사회 발전에 대해 적합한 설명을 하지 못한다. 장기적으로는 생물학적 특성과 문화적 형태는 같이 발전해 간다는 주장이 그럴듯하지만, 지난 300년 동안 폭발적인 문화/기술/언어적 이해와 실천이 있었으나 생물학적 적응을 위한 시간을 제공하지 않았다.

실제로 우리가 직면해야 할 것은 작금의 인간 환경에서 유전학적 자질이 전혀 새로운 문화적 방식으로 사용되어 온 상황이다. 예를 들어 어려움에 처했을 때, 우리는 선택을 하게 된다. 어려움이 있을 때 일어서서 싸우거나 비경쟁적이고 협조적인 것으로 다양화함으로써 어려움을 피하게 되며, 문제가 된 환경 조건을 변화시키기도 하지만 비켜서기도 하고, 여러 가지 시간대에 우리를 놓기도 한다. 이러한 경험을 통해서 우리가 만들어 내고 달성한 것들에 기여한 인간 유기체로서 우리의 자질은 어떤 것이 있는가?

우리는 기본적으로 상이한 장소와 시간에서 상이한 방법들로 조합하도록 배운 생생한 상상력과 특정한 가능성의 배합을 타고난, 호기심 많고 변화 가능한 존재이다. 우리는 상호 간에 정치적이고 기호적인 동물이며, 정치는 급속히 발전해 가는 의사소통 능력에 근거를 두고 있다. 게다가 우리의 고귀한 습성 가운데, 정교한 규칙 제정자와 충동적인 규칙 파괴자가 될 소질이 존재한다. 사실, 해방은 우리가 규칙 제정자와 합리적 면책을 가진 규칙 파괴자 양자가 될 수 있는 조건에 의해 가장 잘 정의된다는 점이 지적될 수 있다. 그러나 규칙 제정은 우리의 독특하고 획득된 신진대사적 조건에 기인한 여러 제약과 가능성을 인식해야 한다.

문화적 존재의 자기형성

세계는 의미를 추구하고 의미를 부여하는 인간이 있기에 이 우주 안에서 역사와 의미를 지니게 된다. 세계에 의미를 부여하는 사람이 없다면, 거기에는 어떤 의미도 남아 있지 않을 것이다. 세계를 문화의 터전으로 만드는 작업은 우리가 문화에 부여하는 의미와 그를 구현하는 행위에 따라 가능해진다. 인간은 존재 자체의 경험으로부터 자신의 의미를 구성해 간다. 삶 속에서 우리가 생각하거나 행동하는 일체의 것으로서 문화란 의미의 그물망이며 인간이 자신을 성취해 가는 과정으로 이해되는 현상이다. 현재 이곳에서 나를 형성할 수 있는 토대이자 과정이 문화이며, 이러한 현재적 경험은 존재론적 체험으로 가능한 것이기에 자기형성에 중요한 체험이 되는 것이다. 요컨대 문화적 실행 그 자체가 개인들의 자기생산으로서 자기형성이다.

자기형성은 우리를 부르고 있는 주변의 모든 사람 모든 것에 응해서 순전히 자동적이 아니라 책임 있는 모습으로, 우리가 어떤 삶을 살아가고 싶은지를 결단하라고 요구할 때 그러한 것이다. 하이데거 식으로 말하면, 인간의 '내던져져 있음'을 '떠맡음'으로써 그 '내던져져 있음'을 바꾸어 나간다는 의미이다. 이 '떠맡음'으로 인해 우리 삶의 끝없는 질문 가능성과 재해석 가능성을 지탱하게 된다. 삶은 계속되고 결단은 이루어져야 한다. 자기형성의 문제 설정은 이 '떠맡음'의 사건이 그 사람에게 얼마만큼의 무게로 다가오는가에 달려 있다. 그것은 우리를 생각하게 만드는 일이자 흥미를 불러일으키는 일이고, 무언가를 실제이자 의미 있는 것으로 만드는 일이자 중요한 일로 만든다.

인간은 자기 존재를 잘 이해하고 있다. 잘 이해함에는 거기로부터 무언가를 만들어 낼 '수 있음'이 있다. 우리는 우리가 잘 이해하고 있는 것을 잘할 수 있다. 이렇게 이해에는 '잘할 수 있음'이라는 가능성의 의미가 내포돼 있다. 인간은 이 존재 이해를 기반으로 해서 자신의 존재를 기획하며, 세계와 관계를 맺고 자신의 존재를 만들어 간다. 인간은 이해하는 만큼 존재하며, 그 이해가 스스로 형성한 것이 바로 자기의 존재이다.

그런데 사물을 있는 그대로 인지할 수 있다는 생각은 착각이다. 인간은 언제나 자신의 내적 의미망과 관련지어 새롭게 해석하여 받아들인다. 어느 정도까지는 개인이 배워 가는 활동 속에서 문화적인 의미를 재구성해야 한다. 인간은 한계와 주어진 조건에 제한되어 있지만 이러한 해석학적인 행위를 통해 이를 넘어선다. 그에 따라 세계와 행위를 하는 이의 관계는 새롭게 구성될 것이다. 이를 통해 인간이란 본질적으로 이해와 해석을 수행해 가는 존재라는 사실을 거듭 확인하게 된다. 이것이 하이데거 존재론의 해석학적 핵심이다.

해석학적 성찰은 우리를 우리로 만든 사태들에서 보이는 것들을 일정한 의미 속에서 파악함으로써 그것은 인간의 삶에 지속성을 확보해 준다. 이러한 현재화를 통해 인간을 문화적 존재로 형성해 가려면 과거와 미래가 만나 교차하며 역동적으로 상호작용하는 해석학적 지평이 무엇보다 먼저 제시되어야 한다.

인간은 해석과 전통의 다양한 층들로 이미 형성된 어떤 환경에서 태어난다. 심지어 겉보기에 가장 직접적인 사물들에 관한 감각과 그 사물들을 지각하고 생각하는 '나'에 관한 감각조차 그런 환경 속에 속해 있다. 우리의 존재는, 우리가 그것을 깨닫고 있든 그렇지 않든 간에, 우리가 자기 자신을 해석하든 잘못 해석하고 있든 간에, 쉴 새 없이 해석되며 사람들은 자신의 가치를 구성해 간다.

그것은 하나의 삶의 모습, 세계를 살아가는 방식이다. 하이데거가 표현하듯이 '세계-내-존재'의 한 양태를 의미한다. 해석 행위의 무대는 자아와 세계 간의 접점이다. 그리하여 인간은 해석되지 않는 공간에 존재하지 못한다. 우리가 세계와 접촉하는 바로 그 지점에, 우리가 세계 속에서, 세계에 의해, 세계와 더불어 관계 맺는 바로 그 지점에 자리 잡고 있다.

내부적 원인이 되는 삶

인간은 늘 의도적으로 이미 어떤 것을 행하고 있다. 삶이 있는 곳마다 활동이 있고, 하나의 활동은 그 자체가 어떤 성향이나 정향을 지닌다. 관심은 개인적·정서적 경향을 표현한다. 사람은 어떤 대상에 능동적으로 관계하여 관심을 갖게 된다. 관심은 자아와 대상 세계가 하나로 되어 나가는 일련의 통일적 활동이다. 어느 경우든 경험을 완전한 통일체로 완성시키는 것은 바로 정서이다. 경험의 완성에 이렇듯 감정이 함께 작용한다는 것은, 이 경험이 과연 자아가 원하던 방향으로 끝날지 그렇지 않은 방향으로 끝날지 잘 모르겠지만, 어쨌든 실제적인 종결로 치닫는 그 사건의 운동에 '자아'가 성심성의껏 참여하고 있음을 의미한다.

'자아'는 이미 만들어져 있는 것이 아니다. 이때 관심은 자아의 성장하려는 목적 그 자체를 달성하기 위한 수단이다. 관심은 자아와 사물의 활동성이다. 관심이 생기면, 그때부터 우리는 참여하기 시작한다. '관심을 가지는 일'은 사물들을 사태에서 떨어진 것으로 파악하지 않고, 그와 같이 끊임없이 발전되어 나가는 사태의 한 부분으로 그것과 연결된 것으로 인지한다.

우리가 '무엇에 관심이 있다'고 말하는 것은 자아와 대상이 서로 맞물려 있음을 인식하고 있다는 의미다. 즉 관심은 어떤 사람이 눈 앞의 사물이나 사태에 들어 있는 가능성에 매여 있다. 그것이 실제 로 지각되는 것이건, 상상으로 나타나는 것이건, 문제가 되지 않는 다. 듀이는 마음mind이란 결국 두루 파악하면서 계속 지속하는 배 경적 존재이며, 자아가 세계와 일치를 이룰 때마다 그 앞으로 의식 consciousness이 부각되어 나온다고 생각한다. 놀랍게도 바로 여기에 서 이성의 케이크를 가져다가 풍미를 느끼며 한 입 크게 베어 물 기 회가 열린다는 것이다.

우리가 우리의 활동들과 상황들 속에 완전히 몰입되어 있을 때 비로소 그 과정의 '내부적 원인이 되는 삶'이 성립한다. 그리하여 사람들은 상황들에 대해 의식하고 있고 자신들의 활동들의 결과들 을 성찰한다. 듀이에게 "고정된 자아, 이미 만들어진 자아, 성장이 끝나 버린 자아"란 불가하다. 듀이의 자기화 경험이란 "모든 살아 있 는 자아는 행위의 원인이며, 역으로 자아에서 비롯된 행위는 그 자 체 자아의 원인이 된다. 자발적 행위 자체가 자아를 재구성하는 과 정"이다.

이에 대해 스피노자는 주저 없이 다음과 같이 말한다. 이성을 통 해 우리가 상황의 원인을 정확히 알아내고, 또 이를 통해 우리 스 스로 상황을 이끌어 갈 새로운 원인이 될 수 있다는 것이다. 즉 원 인에 대한 앎과 스스로 새로운 원인이 되어 참여함으로써 수동에서 능동으로 변해 갈 수 있다는 것이다. 달리 표현하면 우리 자신이 사 건의 방향을 돌려놓는 새로운 원인이 되는 것이다. 이제 남은 것은 우리가 새로운 원인이 되어 그 상황에 참여하는 행동이다.

새롭게 형성되면서 성장하는 자아를 펼쳐 보이는 무언가의 원인이 되는 삶에서는 자신들이 하고 있는 것을 하면서 현재의 자기 자신이 되고 싶은지 자문한다. 자기관찰의 순간에 이르렀을 때 이것을 윤리적 차원에서 보면 이는 자신들이 책임 있게 행동할 것임을 의미한다. 그리고 그다음 단계에서 그들이 자신들의 선호를 평가하는지, 또 그것들을 유지하려고 생각하는지 밝히고자 한다면 그때야 비로소 그들은 자유롭다고 말할 수 있다. 자기화 경험을 통해서 성장하는 자아는 자유로운 자아이다. 자유로움이란 능동적으로 어떤 자아를 형성할 가능성이다. 그것은 오래된 습관을 재구성해서 확대해 간다.

좀 더 구체적으로 말하면, 개인은 일련의 상황 속에서 살고 있다는 뜻이 된다. 그리고 개인이 이러한 상황 속에서 살고 있다고 말할 때, '속'이라는 말의 의미는 동전이 주머니 속에 있다거나 페인트가 페인트 통 속에 있다고 말할 때의 '속'의 의미와는 다르다. 이때의 '속'은 개인과 사물들 사이에, 개인과 다른 사람들 사이에 상호작용이 이루어지고 있다는 것을 의미한다. 상황이라는 개념과 상호작용이라는 개념은 서로 떼어놓을 수 없을 정도로 맞물려 있다. 각각의 상황은 고유하고 결코 되풀이될 수 없다는 점에서 개별적이다. 모든 상황은 현재진행형이기 때문에 그것은 어디에서와 어디로에 관한 감을 갖고 있어야 한다. 이것이 현재에 그 '위치'를 제공하는 것이고 현재가 계속성과 방향감을 갖고 발전하도록 돕는 것이다.

사유 안에서 사유하기

우리의 삶은 만남의 작용이다. 우리는 그것을 온전히 내 것으로 만들 수는 없지만, 항상 그 작용에 관여하고 있다. 오직 만남에서만 바라보는 것과 그 반대의 것(바라보이는 것), 아는 것과 동시에 알려지는 것, 사랑하는 것과 사랑을 받는 것이 현실로 존재하게 된다. 이러한 만남을 통해 발생하는 마주침의 대상은 모호한 감응과 혼란스러운 이질감을 느끼게 하면서 우리는 현재적 상황을 낯설게 받아들이고 새로운 물음과 문제제기적 사태에 직면하게 된다.

마수미는 정동을 자극-반응 체계의 선형적 인과구조 대신에 '기폭작용priming'과 연결 짓는다. 그에 따르면 기폭은 자극과 반응의 감각-운동적 체계가 아니라 일종의 조율이다. 조율은 간섭하고 공명하는 것이며, 비선형적인 주의 깊음 속에서 탄생한다. 마주침의 대상은 오로지 신체를 통해서만 느낄 수 있으면서도 기존의 익숙한 감각 방식이나 개념으로는 감각될 수 없는 '차이'를 제공함으로써 감성으로 하여금 스스로의 한계에 부딪히게 한다. 감각밖에 될 수 없는 마주침의 대상에 직면할 때 감성은 어떤 한계에 부딪히게 되고, 또 이 한계를 넘어섬으로써 역량을 고양시키게 된다.

세계 내에는 우리의 감각이나 사유를 강요하는 '어떤 것'이 존재한다. 이 어떤 것은 "근본적인 '마주침의 대상'이지 '재인의 대상'이 아니다". 마주침의 대상은 스스로를 '차이기관'으로 만드는 국소적 표현을 생성하며, 그러한 국소적 표현(들)은 대상의 고유한 역능을 현시하는 것이거나 그 역능으로 환원되는 것이 아니다. '재인의 대상'을 실재로 구성할 때는 어떤 능력이 그 대상을 다른 능력의 대상과 동일한 것으로 파악하는 반면에 '마주침의 대상'으로 실재를 구성하는 것은 동일성이 아니라 차이로서 '존재'를 파악하게 된다.

그런데 마주침의 대상은 재인의 대상으로 변화하기도 한다. 예를 들어 하나의 충격적인 음악, 절대적으로 새로운 음악조차 여러 번 들으면 차츰 마음속에서 상기할 수 있고, 나아가 그 작품의 악곡 분석(사유하기)까지 가능하게 될 것이다. 학습이나 숙달의 기본은 반복이므로 그런 일이 당연하다고 할 수 있을지도 모른다. 처음에는 그저 들을 수밖에 없었던 음악, 그런 의미에서는 감각(청각)에 고유한 대상이었던 그 음악이 이제는 기억의 대상이나 표상의 대상, 나아가 지성의 대상이 된 것이다. 이에 대해 처음에 마주친 음악은 강도만으로 구성된 음악이다. 이는 자기의 '다른 것으로-생성하기'(타자-되기), 혹은 '자기와의 차이'가 지닌 음조성, 음의 강도다. 따라서 '재인의 대상'이라 불리는 대상과 '마주침의 대상'이라 불리는 대상은 제각기 존재하는 것이 아니다. 오히려 마주침의 측면이 그 대상의 표면에서 떠오른다.

중요한 것은 감성도 다른 능력과 마찬가지로 실행되어야 할 능력이라는 점이며, 그것은 서로 다른 '존재 방식'을 의미하는 것에 불과하다는 것이다. 정동의 흔적과 누적으로 열리는 다양한 순간들에 의해 우리의 '감관' 안에 실제로 '감성'이 생기고, '사유' 안에서 '사유하다'라는 활동이 발생한다. 이창동 감독의 영화 〈시〉는 한강을 끼고 있는 경기도의 어느 작은 도시, 중학교에 다니는 손자와 함께 살아가는 미자(윤정희)가 여중생의 죽음과 마주치게 되면서 일어나는 예기치 못한 사건들로 전개된다. 동네 문화원에서 우연히 '시' 강좌를 수강하던 미자의 일상은 시적인 삶으로 초월적 실행을 감행하게 된다. 그 과정에서 겪게 되는 차원을 달리하는 본성상의 변화는 영화에서 미자가 마지막으로 쓴 시 '아네스의 노래'에 고스란히 담겨 있다.

'마주침의 대상'은 각 능력이 초월적으로 실행되도록 강제하는 원인이다. 그러므로 이에 따라 각각의 능력은 대상에 대해 외재한 채 그 외부로부터 작용하는 단순한 주관적 능동성을 획득하는 것이 아니라, 완전히 반대로 자기에 고유한 수동성에 다다르는 것이다. 사람들은 보통 능력들의 경험적 사용 속에서 각 능력을 완전히 발휘하는 것은 당연히 그것들의 능동성 아래서만 행해질 것이라고 착각한다. 그러나 이에 반해, 사유 속에서 '사유하다'라는 활동이 발생하는 것은 사유가 '사유하는' 한에서 '사유될 수밖에 없는 것'에 의해 촉발되는 힘을 갖는다는 것을 나타낸다. 이렇게 촉발된 사유는 대개 삶의 한 번뿐인 경험을 표현한다. 바로 거기에 모든 창조 행위의 본질이 있다. 창조성은 내면의 무언가를 외부로 이끌어 내 세상에다 무언가를 더해 놓는다.

이런 경우 그 힘은 능력의 능동적인 상태를 보여 주는 것이 아니라, 오히려 각 능력을 실행하도록 강제하는 발생의 원인의 한 '효과'를 표현한다. 이를테면 우리가 하는 예술에서 이전에는 한 번도 존재한 것 없는 무엇을 밖으로 이끌어 낸다. 그렇게 우리는 세계를 확장한다. 이런 경우 각 능력은 자기 자신의 수동에 이르게 되어 자신에게 그 작용이 맡겨진 초월적 실행은 이 세계 내에 자신의 상관자를 발생적 요소로서 갖춰야만 한다. 그래야만 각각의 능력 속에서 자신의 작용이 자신에게 맡겨지는 것이다.

이보다 더 중요한 것은 결코 포기할 수 없는 자유에 대한 사유이다. 스피노자도 마찬가지로, '자유'란 그 능력이 자신의 본성에만 의존하는 것이라고 명확히 파악하고 있다. 궁극적으로 자유는 오직 내적으로만 이해될 수 있으며, 뒤돌아보지 않고 자신 안으로 과감히 뛰어 들어감으로써만 생생하게 체험될 수 있다. 규범과 안락함에 안주하지 않고 심지어 거부함으로써 그 자체로 존재의 생동적인 진리로 귀환하게 된다. 그와 같은 능력들의 초월적 실행을 위해서 우리가 중점을 두어야 할 일은 삶의 환경을 바꾸는 것이 아니라 우리가 매일 직면하는 것들을 더욱 자각적으로 알아차리는 것이다.

자기생산하는 사이버 공간

네트워크의 네트워크인 인터넷은 오늘날 사이버 공간이란 이름으로 디지털 매체의 상징이 되었다. 사람들은 사이버 공간에서 개인 간에, 그리고 그룹 내부에서 온갖 종류의 메시지를 교환하고, 많은 다양한 주제들에 대한 전자 회의에 참가하며, 네트워크에 연결된 컴퓨터에 담긴 공공 정보에 자유로이 접근한다. 인터넷 등 통신 기술의 생성과 발전은 서로 모르는 개인이 만나 지식을 공유하는 사이버 커뮤니티를 만드는 훌륭한 기회를 제공했다. 사이버 커뮤니티는 구조와 목적이 다양하며 각 커뮤니티 유형마다 고유한 특성이 있다. 이 커뮤니티의 특징은 장소와 관계없이 사람들이 자발적으로 참여하여 의사소통하고 지식을 공유해서 참여자들이 가치를 얻어 갈 수 있는 개방형 네트워크라는 점이다.

멀티미디어라는 이름 아래 통합된 산업 속에서 원격 통신·컴퓨터 공학·언론·출판·TV·영화·전자오락이 융합되는 현상은 새로운 문명의 쟁점을 제기한다. 여기에서 문제가 되는 것은 통신·조정·협력의 새로운 조정, 전대미문의 지적 언어 및 기술, 시간과 공간에 대한 관계 변화 등이다. 멀티미디어의 부상으로 사이버 공간의 형태와 내용은 아직도 생성 중이어서 부분적으로 미확정 상태에 있다. 사이버 공간은 정보와 기술의 배포, 그리고 정보에 대한 공유적 소유권으로 구성된 네트워크이다. 따라서 정보와 지식은 많이 사용될수록 그만큼 가치가 높아지고 많은 사람이 지속적으로 사용하는 열린 환경이다.

세계에 대한 우리의 물질적 관계는 교육기관, 통신 회로, 디지털 방식의 지능 테크놀로지, 계속적인 노하우의 보급과 갱신 등 엄청난 인식 체계와 소프트웨어의 인프라에 의해 유지된다. 장기적인 측면에서 모든 것은 지식을 생산하고 거래하고 교환하는 네트워크들이 얼마나 유연하고 역동적인가에 달려 있다. 사이버 공간은 우리 시대 혁신을 주도하는 강력한 힘 중 하나다. 소셜 네트워크와 온라인 커뮤니티 같은 인터넷상의 다양한 통로를 통해 서로 협력하는 개인은 우리 사회를 성장하게 하는 힘이 될 것이다. 보다 개방적이고 접근 가능한 사이버 공간을 통해 더욱 많은 사람의 지혜를 효율적으로 활용하고 혁신을 가속화하고, 한편으로는 새로운 형태의 민주주의를 실현하는 디지털 아고라 광장을 만들어 갈 수도 있다.

디지털 전환의 시대를 맞이하여 사이버 공간에서 사람들이 신속한 문제제기와 상상력과 반응을 행사할 수 있는 지적인 집단, 열린 지각의 주체로서 잘 조직되면 조직될수록, 그것은 오늘의 극도로 경쟁적인 환경 속에서 더 나은 성공을 보장받는다. 지각은 배우–작가이다. 그것은 지속되는 사건들을 변형하고 참여하는 것에 연루되어 있다. 지각은 대부분 그 대상이 다른 대상과 함께 주어진다. 지각은 사물을 파악함과 동시에 감각을 통해 확보한 감각적인 내용을 사물에 속한 성격 즉 속성으로 파악한다. 그럴 때 판단이 성립한다. 더 나은 삶을 영위하기 위해서는 사람들이 지적 주체가 되어야 한다.

우리에게 당면한 과제는 현재의 세계 구성에 새겨져 있는 가능성을 사고하는 것이다. 이러한 사고가 존재한다는 것을 '지성'이라 부르고자 한다. 지성은 사고가 그 자신으로부터 시작한다는 것을 제시하는 기능을 갖는다. 누군가가 자신의 행위 속에서 사유하는 존재의 힘을 쓰는 방식에 주목하기 시작한다면 자신이 지적 주체로서 자기 자신을 아는 것이다. 그것은 스스로 이성적 방향성을 세우고, 자기 통치적인 주체로 자신을 변형시키는 인격을 창조한다. 아직은 분별하기 어렵고, 미래의 안개 때문에 희미하지만, 그 웅얼거림으로 새로운 인류를 감싸는 사람들의 지성, 우리는 그것을 만나야 한다. 새로운 차원의 의사소통은 분명 우리의 지식을 상호적인 것이 되게 하고 서로 간에 그것을 알릴 수 있게 해 줄 것인데, 이것이 바로 사람들의 지성에 대한 기본 조건이다.

이해와 해석의 문화지도 만들기

인간은 삶의 한가운데에서 이해하며 해석하는 존재이다. 이해란 삶과 구체적인 관계를 맺으면서 해석 속에서 자기 자신이 되는 것이다. 그것은 우리의 존재로부터 우리의 존재를 읽어 내고 그것을 설명하는 것이다. 그리하여 세계와의 관련 속에서 새로운 '나'가 모양을 갖추어 형성된다. 이해와 해석은 인간을 늘 달리 자기를 실현해가는 존재로서 보고 기존 삶의 세계를 확장하거나 추가하는 사유행위다. 우리는 이미 거기에 있기 때문에 해석하고 있고 자아의 확장이나 강화, 그리하여 정체성의 형성 과정은 내면을 향한다.

그런데 이것을 드러내는 것은 단순한 문제가 아니다. 그것은 삶의 행간을 읽는 능력을, 전제되어 있는 것, 명시적으로 이야기되지 않은 것을 찾아내는 어떤 능력을 요구한다. 이것을 이해하기 위해서는 머릿속 공상이 아니라 몸으로 직접 부딪혀 경험을 통해 해 봐야 하며, 가 봐야 한다. 이러한 사고는 기술이라기보다는 길way이다. 방법은 추상적으로 설명될 수 있지만, 존재하거나 '길을 만드는 사고'는 그렇게 될 수 없다. 사고는 절대적인 기원 지점도, 완전히 안정된 결론도 가지지 않는다.

인간은 언제나 각기 그때마다 특정한 현재에 자리한다. 즉, 매 순간 그때마다의 특정한 상황에 놓여 있다. 이해와 해석의 사유 행위는 원래 상황에 대한 끊임없는 수정과 재해석 활동을 포함한다. 그렇게 사유 행위가 충분한 주목을 받게 됨으로써 새로운 차원의 현실성을 갖게 된다. 인간은 '지금 여기에 살고 있는 것'이며, 자신에 대한 이해를 심화하고 자신을 실현하는 그 과정을 현재화한다. 그것들은 우리가 예상하지 못한 충만함을 간직한 것으로 드러날 뿐만 아니라 그 자체가 문화적 지식을 재생산하는 해석의 기제로 기능한다. 이어서 이것은 문화에 참여할 필요와 문제가 등장하는 어떤 삶의 맥락에서 문제를 해결하는 새로운 방안을 찾는 것이기도 하다.

해석은 우리의 세계-내-존재의 무대를 정돈한다. 그것은 우리가 세계에 조율되는 방식을 조율한다. 해석학적 탐구는 세계가 어디에 있고 우리가 어떻게 거주하는지를 보여 주는 하나의 세계-제작이다. 그곳에서 우리는 삶의 생생한 핵심에까지 되돌아감으로써 자본과 객체적 지식에 매몰되어 새로운 허무주의와 마주하게 될 때, 사유를 새롭게 함으로써 인간 존재를 매 순간 그때마다 새롭게 존재하게 만든다. 즉 우리가 이미 있는 곳에서 모든 것과 더불어 다시 시작하는 것이다.

우리는 항상 일어났던 판에 박힌 해석들을 심문해야 하며, 그렇게 해서 우리 자신의 존재를 근본적으로 개혁해야 한다. 그러한 문제 인식은 새로운 제도 형성을 위한 문화지도 만드는 행위를 불러일으킨다. 이 과정에서 의미에 대한 적절한 문화적 구성들을 전유할 뿐만 아니라 그것들을 검증하고 필요한 경우에는 재구성하도록 허용한다. 하지만 의미 구성은 오류 가능성이 있을 뿐만 아니라 늘 우연성에 머문다. 따라서 재구성 그리고 해체가 일어날 수밖에 없다.

문화지도 만들기는 제도적 관습에 대한 간섭으로, 제도적 타성에 대한 교란으로 와글거리고 혼란스러운 세계 속에서—법, 윤리와 정치 안에서, 시장, 교실, 병원 안에서, 목회자들과 사회운동가 가운데에서 우리가 언제 있든 어디에 있든 일어난다. 사건들은 허공에서 발생하는 것이 아니라 제도적 배경 속에서 일어난다. 이른바 혁신이라고 하는 것은 새로운 제도 형성의 초기 단계에 지나지 않는다. 그리하여 모든 것은 얼마나 제도들이 자신들을 해석하는지, 그리고 어떻게 제도들 자체가 해석되는지에 의존한다. 그리하여 삶을 새롭게 태어나게 한다. 하나의 제도는 그것의 과거 평판과 새로운 일을 하려는 시도 간의 긴장을 유지하는 데에서 보존된다.

이해와 해석의 사유 행위는 결코 체계화되어 완성되는 것이 아니다. 그것은 언제나 이행의 과정에 있다. 마찬가지로 삶의 체험을 현재화함으로써 존재의 지속적인 변화를 허락하는 행위이다. 이를테면 그것은 사물을 단순히 보여 주는 것이 아니라 "다시금 보이게" 만든다. 그렇게 함으로써 더 깊고 선행하는 자기-해석에 다가간다. 우리가 해석하고자 하는 자기는 그 자체가 해석하는 자기이다. 개인들은 더 큰 해석공동체 안에서 스스로를 위해 자신이 어떻게 이해할 수 있는지 구성해 가야 한다.

이제 인간은 스스로 운명을 개척해 갈 수 있는 특별한 종이 되고 있다. 삶의 체험에서 자신의 조건과 근거를 감내하며 넘어섬으로써 자신의 원리를 이룩해야 한다. 삶의 시간은 누구에게나 똑같이 주어졌지만, 어떤 사람은 성기게 시간을 만들어 가고 어떤 사람은 조밀하게 만들어 간다. 사람마다 조건은 같다는 것이 삶의 진실이다. 그렇다면 어떻게 만드느냐? 우리는 알 수 없다. 이미 나 있는 길을 가는 것이 아니므로 실험하고 탐험해서 나름의 길을 뚫어야 한다. 각자가 갈 길은 하나뿐이므로 우리는 지도를 만드는 사유 실천 덕분에 자기 극복의 힘을 마련하게 된다. 그럼으로써 각자의 자유가 공동체적 삶을 통해 최고도로 의미와 가치를 지닐 수 있는 길을 찾아 나선다.

참고문헌

가레쓰 모르간. 박상언·김주엽 옮김(2004). 『조직의 8가지 이미지』. 지샘.
가이아 빈스. 우진하 옮김(2021). 『초월』. 쌤앤파커스.
강미라(2013). 『몸 주체 권력』. 이학사.
김경화(2020). 『모든 것은 인터넷에서 시작되었다』. 다른.
김선희 외(2022). 『디지털 시대의 정체성과 위험성』. 앨피.
김우창(2014). 『깊은 마음의 생태학』. 김영사.
김은주·김재희 외(2021). 『디지털 포스트휴먼의 조건』. 갈무리.
나카무라 유지로. 양일모·고동호 옮김(2003). 『공통감각론』. 민음사.
단 자하비. 김동규 옮김(2022). 『현상학 입문』. 도서출판 길.
데버러 럽턴. 박형신 옮김(2016). 『감정적 자아』. 한울.
데이비드 하비. 최병두 외 옮김(2001). 『희망의 공간』. 한울.
루이 핀토. 김용숙·김은희 옮김(2003). 『부르디외 사회학 이론』. 동문선.
리처드 슈스터만. 이혜진 옮김(2013). 『몸의 미학』. 북코리아.
마르쿠스 슈뢰르. 정인모·배정희 옮김(2010). 『공간, 장소, 경계』. 에코리브르.
마르틴 하이데거. 이기상 옮김(2013). 『존재와 시간』. 까치.
마크 존슨. 김동환·최영호 옮김(2012). 『몸의 의미』. 동문선.
마크 존슨. 노양진 옮김(2017). 『인간의 도덕』. 서광사.
멜리사 그레그·그레고리 시그워스 편저. 최성희·김지영·박혜정 옮김(2015).
    『정동 이론』. 갈무리.
몸문화연구소 편(2020). 『생태, 몸, 예술』. 쿠북,
미셸 앙리. 이은정 옮김(2013). 『야만』. 자음과모음.
미셸 푸코. 심세광 옮김(2007). 『주체의 해석학』. 동문선.
박성봉(2012). 『감성시대의 미학』. 일빛.
박승규(2002). 『푸코의 정치윤리』. 철학과현실사.
박인철(2015). 『현상학과 상호문화성』. 아카넷.
박찬국(2001). 『에리히 프롬과의 대화』. 철학과현실사.
브라이언 마수미. 조성훈 옮김(2011). 『가상계』. 갈무리.
브라이언 마수미. 조성훈 옮김(2018). 『정동정치』. 갈무리.
빅토르 델보스·모리스 블롱델. 이근세 옮김(2003). 『스피노자와 도덕의 문제』.

　　선학사.

손기태(2016). 『고요한 폭풍, 스피노자』. 굴항아리.

송상용 외(2021). 『초연결의 철학』. 앨피.

수 스튜어트 스미스. 고정아 옮김(2021). 『정원의 쓸모』. 월북.

신승철(2017). 『구성주의와 자율성』. 알렙.

신승환(2016). 『해석학』. 아카넷.

신승환(2018). 『형이상학과 탈형이상학』. 서광사.

심광현(2016). 『욕망의 힘, 스피노자 인문학』. 을유문화사.

심귀연(2012). 『신체와 자유』. 그린비.

심성보·정창호 외(2023). 『교육사상가의 삶과 사상』. 살림터.

안토니오 다마지오. 임지원 옮김(2007). 『스피노자의 뇌』. 사이언스 북스.

안토니오 다마지오. 고현석 옮김(2021). 『느끼고 아는 존재』. 흐름출판.

엄태동 편저(2001). 『존 듀이의 경험과 교육』. 도서출판 원미사.

에반 톰슨. 박인성 옮김(2016). 『생명 속의 마음』. 도서출판 b.

오토 프리드리히 볼노. 이기숙 옮김(2014). 『인간과 공간』. 에코리브르.

움베르또 마뚜라나. 서창현 옮김(2006). 『있음에서 함으로』. 갈무리.

움베르또 마뚜라나·프란시스코 바렐라. 최호영 옮김(2007). 『앎의 나무』. 갈무리.

이광식 외(2016). 『현대 기술·미디어 철학의 갈래들』. 그린비.

이근세(2022). 『스피노자, 욕망의 기하학』. 아카넷.

이기상(2004). 『하이데거의 존재사건학』. 서광사.

이기상(2011). 『쉽게 풀어 쓴 하이데거의 생애와 사상』. 누멘.

이기상(2013). 『존재와 시간』. 살림.

이남인(2014). 『현상학과 해석학』. 서울대학교출판문화원.

이동신(2022). 『포스트휴머니즘의 세 흐름』. 갈무리.

이상오(2004). 『홀로스 사고』. 지식마당.

이윤미·김세희 외(2019). 『비판적 실천을 위한 교육학』. 살림터.

이종관(2017). 『포스트휴먼이 온다』. 사월의책.

이토 마모루. 김미정 옮김(2016). 『정동의 힘』. 갈무리.

장회익(2014). 『물질, 생명, 인간』. 돌베개.

정해창(2013). 『듀이의 미완성 경험』. 청계.

조광제(2008). 『몸의 세계, 세계의 몸』. 이학사.

조안 C. 트론토. 김희강·나상원 옮김(2021). 『돌봄 민주주의』. 백영사.

존 듀이. 박철홍 옮김(2016). 『경험으로서 예술 1, 2』. 나남출판.

존 듀이. 최용철 옮김(2020). 『윤리학』. 책봄.

존 라이크먼. 심세광 옮김(2020). 『미셸 푸코, 철학의 자유』. 그린비.

주디 자일스·팀 미들턴. 장성희 옮김(2003).『문화 학습』. 동문선.

지크프리트. J. 슈미트. 박여성 옮김(1996).『미디어 인식론: 인지-텍스트-커뮤니케이션』. 까치.

짐 개리슨 외. 김세희 외 옮김(2021).『존 듀이와 교육』. 살림터.

철학아카데미(2021).『이성과 반이성의 계보학』. 동녘.

코르넬리스 안토니 반퍼슨. 강영안 옮김(2011).『급변하는 흐름 속의 문화』. 서광사.

콜린 고든·그래엄 버첼·피터 밀러 엮음. 심성보 외 옮김(2014).『푸코 효과』. 난장.

클리퍼드 기어츠. 문옥표 옮김(2009).『문화의 해석』. 까치.

토마스 렘케. 심성보 옮김(2015).『생명정치란 무엇인가』. 그린비.

폴 페어필드. 김찬미 옮김(2019).『듀이와 인문학 교육』. 씨아이알.

프란시스코 바렐라 외. 석봉래 옮김(2021).『몸의 인지과학』. 김영사.

프리초프 카프라·우고 마테이. 박태현·김영준 옮김(2019).『최후의 전환』. 경희대학교출판문화원.

피에르 테브나즈. 김동규 옮김(2012).『현상학이란 무엇인가』. 그린비.

피에르-프랑수아 모로. 김은주·김문수 옮김(2019).『스피노자 매뉴얼』. 에디토리얼.

하연섭(2004).『제도분석』. 다산출판사.

한국하이데거학회(1997).『하이데거의 철학세계』. 철학과현실사.

한국현상학회 기획(2014).『프랑스 철학의 위대한 시절』. 반비.

한스 페터 발머. 임지연 옮김(2014).『철학적 미학』. 미진사.

한자경(2013).『자아의 연구』. 서광사.

현광일(2017).『교사와 부모를 위한 발달교육이란 무엇인가?』. 살림터.

현광일(2019).『공간, 문화, 정치의 생태학』. 살림터.

홍덕선·박규현(2016).『몸과 문화』. 성균관대학교출판부.

홍윤철(2022).『호모 커먼스』. 포르체.

황수아(2017).『하이데거, 어린 왕자를 만나다』. 탐.

황수영(2017).『시몽동, 개체화 이론의 이해』. 그린비.

삶의 행복을 꿈꾸는 교육은 어디에서 오는가?

● **교육혁명을 앞당기는 배움책 이야기** 혁신교육의 철학과 잉걸진 미래를 만나다!

● 비고츠키 선집 발달과 협력의 교육학 어떻게 읽을 것인가?

혁신학교	성열관·이순철 지음 | 224쪽 | 값 12,000원
행복한 혁신학교 만들기	초등교육과정연구모임 지음 | 264쪽 | 값 13,000원
서울형 혁신학교 이야기	이부영 지음 | 320쪽 | 값 15,000원
혁신교육, 철학을 만나다	윌렌트 데이비스·데니스 수마라 지음 | 현인철·서용선 옮김 | 304쪽 | 값 15,000
대한민국 교사, 어떻게 가르칠 것인가?	윤성관 지음 | 320쪽 | 값 15,000원
아이들을 어떻게 가르칠 것인가	사토 마나부 지음 | 박찬영 옮김 | 232쪽 | 값 13,000원
모두를 위한 국제이해교육	한국국제이해교육학회 지음 | 364쪽 | 값 16,000원
경쟁을 넘어 발달 교육으로	현광일 지음 | 288쪽 | 값 14,000원
혁신교육 존 듀이에게 묻다	서용선 지음 | 292쪽 | 값 16,000원
다시 읽는 조선교육사	이만규 지음 | 750쪽 | 값 37,000원
교실 속으로 간 이해중심 교육과정	온정덕 외 지음 | 224쪽 | 값 13,000원
대한민국 교육혁명	교육혁명공동행동 연구위원회 지음 | 224쪽 | 값 12,000원
포스트 코로나 시대의 교육	성열관 외 지음 | 224쪽 | 값 15,000원
내일 수업 어떻게 하지?	아이함께 지음 | 300쪽 | 값 15,000원
핀란드 교육의 기적	한넬레 니에미 외 엮음 | 장수명 외 옮김 | 456쪽 | 값 23,000원
한국 교육의 현실과 전망	심성보 지음 | 724쪽 | 값 35,000원
독일의 학교교육	정기섭 지음 | 536쪽 | 값 29,000원
교실 속으로 간 이해중심 통합교육과정	온정덕 외 지음 | 224쪽 | 값 15,000원
초등 백워드 교육과정 설계와 실천 이야기	김병일 외 지음 | 352쪽 | 값 19,000원
학습격차 해소를 위한 새로운 도전 보편적 학습설계 수업	조윤정 외 지음 | 240쪽 | 값 15,000원

● 경쟁과 차별을 넘어 평등과 협력으로 미래를 열어가는 교육 대전환! 혁신교육 현장 필독서

학교의 미래, 전문적 학습공동체로 열다	새로운학교네트워크·오윤주 외 지음 | 276쪽 | 값 16,000원
마을교육공동체 생태적 의미와 실천	김용련 지음 | 256쪽 | 값 15,000원
학교폭력, 멈춰!	문재현 외 지음 | 348쪽 | 값 15,000원
학교를 살리는 회복적 생활교육	김민자·이순영·정선영 지음 | 256쪽 | 값 15,000원
삶의 시간을 잇는 문화예술교육	고영직 지음 | 292쪽 | 값 16,000원
미래교육을 디자인하는 학교교육과정	박승열 외 지음 | 348쪽 | 값 18,000원
코로나 시대, 마을교육공동체운동과 생태적 교육학	심성보 지음 | 280쪽 | 값 17,000원

참된 삶과 교육에 관한
생각 줍기